Zu diesem Buch Marthe Robert beschreibt die spannungsvollen Wechselbeziehungen zwischen der Welt, in der Kafka lebte und arbeitete, und den Sätzen, die er in dieser Welt erfunden hat, um sich ihrer zu erwehren: in einem verzweifelten, einsamen Kampf um das letzte und lösende Wort in der Auseinandersetzung der Imagination mit der Wirklichkeit. Prag, die verdeckten und offenen Rivalitäten zwischen Tschechen und Deutschen, die vielfältigen kulturellen und geschichtlichen Traditionen der Metropole, das brisante Nebeneinander von nationalistischen und kosmopolitischen Tendenzen, von stumpfer Kleinbürgerlichkeit und wankelmütiger Bohème, die gebrochene jüdische Identität einerseits und ein militanter Antisemitismus andererseits, die politischen und gesellschaftlichen Krisen im ersten Viertel unseres Jahrhunderts – dies war der Erfahrungsrahmen, an dem Kafka sich wundscheuerte und in dem seine Autorschaft gründete. Er ist, freilich verschlüsselt, in seinen Figuren, ihren Tagträumen und Ängsten zugegen; er erscheint in seinen Briefen, seinen Tagebüchern; er liegt seinen Erzählungen und Romanen zugrunde, diesen fortwährenden Belegen literarischer Verwandlung des scheinbar Selbstverständlichen in Unvertrautes, Befremdliches. – Den Triebkräften dieser in der deutschen Prosa des 20. Jahrhunderts beispiellosen Beobachtungskunst hat die Autorin nachgespürt, in den Texten Kafkas und in seinen Lebensumständen.

Die Autorin Marthe Robert, geboren 1914, Psychoanalytikerin, Literaturwissenschaftlerin und Kritikerin, lebt in Paris. Sie hat Werke von Robert Walser, Kafka, Nietzsche, Büchner und Lichtenberg ins Französische übersetzt und ist Mitglied des Beratergremiums für die Edition der Kritischen Ausgabe der Werke Franz Kafkas. – Zahlreiche Veröffentlichungen zur Literaturgeschichte und zu Problemen der Psychoanalyse.
Als Fischer Taschenbücher liegen vor: ›Das Alte im Neuen. Von Don Quichotte zu Franz Kafka‹ (Band 7346), ›Die Revolution der Psychoanalyse. Leben und Werk von Sigmund Freud‹ (Band 6787).

Marthe Robert

Einsam wie Franz Kafka

Aus dem Französischen von
Eva Michel-Moldenhauer

Fischer Taschenbuch Verlag

Ungekürzte Ausgabe
Veröffentlicht im Fischer Taschenbuch Verlag GmbH,
Frankfurt am Main, November 1987

Lizenzausgabe mit freundlicher Genehmigung der
S. Fischer Verlags GmbH, Frankfurt am Main
Titel der französischen Originalausgabe:
›Seul, comme Franz Kafka‹
© 1979 by Calmann-Lévy, Paris
Deutsche Ausgabe:
© S. Fischer Verlag GmbH, Frankfurt am Main 1985
Umschlaggestaltung: Jan Buchholz / Reni Hinsch
Umschlagfoto: © Bildarchiv der Österreichischen
Nationalbibliothek, Fonds Albertine
Satz: Wagner GmbH, Nördlingen
Druck und Bindung: Clausen & Bosse, Leck
Printed in Germany
ISBN 3-596-26878-8

»›So einsam sind Sie?‹ fragte ich.
Kafka nickte.
›Wie Kaspar Hauser?‹ bemerkte ich.
Kafka lachte: ›Viel ärger als Kaspar Hauser.
Ich bin einsam – wie Franz Kafka.‹«

Gustav Janouch, *Gespräche mit Kafka*, Frankfurt 1961, S. 86

»Die Ursache dessen, daß das Urteil der Nachwelt über den Einzelnen richtiger ist als das der Zeitgenossen, liegt im Toten. Man entfaltet sich in seiner Art erst nach dem Tode, erst wenn man allein ist. Das Totsein ist für den Einzelnen wie der Samstagabend für den Kaminfeger, sie waschen den Ruß vom Leibe. Es wird sichtbar, ob die Zeitgenossen ihm oder er den Zeitgenossen mehr geschadet hat, im letzteren Fall war er ein großer Mann.«

»›Er‹. Aufzeichnungen aus dem Jahre 1920«,
in: *Beschreibung eines Kampfes*, Frankfurt 1983, S. 221

Inhalt

Erster Teil

Kapitel I
Der zensierte Name 9

Kapitel II
Die Krankheit der Identität 28

Kapitel III
Der Weg zurück 44

Kapitel IV
Der Dornbusch 65

Kapitel V
Vor dem Gesetz 95

Zweiter Teil

Kapitel VI
Die Flucht 123

Kapitel VII
Fiktion und Wirklichkeit 161

Anmerkungen 197

Erster Teil

Kapitel I
Der zensierte Name

Eine der merkwürdigsten Eigentümlichkeiten von Kafkas Werk ist, daß es um die großen Themen des jüdischen Denkens und der jüdischen Literatur zu kreisen scheint – Exil, Verfehlung, Sühne oder, moderner gesagt, mit der Entwurzelung und der Verfolgung einhergehendes Schuldgefühl –, ohne daß je ein Jude darin vorkommt oder auch nur das Wort »jüdisch« ausgesprochen wird. Zwar erkennt man hier und dort in den Romanen und Erzählungen einige typisch jüdische Namen – Raban, Blumfeld, Block und, zur Not, Samsa, obwohl die Samsa aus Böhmen auch Christen sein können[1] –, aber von diesen wenigen Ausnahmen abgesehen tragen Kafkas Personen keine Nachnamen, die über ihre ethnische Zugehörigkeit Aufschluß gäben, zuweilen haben sie überhaupt keinen Namen, was, ein wenig eilfertig als metaphysischer Wunsch nach Anonymität gedeutet, von Anbeginn den wildesten Spekulationen Vorschub geleistet hat. Daß jedoch Kafkas Abneigung, Namen zu geben, kein fester Entschluß zugrunde liegt, das beweisen einige Novellen aus seiner Jugendzeit, in denen der Held, der einen sehr korrekten deutschen Namen trägt, dem durch seine Identität am deutlichsten definierten Romanhelden in nichts nachsteht (bei Roßmann und Bendemann zum Beispiel wird der germanische Charakter sogar stark betont durch die Endung »mann«, die, nach der von Kafka selbst für die Personen des *Urteil* vorgeschlagenen Deutung, an eine völlig allgemeine menschliche Rolle oder einfach an eine männliche Rolle gemahnt). Später freilich treten die Familiennamen zugunsten allgemeiner Namen zurück, die nun entweder die der Hauptperson zugedachte Funktion bezeichnen – das gilt vor allem für den Offizier, den Boten, den Kaiser, den Trapezkünstler oder den Verurteilten – oder die Kategorie der Lebewesen oder Dinge – Hund, Maus, Spule oder Brücke –, in die sie einzuordnen ist. In den beiden großen Romanen der Reifezeit – beide stammen aus dem Nachlaß und sind unvollendet – erscheint der Held nur noch als symbolischer Anfangsbuchstabe: ein K steht für X, wobei unklar bleibt, ob es der Anfang eines normalen, wenn auch klandestinen Namens oder der letzte Rest eines erloschenen und nicht mehr rekonstruierbaren Namens ist. (Durch einen Umstand, der viel über den Sinn seines Tuns und dessen endlichen Mißlingens aussagt, macht sich K. über den Mangel seines Namens und Seins ebensowenig Gedanken wie seine Protagonisten – die Anomalie verweist auf einen allen bekannten Zustand, der, da er sich ständig wiederholt, nicht einmal mehr Neugier weckt.) Zwischen den beiden K., die um das Recht gebracht sind, sich zu nennen, besteht immerhin der bemerkenswerte Unterschied, daß der erste trotz allem noch einen Vornamen oder, wie der Volksmund treffend sagt, einen »kleinen« Namen hat, das heißt etwas, das von den Eltern kommt und ihn daher zumindest mit seiner Kindheit und der unverletzbarsten Sphäre seines Privatlebens verbindet, während der Landvermesser überhaupt nichts mehr besitzt, womit man ihn nennen könnte (es fällt schon schwer genug, sich vorzustellen, daß Frieda ihn auf dem Höhepunkt der Liebesekstase K. nennt, aber was wäre, wenn er eine Mutter hätte? Doch die hat er ja gerade nicht). Denn vom *Prozeß* zum *Schloß*[2] hat sich die Beschädigung der Individualität erheblich verschärft; nachdem sie die realen Bindungen mit der Umwelt zerfressen hat, die Josef K. noch besaß (er hat eine alte Mutter, einen Onkel, der sich um seinen Prozeß kümmert, eine gute Stellung), läßt sie am Ende lediglich den auf den einfachsten Ausdruck beschränkten Menschen übrig, den Mann ohne Eigenschaften, in dem nur noch der letzte Funke des Menschlichen überlebt.

Daß der durch den Buchstaben K symbolisierten Anonymität bei Kafka keineswegs eine theoretische Entscheidung zugrunde liegt, wird deutlich, sobald man ihre Varianten im Gesamtwerk betrachtet und vor allem die Funktion, die ihr in jeder einzelnen Erzählung zukommt. Die Anonymität, schon in den ältesten Texten stark ausgeprägt – in den Fragmenten *Beschreibung eines Kampfes* (1909), in denen, sichtlich von einem Rest Expressionismus beeinflußt, die Personen gleichsam nur in Bewegung gesetzte Gedanken sind –, tritt einige Jahre später mit *Das Urteil*, *Die Verwandlung* und *Der Verschollene*[3] zurück, drei Geschichten, in denen reichlich Eigennamen vorkommen – Familiennamen, Vornamen, Spitznamen, sehr bürgerliche Namen oder Phantasienamen, die jedoch plausibel und auf jeden Fall vollständig sind –, Namen, mit denen eine klassische

Erzählung durchaus zurechtkäme. Zwar entwickelt sich die Krankheit des Namens mit der Zeit in beängstigender Weise, bis sie in der Erzählung nur noch undefinierbare Geschöpfe am Leben läßt, die in einem unbestimmten Bereich zwischen Mensch und Ding, Leblosem und Tier angesiedelt sind. Aber selbst in der Zeit, da Kafka am *Prozeß* arbeitet und die Anonymität als Regel zu beherzigen scheint, findet man in verschiedenen Heften eine Fülle von mehr oder weniger ausgearbeiteten Entwürfen, in denen nicht das Fehlen von Namen verwundert, sondern deren Anzahl und Verschiedenartigkeit sowie das sichtliche Vergnügen des Autors, sie zu erfinden.[4] Angesichts dieser in Texte von wenigen Seiten oder Zeilen verschwenderisch eingestreuten Eigennamen muß man zugeben, daß der Autor des *Prozeß* weit davon entfernt ist, sich einer Theorie der unpersönlichen Kunst zu verschreiben, sondern zweifellos ebenso gern wie irgendein Romanschriftsteller »dem Standesamt Konkurrenz gemacht« hätte; daß er darauf verzichten mußte, liegt einzig daran, daß der auf der Geburt seines Helden liegende Fluch ihn daran hinderte, es ohne Betrug zu tun.

Sogar im *Prozeß* und im *Schloß*, den beiden Romanen, die in dieser Hinsicht am häufigsten genannt werden, ist die Anonymität keine gesetzliche Bestimmung, die für alle gilt, sondern streng selektiv, und gerade insofern spielt sie eine entscheidende Rolle: Da sie die einen trifft und die anderen verschont, ermöglicht sie es, sogleich zwischen Benannten und Unbenannten zu unterscheiden. Denn das Namensverbot (und sogar das Aufenthaltsverbot im besonderen Fall des Landvermessers) gilt nur für den Helden; das Gesetz, das ihn trifft, verschont den Rest der Bevölkerung (da seine Berührung offenbar ansteckend ist, büßen die Menschen, die in seine Nähe kommen, das heißt die Frauen, die Gehilfen, die Wächter usw., ihre Nachnamen ein, behalten jedoch ihre Vornamen). Im Raum des Romans hat der Buchstabe K also vor allem einen funktionalen Wert; er bezeichnet weder das Individuum, das sich als vereinzelte Person zu überwinden strebt, wie es früher die metaphysische Auslegung behauptete, noch – nach einer anderen Interpretation, die sich lange Zeit der Gunst der Kritik erfreute – die »Entfremdung« der Person in einer durch Technik und Bürokratie nivellierten modernen Gesellschaft, und schließlich auch keine der Tendenzen und Ideen von außen, die sich möglicherweise hinter ihm verbergen könnten. Indem K. gerade in seiner Unbekanntheit auf die ungleiche Situation hinweist, welche die von den Richtern und den Herren dargestellte soziale Hierarchie begründet, ist er nichts anderes als das sichtbare Zeichen einer Teilung der Welt in zwei gegensätzliche Sphären: in eine bevölkerte, vielfältige Sphäre, deren Bewohner als gute Österreicher Grubach, Huld, Titorelli, Bürgel oder Klamm heißen, und in eine auf einen einzigen Bewohner reduzierte Sphäre, in der aufgrund irgendeiner Verordnung das unverletzlichste Eigentum – eben der *Eigen*name – zum Teil oder vollständig getilgt ist. So wird der diskriminierte Name das Diskriminierende, das heißt genau das, was, da es sowohl auf Werte wie auf eine logische Ordnung, auf Reihen wie auf Inhalte wirkt, die organische Einheit von Struktur und Bedeutung am besten garantiert.

Im Unterschied zu allen bekannten Romanfiguren entbehrt Kafkas typische Person – sagen wir der Einfachheit halber K. – jeglicher Anziehungskraft, daher ist sie auch nicht dazu angetan, Interesse zu wecken, sie zeichnet sich weder durch einen gewinnenden Charakter aus noch durch eine subtile Psychologie, noch durch die Kunst, Leidenschaften und Ideen auszuleben, im Gegenteil, das alles ist ihr mit voller Absicht genommen. Der meisten Züge beraubt, mit denen der Roman seine fiktiven Geschöpfe gern ausstattet, also ohne ausgeprägte körperliche Merkmale und moralisch ohne Eigenschaften, fasziniert sie einzig durch die unerklärlichen Lücken ihrer Definition, die sie nicht zu einem Identifikationsobjekt, sondern zu einem quälenden Rätsel und damit freilich zu einem ständigen Ansporn des Denkens machen. Wer ist dieser für die Rolle des Helden so schlecht gerüstete Mensch? Warum fällt er aus wer weiß welchem Himmel in eine Erzählung, die außerhalb von Raum und Zeit verharrt? Was zwingt ihn, auf der untersten Stufe des Lebens dahinzuvegetieren, bald in gerade noch menschlicher Gestalt, bald in Gestalt eines Hundes, einer Maus, eines Affen, eines scheußlichen Insekts oder einer zerbrochenen Spule namens Odradek? Hat er ein Vorbild in der Realität, oder wenn nicht, aus welchem Fundus an Erfahrungen, Erinnerungen oder Träumen ist er hervorgeholt worden? Und was sind schließlich seine Beziehungen zu demjenigen, der ihn erfunden hat – sind sie so eng, wie das ihn bezeichnende Kürzel vermuten läßt? Darüber verrät der Text selbst natürlich nichts; zum Glück jedoch greift Kafka in seinen persönlichen Schriften das Thema offen auf, selten zwar, aber dann so deutlich, daß sich zumindest die Entstehung seines Werks dem Zugriff der Spekulation entzieht.

Den allgemeinsten Hinweis auf den Ursprung seiner Figuren gibt eine Tagebucheintragung vom 6. August 1914, ein Zeitpunkt, da sich ihm eine Periode großer Schaffenskraft eröffnet: »Der Sinn für die Darstellung meines traumhaften inneren Lebens hat alles andere ins Nebensächliche gerückt, und es ist in einer schrecklichen Weise verkümmert ... «[5] Ihm zufolge sind seine Romane und Erzählungen Ausdruck und Ausfluß der Innerlichkeit, sie entstammen einem ausschließlich subjektiven Fundus – das »er«, das sie auftreten lassen, ist immer nur das »ich« des Wachtraums, ein schematisches »ich«, in einen experimentellen Raum projiziert, in dem das Ich des Autors, seines gesellschaftlichen Scheins und seiner nebensächlichen Eigenschaften entäußert, gänzlich entblößt erscheint, auf das Wesentliche seiner Situation reduziert. Wie sehr dieser sozusagen objektive »er« mit seinen inneren Zuständen, ja sogar mit den Daten und Ereignissen seines Lebens verbunden ist, bestätigte Kafka schon 1913, als er die Eigennamen des *Urteils* analysierte:[6] »Georg hat so viele Buchstaben wie Franz. In Bendemann ist ›mann‹ nur eine für alle noch unbekannten Möglichkeiten der Geschichte vorgenommene Verstärkung von ›Bende‹. ›Bende‹ aber hat ebenso viele Buchstaben wie Kafka und der Vokal e wiederholt sich an den gleichen Stellen wie der Vokal a in Kafka. Frieda hat ebensoviel Buchstaben wie F. [Felice] und den gleichen Anfangsbuchstaben, Brandenfeld hat den gleichen Anfangsbuchstaben wie B. [Bauer] und durch das Wort ›Feld‹ auch in der Bedeutung eine gewisse Beziehung. Vielleicht ist sogar der Gedanke an Berlin nicht ohne Einfluß gewesen und die Erinnerung an die Mark Brandenburg hat vielleicht eingewirkt.«[7]

Nachdem er die Novelle einem kleinen Kreis von Freunden vorgelesen hatte, notierte er am Tag darauf noch eine Bemerkung seiner Schwester, die sich diesmal auf die Übereinstimmung der Örtlichkeit bezieht: »Meine Schwester sagte: ›Das ist unsere Wohnung.‹ Ich staunte darüber, wie sie die Örtlichkeit mißverstand und sagte: ›Da müßte ja der Vater im Klosett wohnen.‹«[8] Ein paar Monate später, in einem besonders kritischen Augenblick seiner Beziehung zu Felice, kommt er auf diese unvermuteten Zusammenhänge zwischen Fiktion und Wirklichkeit zurück, genauer: auf die Art Prophezeiung, über welche die Fiktion ihn nachdenken läßt: »Folgerungen aus dem ›Urteil‹ für meinen Fall. Ich verdanke die Geschichte auf Umwegen ihr. Georg geht aber an der Braut zugrunde.«[9] Und anläßlich der *Verwandlung* sagt er zu Janouch, der ihn einigermaßen naiv mit seinem Rieseninsekt identifizieren zu können meint, wobei auch er sich auf die offenkundige Homologie der Namen stützt: »Samsa ist nicht restlos Kafka. *Die Verwandlung* ist kein Bekenntnis, obwohl es – im gewissen Sinne – eine Indiskretion ist.« Und, angesichts der Verblüffung von Janouch: »Ist es vielleicht fein und diskret, wenn man über die Wanzen der eigenen Familie spricht?«[10] Natürlich ist auch Josef K. nicht restlos Kafka, sondern nur im wesentlichen, als indiskreter Zeuge der schmerzhaften Familienangelegenheit, die Kafka unaufhörlich zwingt, seinen eigenen Prozeß anzustrengen. Aus diesem Grunde zieht er in dem berühmten Brief, den er im Alter von sechsunddreißig Jahren an seinen Vater schreibt, um, wie er sagt, »uns beiden [...] Leben und Sterben leichter [zu] machen«, Josef K. als weiteren Beweis heran (»[...] schrieb ich von jemandem einmal richtig: ›Er fürchtet, die Scham werde ihn überleben‹«), als sei der Held hier nicht nur eine seiner Angst entsprungene Figur, sondern der vertrauenswürdige Teil seiner selbst, gleichsam sein verläßlichster Bürge.[11]

Indem Kafka sein Werk auf eine rein subjektive Sicht seiner Situation gegenüber der Welt zurückführt und bei vielen Gelegenheiten zeigt, daß seine Helden in ihm selbst wurzeln, liefert er den Schlüssel zu dem verstümmelten Namen, dessen Verhängnis K. und alle seine Verkörperungen zu tragen haben; denn wenn er in seinen Romanen nur von sich und seiner Unmöglichkeit zu leben spricht[12], dann ist der fehlende Name vielleicht sein eigener, und da er Jude ist, verurteilt er damit seinen eigenen Namen, seinen jüdischen Namen zur Klandestinität. Eine auf den ersten Blick so negative Haltung gibt natürlich zu denken. Doch bevor wir nach ihren Gründen suchen und sie korrekt bewerten – und das ist ja das Ziel dieses Essays –, müssen wir darauf hinweisen, daß Kafka, wenn er seinen Namen aus seinen Werken tilgt, zunächst eine einfache Erfahrungstatsache feststellt, die, obwohl traurig banal, in dem Maße ungewöhnlich wird, wie die Konventionen verhindern, daß man sie ausspricht. Denn in der Welt, in die seine Geburt ihn gestellt hat, ohne ihm das Recht zu geben, sich in ihr zu Hause zu fühlen, ist das Kafka genannte Individuum nur halb oder gar nicht *vorzeigbar*.

Diese Feststellung kann Kafka überall und jederzeit treffen, sobald er seine unmittelbare Umgebung verläßt – im Hotel, in einer Familienpension oder bei den Kranken des Sanatoriums, in dem er vergeblich Heilung sucht. Überall ist er jenem Schimpf ausgesetzt, den ihm im Sanatorium von Tatranské-Matliary seine Tischnachbarin antut, überall könnte er wie in einem Brief an seine Schwester Ottla ausrufen: »Es ist ein Unglück, daß man sich niemals gleich vollständig vorstellen kann.«[13] Genau das ist es: Man kann seine Identität nicht restlos bekunden, weil es nicht möglich ist, alle Anklänge, alle gesellschaftlichen und historischen Implikationen, alle Hintergedanken auszudrücken, mit denen der jüdische Name belastet ist, und zwar bei den anderen ebenso wie bei dem Betroffenen. Andererseits läßt sie sich auch nicht ganz verbergen, man muß sich wohl oder übel damit abfinden, daß sie sich *verrät* – wie K. in dem einen Buchstaben seines Namens, den er preisgeben will oder kann. Und so unausweichlich dieser Verrat sein mag, eher erlitten als vorbedacht, er ist ein unauslöschliches Vergehen, vielleicht das erste in der langen Reihe derer, an denen K. unschuldig ist und die ihn dennoch verurteilen, noch bevor sein Prozeß entschieden ist.

Gerechtfertigt ist das Namenstabu jedoch nicht nur durch eine bestimmte aktuelle Situation, deren angemessenster Ausdruck es ist, sondern auch jenseits von Raum und Zeit, denn es wurzelt in der allerältesten Tradition. Und wirklich erinnert es als solches eindringlich an das jüdische Tabu, das auf dem Namen Gottes liegt, auch wenn es nicht mehr den Gott der Juden, sondern den menschlichen Juden betrifft, was zweifellos seine geheimnisvolle Beständigkeit beweist, aber auch die großen historischen Veränderungen, die seine Bedeutung allmählich modifiziert, ja sogar umgekehrt haben. Einst war der Name Gottes heilig und gerade deshalb verboten; doch wußte jeder Jude, eben dank diesem geheimgehaltenen Namen, wer er war; jetzt aber stellt Kafka fest, daß in der Diaspora seiner Zeit, zumindest in derjenigen, die er in diesem Winkel Mitteleuropas, wo er geboren wurde, aus Erfahrung kennt, der göttliche Name und der menschliche Name unter dasselbe Verbot fallen, so daß die jüdische Situation insgesamt – Religion, Denken, Tradition, aber auch die täglichen Zufälle des öffentlichen und privaten Lebens – ins Zwielicht der Klandestinität gerückt ist. Durch eine Konsequenz, die die Frömmigkeit selbst unwissentlich vorbereitet hat, wirft das Gebot, das Irdisches und Göttliches streng trennen sollte, beides jetzt in wirrem Durcheinander in die dunklen Niederungen der Sprache, wo *das, was man nicht sagt*, in die Nachbarschaft des Zweifelhaften oder Verdächtigen gerät. Seines Inhalts entleert und von Grund auf pervertiert, geht es vom Göttlichen zum Teuflischen über, denn statt ein Erkennungszeichen zu sein, bringt es das ganze Volk dazu, sich im Unbenannten aufzulösen, anders gesagt, sich zu verleugnen. Für Kafka und die Menschen, die er um sich herum in Prag leben sieht, geht es nicht mehr darum, den Namen Gottes zu verschweigen, sondern vielmehr darum, den eigenen zu verbergen, ihn zu ändern, ihn dem sprachlichen Umfeld anzupassen oder jedenfalls kein unnötiges Aufhebens von ihm zu machen. Nunmehr wider den Strich befolgt von Gläubigen, bei denen die Scham an die Stelle des religiösen Gewissens getreten ist, sowie von anderen, Gleichgültigen oder Feinden, die es eifrig parodieren, ist das Tabu des Namens, das einst die jüdische Existenz garantierte, zu dem geworden, was sie zur Nichtigkeit verdammt.

Das System der negativen Benennung, mit dem Kafka das uralte Tabu nachahmt, wird indes nicht zu satirischen Zwecken errichtet, oder wenn doch, dann in dem ungewohnten Sinne, daß es sich zunächst gegen seinen Urheber wendet, der hier der erste ist, der sich anzuklagen hat, als schwer kompromittierter Zeuge. Opfer zwar, aber ebenso Komplize seiner falschen Position gegenüber dem jüdischen Erbe wie gegenüber der Gesellschaft der anderen, greift Kafka nicht einen Zustand an, dessen bloßer Zeuge und Richter er wäre; es kommt ihm vor allem darauf an, sich selbst ins Spiel zu bringen, um alles Negative seines persönlichen Falles zu erfassen oder, genauer, alles zu demaskieren, was an seinem scheinbar normalen Fall nur jämmerliche Täuschung ist.

Negativ exemplarisch ist sein Fall insofern, als man hier, stark verdichtet, alle Widersprüche, alle Unsicherheiten und Nöte seiner Generation wiederfindet.[14] Als Sohn wohlhabender, durch die Arbeit des Vaters reich gewordener Geschäftsleute wächst er in einer halb eingedeutschten, halb assimilierten, vage traditionalistischen und eher konformistischen als gläubigen Familie auf, die für ihre Kinder und vor allem natürlich für ihren ältesten Sohn die bürgerliche Sicherheit und Achtung erstrebt, die sie selbst hat entbehren müssen, so daß sie, obwohl noch immer stark ihrer Herkunft verhaftet, in ihrer Erziehung lediglich ein blutleeres, substanzloses und sinnloses Judentum übermittelt.

Wie die meisten um die Zukunft ihrer Söhne besorgten jüdischen Väter legt Hermann Kafka, der in seinem Heimatdorf tschechisch sprach, Wert darauf, seinen Sohn deutsch zu erziehen, wohl wissend, daß man in Prag nichts werden kann, wenn man nicht die Sprache der herrschenden Klassen spricht, die einzige, die Zugang zu den freien und administrativen Berufen verschafft, die einzige, die Stellung und Rang bestimmt. Infolge dieser in seinen Kreisen üblichen Erziehung, deren Opportunismus allenthalben als Tugend gilt, steht Kafka von Anfang an zwischen zwei völlig gegensätzlichen Anforderungen eingeklemmt: die eine, die sich aus seiner Sprache ergibt, verpflichtet ihn ganz und gar einem fremden Kulturkreis; die andere, von seinem Vater aufgezwungen, zieht ihn fortwährend zurück zu einer Lebensform, von der er nur noch einige schlecht erhaltene Reste sieht, und daraus entsteht, wie er selbst sagt, sein »grenzenloses« Schuldbewußtsein. Er schreibt an seinen Vater: »Als Kind machte ich mir, in Übereinstimmung mit Dir, Vorwürfe deshalb, weil ich nicht genügend in den Tempel ging, nicht fastete und so weiter. Ich glaubte nicht mir, sondern Dir ein Unrecht damit zu tun und Schuldbewußtsein, das ja immer bereit war, durchlief mich.«[15] Der Heranwachsende bricht bald aus dem Dilemma aus, indem er jenem »Nichts von Judentum« den Rücken kehrt, das ihm barbarisch und nutzlos vorkommt: »Wie man mit diesem Material etwas Besseres tun könnte, als es möglichst schnell loszuwerden, verstand ich nicht; gerade dieses Loswerden schien mir die pietätsvollste Handlung zu sein.«[16] Und tatsächlich scheint ihn dieses Problem während seiner ganzen Studienzeit nicht mehr zu beschäftigen, zumindest hat er es so weit vergessen oder, wenn man lieber will, verdrängt, um es für erledigt zu halten.

Unter der Bedingung, daß er vor den antisemitischen Gewalttätigkeiten, die um die Jahrhundertwende die Straßen Prags und die böhmischen Dörfer immer wieder erschüttern, die Augen verschließt[17] – und die uns vorliegenden Dokumente und Zeugnisse über seine Jugend lassen vermuten, daß er sie in der Tat verschließt –, kann er sich seinen Kameraden in der deutschen Universität in Prag und der liberalen Studentenvereinigung, deren Mitglied er ist, fast gleich fühlen.[18] Und da ihn der Dämon der Literatur bereits gepackt hat – faktisch schreibt er seit jeher –, kann er sich auch berufen fühlen, eines Tages ein deutscher Schriftsteller wie andere zu werden, im Besitze einer Sprache und bewunderter Meister, wenn nicht eines »Bodens« und einer Geschichte, die wirklich ihm gehören. Was kümmert ihn da Jerusalem? Sein gelobtes Land sucht er in Weimar und im Werk Goethes, seiner Bibel. Auf diesem Gebiet hat ihm das Judentum im übrigen nichts zu bieten: Er spricht nicht jiddisch und kann nicht hebräisch, so daß er das Wenige, das er zu Hause gelernt hat, ohne weiteres abtun kann, ohne etwas anderes darin zu erblicken als barbarische und unverständliche Relikte.

Bis zur Wende von 1911, einem Zeitpunkt, da er sich unter dem

Einfluß verschiedener äußerer und subjektiver Faktoren gewissermaßen seiner eigenen jüdischen Frage nähert, unterscheidet sich Kafka nicht wesentlich von den Juden seines Prager Milieus, eines Milieus allerdings, das Abneigung und einen heftigen Fluchtwunsch in ihm weckt (hier entsteht das Bild des Westjuden, für den er später so harte Worte findet). Im täglichen Leben verhält er sich im großen und ganzen wie jedermann, das heißt, daß er zwar weder seine Herkunft noch den Namen, der sie öffentlich attestiert, offen verleugnet, sie aber gern verschweigt und nur dann bekennt, wenn er dazu gezwungen wird. Es ist unerheblich, ob dieses Nichtbekennen nun der Scham, der Angst vor dem Skandal, der Schüchternheit oder einfach dem Wunsch zuzuschreiben ist, Ruhe zu haben, innerlich kann es nur als geheime Verleugnung empfunden werden, die wiederum ebenso geheime Scham-, Angst- und Schuldgefühle hervorruft. Aufgrund des »als ob«, damals seine stillschweigende Lebensregel, ist Kafka in der Tat nach allen Seiten schandbar und schuldig: gegenüber den Christen, weil er Jude ist, und gegenüber dem eigenen Gewissen, weil er keiner ist oder, was auf dasselbe hinausläuft, weil er im Grunde nur ein halber Jude ist. Schuldig gegenüber den anderen, den Nichtjuden, die er durch scheinheilige Zurückhaltung verwirrt und betrügt, versündigt er sich auch gegen das Judentum, das er in jedem Augenblick allein dadurch verrät, daß er es zu bekennen versäumt, ohne den Mut zu haben, es ganz aufzugeben. Dieses doppelte Vergehen ist die unmittelbare Wurzel der Schuld *ohne Delikt*, die Joseph K. zu einer Zerstörung *ohne Urteil* führt: innerlich ebenso unabweisbar wie äußerlich unbeweisbar, funktioniert sie von selbst und zieht automatisch die Strafe nach sich, nach einem Mechanismus, auf den die Argumente des Rechts ebensowenig Einfluß haben wie die der Vernunft.

K.s Prozeß wäre natürlich sehr viel einfacher, wenn Kafka die Wahl hätte zwischen zwei eindeutigen Haltungen – sagen wir zwischen einer vollständigen Assimilation und einer vorbehaltlosen Rückkehr zum vorväterlichen Judentum –, aber diese Wahl hat er nicht, was er gerade dadurch beweist, daß er seine Bücher mit nicht zu identifizierenden Zwitterwesen bevölkert. Weit davon entfernt, auf eine rein negative Entscheidung hinzuweisen, bezeichnet der zensierte jüdische Name vielmehr die Mischung einer Menge von Gefühlen in ihm, und er weiß nicht, was darin überwiegt, Scham oder Respekt, Liebe oder Haß, Rassenhochmut oder verletzter Stolz. Aber wenn er auch nichts empfindet, was unvermischt ist, lernt er doch mit der Zeit, daß er, so getrennt von der Gemeinschaft er sein mag, noch in der Art und Weise Jude ist, wie er es nicht ist, sogar in seiner Exzentrik und der ständigen Irritation seines Denkens.

Aufgrund eines Paradoxes seiner sowohl banalen wie beispiellosen Situation – banal hinsichtlich der Fakten, beispiellos durch die Art, wie er sie erlebt – ist das, was er mit den Juden gemeinsam hat, außerstande, sie deren Existenzformen anzunähern; doch das, was ihn zwingt, sich abseits zu halten, ist gleichzeitig die authentischste und stärkste aller Bindungen. Hier ist das gemeinsame Gut – Herkunft, Geschichte, Religion – Ursache für Entfernung *und* Zersplitterung, während die Zersplitterung und die unendliche Vielfalt der Interessen, die das Los des ganzen Volkes sind, auf geheimnisvolle Weise die vereinzelten Individuen wieder miteinander verbinden. Als Kafka den absolut unüberwindbaren Charakter dieses Widerspruchs erkennt – wir werden weiter unten sehen, daß das erst ziemlich spät geschieht –, kann er sich der Notwendigkeit, ihn zu leben und gründlich zu durchdenken, nicht mehr entziehen, selbst auf die Gefahr hin, ihn zu verschärfen. Daher die »Forschungen«, die er gegen Ende seines Lebens noch unternimmt, vermittels des gelehrten Hundes, eines Amateurphilosophen und unverbesserlichen Fragers, der in dieser ungemein komplizierten Angelegenheit sicher sein autorisierter Wortführer ist.

Daß der Held der *Forschungen eines Hundes*[19] tatsächlich im Namen seines Autors spricht, das bezeugen das Datum der Novelle sowie die Umstände ihrer Entstehung. In ein Quartheft – das sogenannte »braune Heft« – geschrieben, das Texte aus dem Jahr 1922 enthält, entstand die Geschichte, die keinen Titel hat und unvollendet blieb oder vielleicht nur liegen gelassen wurde, weil es unmöglich war, sie zu beenden, aller Wahrscheinlichkeit nach im Sommer dieses Jahres, das heißt zu einer Zeit, da Kafka sich außerstande fühlt, das *Schloß* weiterzuführen, und mit Schrecken ein endgültiges Versiegen seiner Inspiration voraussieht.[20] Denn ganz zu Anfang des »braunen Hefts« schreibt er: »Das Schreiben versagt sich mir. Daher der Plan der selbstbiographischen Untersuchungen. Nicht Biographie, sondern Untersuchung und Auffindung möglichst kleiner Bestandteile.«[21] Kurz darauf folgt das Fragment einer Hundegeschichte, die als eine erste Version der eigentlichen *Forschungen* gelten kann, sodann diese selbst, deren Inhalt eng an die vorher erwähnte selbstbiographische Untersuchung anknüpft, als Mittel zur Linderung einer unheilbaren Hemmung. Der enttäuschte alte Hund, den Kafka hier über sein eigenes Leben Nachforschungen anstellen läßt, trägt im übrigen die Narbe dieses schmerzlichen Augenblicks – gleich zu Anfang gesteht er, daß seine Forschungen zu nichts anderem geführt haben, als ihn von allen zu isolieren und zur Verzweiflung zu bringen, und er sie deshalb habe aufgeben müssen.

Auch wenn der autobiographische Charakter der Erzählung nicht durch Dokumente belegt wäre, ließe er sich mühelos aus dem besonderen Verfahren ableiten, dem Kafka regelmäßig die einfachen Wörter und Redewendungen der Alltagssprache unterzieht, um sie all das sagen zu lassen, was sie unter dem äußeren Schein des gesunden Menschenverstands und der Naivität enthalten. Bekanntlich ist »Hund« das immer und überall übliche Schimpfwort des Antisemiten. Kafka nimmt es beim Wort, und allein dadurch setzt er es in Bewegung innerhalb einer logischen Situation, die sowohl die ungeheuerliche Dummheit des Wortes als auch seine schlimmen Folgen für den Beschimpften aufdeckt. Zudem kommt das Schimpfwort nicht lediglich vom Feind, es ist sogar im engen Familienkreis geläufig, was es womöglich noch unerträglicher macht. Zur Zeit seiner Freundschaft mit Isaak Löwy, dem Direktor der kleinen jüdischen Theatergruppe, die in seiner Entwicklung eine große Rolle spielt, hört Kafka von seinem Vater, dem die Ostjuden offensichtlich nur Verachtung und Abscheu einflößen: »Wer sich mit Hunden zu Bett legt, steht mit Wanzen auf«, und er gerät bei diesem brutalen Angriff außer sich.[22] Aber er rächt sich auf der Stelle und bestraft sich – in einer Kunst des Augenblicklichen sind die beiden Regungen stets verbunden –, indem er das Verb »aufstehen« durch das Verb »sein« ersetzt, was zwei falsche Sprichwörter, zwei Varianten der Volksweisheit ergibt, etwa: »Wer mit Wanzen aufsteht, ist selbst eine Wanze«, und »Wer sich mit Hunden zu Bett legt, ist selbst ein Hund.«[23] Die erste ist der Ausgangspunkt der *Verwandlung*, wo der Held eines Morgens zu einem ungeheuren und ohne Zweifel schmarotzenden Ungeziefer verwandelt erwacht[24]; die andere inspiriert zuerst den Schluß des *Prozeß*, wo Josef K. sich selbst »Wie ein Hund!« sterben sieht«, und dann Jahre später jene Geschichte von dem gelehrten Hund, in der das Tier diesmal allein bleibt, durch seinen Starrsinn und die Aufdringlichkeit seiner endlosen Fragen von jeder lebendigen Gesellschaft abgeschnitten. Da die Metamorphose bei Kafka immer nur eine *beseelte Metapher* ist, bedarf sie keiner komplizierten Operationen; er braucht lediglich alle Mittel der Pseudoschlüsse auszuschöpfen, die Rhetorik und Grammatik ihm reichlich liefern. Wenn zum Beispiel der Jude ein Hund ist, dann ist der Hund ein Jude; grammatisch ist gegen den zweiten Satz nichts einzuwenden, doch da seine Absurdität in die Augen springt, während der erste als sinnvoll gilt, zwingt er das Schimpfwort brutal dazu, seine Unsinnigkeit zu bekennen.

Der Hund ist also ein Jude; als Forscher, Wissenschaftler, Intellektueller ist er auch der Vertreter seines Autors, der von Natur aus und notgedrungen ebenfalls Spezialist für nicht zu stellende Fragen ist. Er ist der deformierte, aber an seiner Organisation erkennbare Doppelgänger, den Kafka für seine »selbstbiographischen Untersuchungen« braucht, Untersuchungen, die sein ganzes Werk leiten und ihm im Jahre 1922 notwendiger erscheinen denn je, einem Jahr, in dem er, um seine literarische Ohnmacht zu verstehen und wenn möglich zu überwinden, auf seine Vergangenheit zurückgeworfen ist. Die Betrachtungen des Hundes über sein Hundeleben gehören also keineswegs ins Reich der Fabel, sondern beziehen sich auf eine konkrete Realität, peinlich genau beobachtet von einem verzweifelten, doch hellsichtigen Geist, bei dem der Wissensdrang bei weitem den Wunsch überwiegt, sich zu schonen oder öffentlich einer Sache zu dienen, und sei es der Sache, von der er sich am wenigsten zu lösen vermag.

Von Anfang an sorgt der Hund im übrigen dafür, daß man genau weiß, was von seinen Meditationen zu halten ist: »Wenn ich jetzt zurückdenke und die Zeiten mir zurückrufe, da ich noch inmitten der Hundeschaft lebte, teilnahm an allem, was sie bekümmert, ein Hund unter Hunden, finde ich bei näherem Zusehen doch, daß hier seit jeher etwas nicht stimmte, eine kleine Bruchstelle vorhanden war, ein leichtes Unbehagen inmitten der ehrwürdigsten volklichen Veranstaltungen mich befiel, ja manchmal selbst im vertrauten Kreise, nein, nicht manchmal, sondern sehr oft, der bloße Anblick eines mir lieben Mithundes, der bloße Anblick, irgendwie neu gesehen, mich verlegen, erschrocken, hilflos, ja mich verzweifelt machte.«[25] Hier drängt sich das Wort »Jude« so unwiderstehlich in den Text, daß es Mühe macht, es herauszuhalten, *doch es darf auf keinen Fall hinein*, da es dazu verleiten würde, die Situation wieder auf die Ebene der Allgemeinheit zu stellen, wo die möglichen Lösungen bereits vorliegen und die Forschungen des Hundes infolgedessen völlig überflüssig sind.[26] Das Wort »Jude« hat nur deshalb eine so starke Dynamik, weil es ständig verdrängt wird – es ist das

Unausgesprochene, auf das sich die vielen Bedeutungen der Geschichte beziehen, sowohl jene, die man zu kennen glaubt, wie jene, noch zahlreicheren, von denen nichts Bekanntes eine Vorstellung geben darf. Es kann nicht in den Bereich der gesagten Dinge eingehen, ohne sofort in die Raster moralischer, philosophischer, politischer oder religiöser Erklärungen zu geraten, die allesamt ein Vorurteil voraussetzen (eines dieser Raster wäre zum Beispiel der Zionismus wie in dem erwähnten Aufsatz von Hugo Bergmann; ein weiteres der *jüdische Selbsthaß* oder jüdische Antisemitismus, zwei Schlüssel, die in mancher Hinsicht zwar plausibel sein mögen, aber unbrauchbar sind, wenn es darum geht, die Fülle an Ideen, Gefühlen und bangen Fragen zu erklären, denen die Erzählung ihre Stringenz verdankt).

Suggestiv, ohne dem ungesagten Wort je die Möglichkeit zu geben, ausgesprochen zu werden, gewinnen die *Forschungen eines Hundes* die Zeichenkraft, die die direkte Rede ihnen zwangsläufig vorenthielte, verlieren dabei jedoch nichts von ihrer Klarheit. Als Beweis dafür eine Stelle, wo der Erzähler von seinen Beobachtungen über die Beziehungen seiner Mitbrüder zu den anderen Völkern der Erde spricht: »Man darf eben nicht außer acht lassen, daß ich trotz meinen Sonderbarkeiten, die offen zutage liegen, doch bei weitem nicht völlig aus der Art schlage. Es ist ja, wenn ichs bedenke [...], mit der Hundeschaft überhaupt wunderbar bestellt. Es gibt außer uns Hunden vielerlei Arten von Geschöpfen ringsumher, arme, geringe, stumme, nur auf gewisse Schreie eingeschränkte Wesen, viele unter uns Hunden studieren sie, haben ihnen Namen gegeben, suchen ihnen zu helfen, sie zu erziehen, zu veredeln und dergleichen. Mir sind sie, wenn sie mich nicht etwa zu stören versuchen, gleichgültig, ich verwechsle sie, ich sehe über sie hinweg.«[27] Auch hier könnten die Worte des Hundes gar nicht klarer sein, wenn er seine geborgte Persönlichkeit abstreifte; sie sind sogar so klar, daß sie geradezu »hündisch« – zynisch – werden (im übrigen spielt die ganze Geschichte sowohl mit dem gängigen Sinn des Wortes wie mit seiner etymologischen Bedeutung).

Denn ihm zufolge ist die Hundeschaft all denen überlegen, die den Rest der Welt bevölkern; einzig sie hat eine Zivilisation, die anderen sind ungehobelte arme Wesen ohne Namen und Geschichte, die, sich selbst überlassen, diesseits jeder Kultur und jeder Nachdenklichkeit dahinvegetieren. Doch über diese stumpfen Wesen hat der Hund, der sonst so viel Aufhebens von seiner Besonderheit macht, die gleichen selbstgefälligen Ansichten wie seine Artgenossen; er übertrifft sie sogar noch an Egoismus und Hochmut, denn viele von ihnen versuchen, in dem Bewußtsein, daß ihre Überlegenheit sie verpflichtet, den niederen Rassen zu helfen, sich zu zivilisieren; während er selbst, »zurückgezogen, einsam, nur mit meinen hoffnungslosen [...] kleinen Untersuchungen beschäftigt«, ihnen gegenüber nichts als Gleichgültigkeit empfindet und sich hündisch vor der Verpflichtung drückt, zum gemeinsamen Werk des Fortschritts beizutragen. Er, der doch seinen Namen und seine Lage einem schändlichen Schimpfwort verdankt, wendet den Schimpf in Überlegenheit, ohne daß dieses Auserwähltsein ihm das Gefühl einer Pflicht gegenüber dem Rest der Welt gibt; er ignoriert die anderen ganz einfach, und wenn es vorkommt, daß er von ihrer trüben Existenz gestört wird, steht er so hoch über ihnen, daß er sich nicht einmal vorzustellen vermag, sie könnten ihn *verfolgen*. Denn in dieser vom Erzähler gewählten Perspektive geht es nicht darum, die alte Frage des unter allen Nationen auserwählten Volks aufzuwerfen, der Hund interessiert sich ausschließlich für die Hunde und die große Familienangelegenheit, die sich, wie er meint, einzig unter Hunden verstehen und regeln läßt, die hier einmal die alleinigen Herren ihres Schicksals sind.[28]

Da der Hund die anderen Nationen aus seinem Gedankenkreis verbannt, ist er in der Lage, sich ganz auf das Funktionieren seiner Gesellschaft zu konzentrieren, der er sich noch immer verbunden fühlt, obwohl er sie in seiner kontemplativen Zurückgezogenheit mit dem kalten Blick des Fremden betrachtet. Dank diesem Interesse und dieser Neutralität entdeckt er einen Aspekt der Dinge, über den nachzudenken seine geschäftigen, von Arbeit und Sorgen geplagten Artgenossen weder Zeit noch Lust, noch Mittel haben. Seine erste Entdeckung bezieht sich auf die beiden sehr ausgeprägten Tendenzen, die sie ohne ihr Wissen unaufhörlich auf entgegengesetzte Wege drängen: »Man darf doch wohl sagen, daß wir alle förmlich in einem einzigen Haufen leben, alle, so unterschieden wir sonst durch die unzähligen und tiefgehenden Unterscheidungen, die sich im Laufe der Zeiten ergeben haben. Alle in einem Haufen! Es drängt uns zueinander und nichts kann uns hindern, diesem Drängen genugzutun, alle unsere Gesetze und Einrichtungen, die wenigen, die ich noch kenne und die zahllosen, die ich vergessen habe, gehen zurück auf die Sehnsucht nach dem größten Glück, dessen wir fähig sind, dem warmen Beisammensein. Nun aber das

Gegenspiel hierzu. Kein Geschöpf lebt meines Wissens so weithin zerstreut wie wir Hunde, keines hat so viele, gar nicht übersehbare Unterschiede der Klassen, der Arten, der Beschäftigungen.«[29] Doch der Hund stellt fest, daß seine Artgenossen stillschweigend übereinkommen, von diesem Grundwiderspruch des Hundelebens – dem unwiderstehlichen Bedürfnis, beisammen zu sein, und der nicht minder unwiderstehlichen Neigung, sich zu zerstreuen: Sehnsucht nach Gemeinschaft und schrankenlosem Individualismus – nicht zu sprechen, es ist ein geheimnisvolles Tabu, das, von allen beachtet, dazu beiträgt, ihre Bande zu festigen. Doch wie kommt es dann, daß er, ein trotz allem normaler Hund, der einzige ist, der das Tabu verletzt, indem er alle Welt ausgerechnet mit Fragen zu diesem verbotenen Punkt belästigt? »Warum tue ich es nicht wie die anderen, lebe einträchtig mit meinem Volke und nehme das, was die Eintracht stört, stillschweigend hin, vernachlässige es als kleinen Fehler in der großen Rechnung, und bleibe immer zugekehrt dem, was glücklich bindet, nicht dem, was, freilich immer wieder unwiderstehlich, uns aus dem Volkskreis zerrt.«[30] Der Hund weiß nicht, aus welchen Gründen die Seinen über diese »schwierigen Dinge« schweigen; er weiß auch nicht, warum ihm selbst so sehr daran liegt, sie zum Sprechen zu bringen; ein langes, der Forschung gewidmetes Leben hat ihn gelehrt, daß er von Anbeginn nicht anders konnte und also nichts zu bereuen hat, nicht einmal im tiefsten Exil, in das er jetzt, weil er sein Volk aus zu großer Nähe beobachtet hat, endgültig verbannt ist.

Durch seine besondere Anlage und die Zudringlichkeit seiner »hoffnungslosen kleinen Untersuchungen« aus dem Volkskreis ausgestoßen, freiwillig und notgedrungen einsam, aber verzweifelt darüber, nicht an der Wärme des spontanen jüdischen Lebens teilzuhaben, errichtet Kafka, so wie der Hund, sein Werk um die »schwierigen Dinge«, denen er »ganz und gar verfallen« ist, auf die Gefahr hin, seine Artgenossen zu bekümmern oder zu schockieren; wie der Hund lebt er am Rande des Judentums, ohne doch seine Rasse ganz zu verraten, ohne sich zu verleugnen; und wie der Hund kann er sich über diesen halb freiwilligen, halb erzwungenen Ausschluß mit den Worten hinwegtrösten, daß er trotz allem nie den Überblick über sein Volk verloren hat – auch wenn er sich von ihm entfernt hat, vergißt er es nicht und läßt hin und wieder von sich hören.[31]

Die Gedanken des Hundes über seine Rassenbrüder und seine

exzentrische Stellung ihnen gegenüber sind so offenkundig Kafkas Gedanken, daß sie ebensogut in seinen *Tagebüchern* stehen könnten, neben dem, was er im Laufe der Jahre direkt über sich sagt. Warum aber bürdet er sie dann einem Fabeltier auf, warum diese unnötige Komplikation einer Pseudophantastik, die den Augenblick, da ihre Quelle identifiziert wird, nur um weniges hinauszögert? Weil der Hund in Wirklichkeit nichts mit der Figur eines Märchens oder einer Fabel zu tun hat; Kafka verwendet sie nicht, um den Leser zu entfremden und dieser Entfremdung Dinge anzukreiden, die sonst allzu sehr schockieren würden. Er braucht den Hund unbedingt, weil er es ihm dank den vielen Bildern, die sich um seinen Namen ranken, erlaubt, die möglichen Auswege, alle Interpretationen seiner Situation zu erkunden, die er noch nicht entdeckt hat oder aus Scham oder Kleinmut lieber nicht in Erwägung ziehen möchte. Aber so groß die durch eine einzige Metapher erschlossene Gedankenwelt auch sein mag, sie ist nie groß genug, als daß ein Problem sich darin zu erschöpfen vermöchte; daher bleibt die Fabel stets unvollendet und muß immer von neuem begonnen werden.

Die Betrachtungen des Hundes lassen sich folglich durchaus mit denen vergleichen, die Kafka in seinen *Tagebüchern* und persönlichen Papieren niedergeschrieben hat. Um die autobiographische Bedeutung der Erzählung richtig beurteilen zu können, müßte man den Text zunächst einer ebenso vollständigen wie detaillierten inneren Analyse unterziehen und ihn dann mit den zahlreichen Geschichten vergleichen, die offenkundig um das nämliche Thema kreisen – zum Beispiel *Beim Bau der Chinesischen Mauer*, wo die Juden als Chinesen auftreten, wahrscheinlich wegen ihrer alten Kultur, ihrer Listigkeit, ihrer intellektuellen »Chinoiserie«, die man ihnen oft zum Vorwurf macht; oder auch *Josefine, die Sängerin*, eine andere Fabel, in der sie in Mäuse verwandelt sind, zweifellos in Analogie zur großen Fruchtbarkeit dieser verabscheuten, gehetzten, gnadenlos zur Ausrottung verdammten Tiere.

Der Vergleich drängt sich auf, weil Kafkas Gestalten, die meist durch eine rhetorische Figur erzeugt sind, einander fortsetzen, ergänzen und widersprechen, als würden sie unter verschiedenen Gewändern und an den unterschiedlichsten fiktiven Orten alle dasselbe Ziel verfolgen und ihren letzten Sinn erst im Spiel ihrer Wechselbeziehung enthüllen. Hund, Chinese oder Maus – kein isoliertes Bild steht für sich selbst, keines löst das Rätsel der Geschichte, jedes läßt sich durch das ihm vorausgehende oder

25

folgende berichtigen, und alle sind schließlich notwendig, um wenn nicht die Wahrheit, so doch die fetischistische Macht der Wahrheiten und Gegenwahrheiten aufscheinen zu lassen, welche die Alltagssprache befördert.

Der Hund, sich seiner Überlegenheit bewußt, verweist die »geringen Geschöpfe«, die am Rande der gesitteten Gesellschaft ein düsteres Leben führen, ins Nichts; der Chinese fühlt sich offensichtlich den Barbaren aus dem Norden weit überlegen, die die Zivilisation seines Landes bedrohen und vor denen die Große Mauer es schützen soll. Doch über das persönliche Gefühl des Autors läßt sich daraus nichts mit Sicherheit schließen, denn die hier zur Schau getragene Arroganz wird anderswo hart bestraft, zum Beispiel in der Geschichte von Josefine, in der Hund und Chinese, in Mäuse verwandelt, nun ihrerseits zu armen gejagten Geschöpfen werden, deren einzige Größe in der Kontinuität ihrer historischen Existenz besteht und die keine andere Wahrheit kennen als ihren kollektiven Mut. So wird jede Figur Kafkas nicht nur am Ort ihres Handelns durch die verschiedenen Blickwinkel, in die sie gestellt ist, korrigiert, sondern ebenso durch die Gesamtheit des Werkes, das, obwohl fragmentarisch und unvollendet, dank dieser ständigen Korrektur seine unvergleichliche Einheit erhält.

Da die Erzählung so konstruiert ist, daß keine Formel ihren Inhalt zusammenzufassen vermag, wird die ›jüdische Frage‹ nirgendwo *literarisch* entschieden; und da diese immer nur teilweise und jedesmal von einem parteiischen Helden behandelt wird, ist ihr allein durch ein genaues Inventar aller Kafkaschen Bilder *und* aller ihrer Berichtigungen beizukommen; denn in diesem von einem stets wachen Denken ersonnenen Organismus, einem Denken, das sowohl gegen die kollektiven Meinungen wie gegen die eigene Trägheit kämpft, ist kein Bild an sich selbst wahr, alle sind falsch und alle tragen insofern zur Wahrheit bei, als sie gegenseitig ihren Teil an Irrtum und Illusion aufdecken. Aber so entscheidend ein solches Inventar in bezug auf das Wesentliche auch sein mag, es teilt nichts darüber mit, wie die Frage *menschlich* von einem Menschen erlebt wurde, der wie jeder andere seine Leidenschaften und Neigungen, seine mehr oder weniger festen Ansichten, seine Vorlieben und seine Vorurteile hat. So daß man alles, was Kafka von seinem Leben in sein Romanwerk hat einfließen lassen, nicht um es in kenntlichem Gewand wiederzugeben, sondern um es dem verzehrenden Feuer einer erbarmungslosen Intelligenz auszusetzen, letztlich in seinem

Leben suchen muß oder, genauer, in den schriftlichen Spuren, die uns davon erhalten geblieben sind.

Diese autobiographischen Dokumente, die in seinen *Tagebüchern*, in seinen Briefen und in den verschiedenen Heften verstreut sind und, vergessen wir es nicht, ausnahmslos verbrannt werden sollten, sind die einzig zuverlässigen Quellen zu unserem Thema, an denen sich mit guten Gründen nicht zweifeln läßt, die einzigen, die ich in diesem Essay verwende (abgesehen natürlich von dem Material, das ich Zeugnissen und Arbeiten anderer entnommen habe, die sie zu präzisieren und vor allem zu datieren ermöglichen). Da sie das einzige sind, was den Kritiker vor mehr oder weniger tendenziösen Hypothesen und Auslegungen zu bewahren vermag, die immer eilig zu Schlüssen kommen wollen, können Kafkas authentische Äußerungen gar nicht genau genug überprüft werden; man muß sie also exzerpieren, sie miteinander und eventuell mit der literarischen Variante vergleichen, die an anderer Stelle über das gleiche Thema geschrieben wurde, und sie schließlich wieder in den großen Komplex von Ideen, Gefühlen und Erfahrungen stellen, die den Autor im Laufe der Zeit und je nach den historischen Umständen veranlaßt oder manchmal gezwungen haben, sie aufzuschreiben. Erst dann wird man vielleicht verstehen können, warum sich Kafka genötigt fühlte, den jüdischen Namen in seinem Werk zu zensieren, und warum dieser so geheimnisvoll ausgelöschte Name gerade in ihm das zu seiner Veranschaulichung würdigste Genie unserer Zeit gefunden hat.

Kapitel II
Die Krankheit der Identität

Hätte Kafka seine künftigen Kritiker vor dem schweren Irrtum warnen wollen, den sie begehen würden, wenn sie seinen Fall nach Allgemeinheiten beurteilten – doch in Anbetracht seiner Entscheidung, sein Werk zu vernichten, versteht es sich von selbst, daß ihm das nicht in den Sinn gekommen ist –, dann hätte er nichts Besseres tun können, als eine kurze Bemerkung aus dem Briefwechsel mit Felice Bauer für sie zu kopieren, die, wenngleich hastig auf eine Postkarte geschrieben, offenkundig reiflich überlegt ist. Am 7. Oktober 1916 schreibt er in bezug auf zwei über ihn erschienene Kritiken: »Willst du mir übrigens nicht auch sagen, was ich eigentlich bin. In der letzten Neuen Rundschau wird die ›Verwandlung‹ erwähnt, mit vernünftiger Begründung abgelehnt und dann heißt es etwa: ›K's Erzählungskunst besitzt etwas Urdeutsches.‹ In Maxens Aufsatz dagegen: ›K's Erzählungen gehören zu den jüdischsten Dokumenten unserer Zeit.‹ Ein schwerer Fall. Bin ich ein Cirkusreiter auf 2 Pferden? Leider bin ich kein Reiter, sondern liege am Boden.«[1] Obwohl indirekt, ist die Warnung deutlich zu hören, vor allem wenn man sie auf den genauen Wortlaut der beiden genannten Aufsätze bezieht. In einem Essay mit dem Titel »Phantasie« schreibt Robert Müller, der Kritiker der *Neuen Rundschau*, ohne mit der Wimper zu zucken: »Die [...] Erzählkunst Kafkas, die etwas Urdeutsches, rühmlich Artiges, im Erzählenden Meistersingerliches besitzt, wird durch die hypothetischen Flicke auf ihrem schönen Sachgewande deformiert.«[2] Max Brod dagegen behauptete ebenso kategorisch in »Unsere Literaten und die Gemeinschaft«[3]: »Obwohl in seinen Werken niemals das Wort ›Jude‹ vorkommt, gehören sie zu den jüdischsten Dokumenten unserer Zeit.« Angesichts zweier so grundverschiedener Meinungen, von denen die eine aus seinem engsten Freundeskreis stammt, die andere aus einem in jeder Hinsicht fremden Milieu, erklärt sich Kafka außerstande, seine eigene mitzuteilen – ob man ihn nun wie Müller mit einer urdeutschen und überdies archaisierenden Literatur (die Meistersinger!) verbindet oder wie Max Brod zur Avantgarde des militanten Judentums zählt, er selbst jedenfalls weiß nicht, wer er ist, er weiß nur, daß er, da er sich für keines der beiden Reittiere, für die er geschaffen sein soll, entscheiden und auch das jüdische und das deutsche Pferd nicht gleichzeitig besteigen kann, gezwungen ist, entweder auf dem Boden zu bleiben oder immer wieder abgeworfen zu werden.[4]

Selbst wenn man die Strategie berücksichtigt, die er in seiner Beziehung zu Felice anzuwenden pflegt – wie immer will er der jungen Frau beweisen, daß sie seine Besonderheit unterschätzt, was ihn, falls sie heiraten sollten, großen Gefahren aussetzen würde –, ist eine solche Neutralität doch höchst verwirrend; man würde zumindest erwarten, daß Kafka einen Unterschied macht zwischen Brod, dem langjährigen Freund, Vertrauten und glühenden Bewunderer, der hier das Offenkundige auszudrücken scheint, und dem deutschen Kritiker, dessen Urteil dem heutigen Leser gewiß als Ausbund der Absurdität vorkommt.[5] Aus Brod, der im Gegensatz zu den zeitgenössischen Kritikern die meisten unveröffentlichten Texte seines Freundes gelesen hat, scheint der gesunde Menschenverstand zu sprechen, während die Idee, die *Verwandlung* mit der »gothischen« Kunst der alten deutschen Erzähler zu vergleichen, in unseren Augen der schieren Extravaganz entspringt (zwar haben wir mittlerweile noch manch anderes erlebt, aber später läuft die Extravaganz nicht mehr der Geschichte zuwider, sondern steht eher auf seiten der Avantgarde, wobei sie die deutsche literarische Tradition völlig ignoriert – zum Beispiel die von Kleist –, deren authentischer Vertreter Kafka auf seine Weise ist). Doch Kafka bestätigt oder widerlegt die These seines Freundes mit keinem Wort, und abgesehen vom Vorwurf der »Flicke«, den er mit dem üblichen Wohlgefallen an jeder negativen Kritik sofort erwähnt, sagt er auch nichts über jene sonderbare mittelalterliche *Verwandlung*, die der deutsche Kritiker ihm andichtet. Das rührt daher, daß trotz des fast schon grotesken Widerspruchs zwischen den beiden Autoren ihre Urteile einander insofern ähneln, als sie den schwierigen Fall lösen, noch bevor sie ihn kennengelernt und erwogen haben, was darauf hinausläuft, ihn zu eskamotieren. Und diesem unumstößlichen Urteil der anderen, das den Fall dank dem »als ob« einer konventionellen Formel für ihn löst – »urdeutsch«, die »jüdischsten Dokumente unserer Zeit« –, hat Kafka nichts entgegenzusetzen, er antwortet nur mit der Geste der Verleugnung, die seine Wahrheit gegen voreilige Schlußfolgerungen verteidigt.

Das »Wer bin ich?«, an sich schon bemerkenswert, mit dem Kafka die unerschütterliche Gewißheit seiner beiden Interpreten ins Wanken bringt – im übrigen beginnt und endet sein ganzes Werk mit dieser unausgesprochenen Frage –, erhält noch größere Bedeutung, wenn man es innerhalb seiner Chronologie und in seinem affektiven Kontext betrachtet. Im September 1916 fordert Kafka, der seit einigen Monaten die Beziehung zu Felice wieder aufgenommen hat und ihr fast täglich schreibt, die junge Frau eindringlich auf, als Helferin und Erzieherin im Berliner Judenheim zu arbeiten, einer von reichen Berliner Juden gegründeten Einrichtung für Flüchtlingskinder aus dem Osten. Nachdem Felice sich eine Weile taub gestellt hat, stimmt sie schließlich zu, und von diesem Moment an widmet Kafka einen großen Teil seiner Briefe dieser Arbeit und den schwierigen Problemen, die sie alsbald aufwirft. Er berät Felice bei der Vorbereitung ihrer Kurse und Lesestunden, treibt selbst Pädagogik (er analysiert und kritisiert ausführlich ein Werk des Pädagogen Foerster), sucht nach geeigneten Kinderbüchern und bezahlt sie sogar aus eigener Tasche – kurz, er begeistert sich so sehr für diese typisch jüdische Sache, daß Felice schon sehr mißtrauisch sein müßte, wollte sie darin irgend etwas Zweideutiges vermuten: Sie kann ihm nur Gefühle unterstellen, die ihren eigenen ähneln, ja noch tiefere Gründe, sich zu engagieren.

Dieser Punkt ist keineswegs belanglos, denn nach der dramatischen Lösung ihrer Verlobung im Jahre 1914 und den vielen Mißverständnissen und Konflikten haben die jungen Leute endlich beschlossen, nach Kriegsende zu heiraten. Ihre Übereinstimmung in bezug auf das Judentum ist also sehr wichtig, aber Felice, der es sonst gewiß nicht an Gründen zur Besorgnis fehlt, kann sich in diesem Punkt guten Glaubens beruhigt fühlen.[6] Sie weiß, wie sehr ihre Tätigkeit bei den Kindern sie ihrem Verlobten näherbringt (er sagt es ihr: »Es ist das Heim, das uns so nahebringt«), und sie neigt natürlich dazu, seine »Besonderheit« zu vergessen, so daß Kafka es sich wieder einmal verbietet, dieses für ihre gemeinsame Zukunft folgenträchtige Vergessen durchgehen zu lassen. Daher seine Postkarte vom 7. Oktober 1916 und die Lehre, die sie ausdrücken soll, nicht zwischen den Zeilen, sondern in ihrem Gedankengang selbst: Nachdem er ungeduldig um Berichte über das Heim gebeten hat (»das Beste«, schreibt er, was er im Augenblick aus Berlin erhalten kann), setzt er übergangslos das unpassende »Wer bin ich?« hin, das die zuvor aufgehobene Distanz zwischen ihm und Felice von neuem herstellen soll.

Wir wissen nicht, wie Felice die Frage aufgefaßt hat, ob sie glaubte, sie ernst nehmen zu müssen, oder ob sie darin nur eine weitere Sonderbarkeit unter den vielen anderen, an die sie sich hatte gewöhnen müssen, gesehen hat. Im übrigen kommt es darauf gar nicht an, denn die Frage wird ihr nicht wirklich gestellt, Kafka richtet sie nur deshalb an sie, um sie vor dem Interpretationsirrtum zu warnen, den er selbst provoziert zu haben fürchtet: Auch wenn es stimmt, daß er die Berliner Flüchtlingskinder liebt und sich von ihrem Einfluß auf Felice viel verspricht; auch wenn es stimmt, daß er in dieser Sache wie in vielen anderen den greifbarsten Beweis seiner Solidarität liefert, so folgt daraus doch in keiner Weise, daß er in dem Sinne Jude ist, wie sie es instinktiv versteht, oder gar in dem superlativen Sinne, wie Brod es öffentlich erklären zu dürfen meint. Alle ihre Rückschlüsse in diesem Punkt wären irrig (so wie sie sich gründlich täuscht, wenn sie aus seinen Briefen auf seinen »Hang zum Schreiben« schließt[7]); aber, vielleicht noch befremdlicher für die Berlinerin, die sie in gewissem Maße ist, er kann sich auch nicht für einen Deutschen ausgeben, sie würde völlig fehlgehen, verglich sie ihn darin mit den jüdischen Schriftstellern in Berlin oder anderswo, deren Gedichte und Romane sie liest. Er ist in der Tat nichts von dem, was sie sich vorstellen könnte, deshalb muß seine Frage unentschieden bleiben, wie es sich in den trüben Regionen der inneren Diaspora ziemt, in denen er einsam umherirrt.

Strenggenommen richtet sich das »Wer bin ich?«, in das Kafka sein ganzes Unbehagen faßt, nicht nur an Max Brod und an Felice, sondern an alle Leser und Kritiker, die, seit sein Werk gedeutet wird, dazu neigen, seinen unmöglichen Fall nach den Normen irgendeines Gedankensystems zu beurteilen. Ob man sich nun als Theologe, als Philosoph oder auch als Literaturwissenschaftler mit ihm befaßt, feststeht, daß Kafka niemals dort zu finden ist, wo die Begriffe ihn festnageln wollen; niemals stimmt er völlig mit dem Bild überein, das man sich von seinen Interessen und seinen Zielen macht, und vor allem nicht in jenem so unscharfen Bereich seiner Beziehung zum Judentum und zu den Juden, wo jeder dazu neigt, ihn wenn nicht zu vereinnahmen, so doch ihm das zuzuschreiben, was er selbst für wahr halten muß. Assimilierter Jude, antijüdischer

Jude, Antizionist, Zionist, Gläubiger, Atheist – das alles ist Kafka tatsächlich in den verschiedenen Momenten seiner Entwicklung und manchmal sogar gleichzeitig (er schreibt die *Forschungen eines Hundes* im Jahre 1922, einer Zeit, da er *fast* ein militanter Zionist geworden ist); doch nichts davon erhellt auch nur im geringsten die Gründe und die Form seines Kampfes, und nichts davon erklärt, auf welche Weise aus einer krankhaften Unentschlossenheit und Zerrissenheit die allerstrengste moderne Kunst entsteht, vielleicht die einzige, in der Moderne und Strenge wirklich eine Verbindung eingegangen sind.

Infolge einer unheilbaren Wunde zur »Verschleppung« verdammt, wie er es im *Prozeß* nennt, aber bis zur Grenze des Erträglichen hellsichtig, macht es sich Kafka zur Aufgabe, seine Konflikte nicht dank einem unmittelbar verwendbaren Notbehelf zu lösen, wie so viele andere um ihn herum es tun, sondern seinen Widersprüchen ins Gesicht zu sehen und sie von Grund auf zu durchdenken, um nicht Gefahr zu laufen, sie zu verkennen, sie zu fliehen, sie durch eine erzwungene ideologische Wahl zu verkleinern oder, noch schlimmer, sich mit ihnen abzufinden. Und um in seinem Werk wie in seinem Leben diese hohe Strategie des um jeden Preis aufrechterhaltenen Widerspruchs zu verstehen, bleibt uns keine andere Möglichkeit, als seinen Weg nachzuvollziehen und ihm auf den kleinsten Umwegen zu folgen, ohne der Versuchung zu erliegen, ihn zu »retten«, indem wir ihn gegen seinen Willen im Hort eines Glaubens oder irgendeiner Doktrin unterbringen.

In dem langen Brief, den Kafka im Alter von sechsunddreißig Jahren an seinen Vater schreibt, um ihm die verheerenden Folgen seiner Erziehung vor Augen zu führen, befaßt er sich besonders mit dem Judentum als dem drastischen Beispiel für die Mißverständnisse, die ihre Beziehung frühzeitig vergiftet, sie in einen ständigen Kriegszustand versetzt und am Ende völlig getrennt haben. Doch gerade auf diesem Gebiet ihrer gemeinsamen Herkunft hätten sich Vater und Sohn vielleicht näherkommen können: »[...] es wäre denkbar gewesen, daß wir uns beide im Judentum gefunden hätten oder daß wir gar von dort einig ausgegangen wären«[8]; freilich, durch die Schuld einer unsinnigen, sowohl tyrannischen wie schlampigen Erziehung ist das Judentum, statt sie zu vereinen, zu einer zusätzlichen Ursache von Konflikten zwischen ihnen geworden.

»Als Kind machte ich mir, in Übereinstimmung mit Dir, Vorwürfe deshalb, weil ich nicht genügend in den Tempel ging, nicht fastete und so weiter. [...] Später, als junger Mensch, verstand ich nicht, wie Du mit dem Nichts von Judentum, über das Du verfügtest, mir Vorwürfe deshalb machen konntest, daß ich (schon aus Pietät, wie Du Dich ausdrücktest) nicht ein ähnliches Nichts auszuführen mich anstrenge. [...] Du gingst an vier Tagen im Jahr in den Tempel, warst dort den Gleichgültigen zumindest näher als jenen, die es ernst nahmen, erledigtest geduldig die Gebete als Formalität, setztest mich manchmal dadurch in Erstaunen, daß Du mir im Gebetbuch die Stelle zeigen konntest, die gerade rezitiert wurde, im übrigen durfte ich, wenn ich nur (das war die Hauptsache) im Tempel war, mich herumdrücken, wo ich wollte. Ich durchgähnte und durchduselte also dort die vielen Stunden (so gelangweilt habe ich mich später, glaube ich, nur noch in der Tanzstunde[9]) und suchte mich möglichst an den paar kleinen Abwechslungen zu freuen, die es dort gab, etwa wenn die Bundeslade aufgemacht wurde, was mich immer an die Schießbuden erinnerte, wo auch, wenn man in ein Schwarzes traf, eine Kastentür sich aufmachte, nur daß dort aber immer etwas Interessantes herauskam und hier nur immer wieder die alten Puppen ohne Köpfe.«[10] Sind dem sich selbst und seiner Unwissenheit überlassenen Knaben die im Tempel verbrachten Stunden nur »Vorstudien der Hölle«, so versäumt er es doch nicht, sich zu Hause schadlos zu halten, sobald er begreift, daß das, was dort vorgeht, womöglich noch ärmlicher ist: es »beschränkte sich auf den ersten Sederabend, der immer mehr zu einer Komödie mit Lachkrämpfen wurde, allerdings unter dem Einfluß der größer werdenden Kinder. (Warum mußtest Du Dich diesem Einfluß fügen? Weil Du ihn hervorgerufen hast.) Das war also das Glaubensmaterial, das mir überliefert wurde, dazu kam höchstens noch die ausgestreckte Hand, die auf ›die Söhne des Millionärs Fuchs‹ hinwies, die an hohen Feiertagen mit ihrem Vater im Tempel waren. Wie man mit diesem Material etwas Besseres tun könnte, als es möglichst schnell loszuwerden, verstand ich nicht [...]«[11] Tatsache ist, daß Kafka, sobald er das Gymnasium besucht, mit diesem »Nichts an Judentum«, das er geerbt haben soll, vollständig bricht und sich nicht nur zum Atheisten erklärt, sondern – erstaunlich, wenn man an die äußerste Zurückhaltung denkt, die er später in Belangen des Glaubens an den Tag legt – sogar seine Freunde zum Freidenkertum zu bekehren sucht.[12]

In seiner Verteidigungsrede vor dem väterlichen Tribunal gibt Kafka sodann deutlich zu verstehen, daß er sich, als er mit der Religion brach, auch von den »jüdischen Dingen« im allgemeinen entfernt hat[13], was seine frühesten Jugendbriefe bestätigen. Der Student, der an Oskar Pollak schreibt, den Freund, dem er damals am engsten verbunden ist, scheint die »jüdischen Dinge« zur gleichen Zeit aus seinen Gedanken entfernt zu haben, da er das Nichts des religiösen Judentums verabschiedete, ein lästiges, nutzloses, langweiliges Nichts, bei dem schon das Kind sich fragt, was man Besseres tun könnte, als es loszuwerden. Was immer es mit dieser Identifizierung des Judentums mit seinem streng religiösen Aspekt auf sich haben mag, die »jüdischen Dinge«, seien sie religiös oder nicht, spielen in Kafkas Briefen an seinen ersten Freund und Vertrauten keine Rolle und tauchen erst sehr viel später in seinen Briefen an Brod oder in seinen Tagebuch-Eintragungen wieder auf.

Seinen Jugendfreunden erzählt Kafka von seiner Lektüre, seinen Ausflügen, seinen Zukunftsplänen und seinen Hoffnungen auf eine Flucht (aus Prag und seiner Familie), manchmal von Mädchen und bereits schüchtern von seinem »Gekritzel«; doch nichts deutet darauf hin, daß er zwischen seinem inneren Unbehagen und den Zweideutigkeiten seiner jüdischen Stellung gegenüber der Familie und der Gesellschaft irgendeinen Zusammenhang sieht. Auch wenn er das »Wer bin ich?« sicherlich seit jeher empfindet, so bleibt es doch noch weit hinter den Worten zurück und gelangt nur auf Umwegen zum Ausdruck: bald in sonderbaren Verhaltensweisen, wie sie während der Adoleszenz in der sogenannten »jugendlichen Originalität« häufig auftreten; bald, schwererwiegend, in Zuständen psychischer Verwirrtheit, die der Entpersönlichung sehr nahekommen. Von diesen »Sonderbarkeiten« seiner Jugend behält Kafka sein Leben lang die Angst zurück, sich wie ein Eigenbrötler oder wie ein Verrückter zu benehmen; aber seine Unsicherheit in bezug auf die Grenzen seines eigenen Ichs und die Wirklichkeit der Welt überträgt er bereits in seine Schriften, zum Beispiel in eine seiner ersten großen Novellen, *Beschreibung eines Kampfes*, eine Geschichte ohne Geschichte, in der der Held, allein einer Menge von Doppelgängern ausgesetzt, in jedem Augenblick gegen die allzugroße Durchlässigkeit der Lebewesen und der Dinge kämpft, um wenigstens einen Teil seiner Integrität wiederzuerlangen.[14]

Beim Vergleich der Zeugnisse derer, die ihn zur damaligen Zeit kannten, mit dem, was er im *Brief an den Vater* selbst darüber sagt, nimmt man im allgemeinen an, daß Kafka eine lange Periode der »Assimilation« durchgemacht hat – sie endet erst um sein dreißigstes Lebensjahr –, bevor er unter dem Einfluß einiger Freunde und vor allem durch die Begegnung mit Isaak Löwy und den Schauspielern des jiddischen Theaters zu den Seinen stößt. Sicherlich ist der landläufige Ausdruck »Assimilation« leicht zur Hand. Was aber bedeutet er im Prag des ehemaligen Österreich-Ungarn, einer Stadt, in der die ethnischen, gesellschaftlichen, sprachlichen Widersprüche sich gleichsam nach Belieben häufen – einer Stadt, die auf dem Papier österreichisch, durch die Sprache der herrschenden Gesellschaft deutsch, durch die Mehrheit der Bevölkerung tschechisch, durch eine Minderheit aktiver und wohlhabender Geschäftsleute jüdisch ist, hin und her gerissen zwischen gegensätzlichen Anziehungspunkten, einer Stadt, die im erbitterten Kampf der Nationalitäten ständig als Unterpfand dient? Als deutschsprachiger Jude, österreichischer Staatsangehöriger und Einwohner einer tschechischen Stadt, in der die Tschechen ihn allein deswegen als Feind betrachten, weil er ihre Sprache nicht spricht – woran hätte sich Kafka hier wohl »assimilieren« können? Zwar gibt es eine tschechische Nation, aber nicht sie hat die politische Macht, sie kämpft ja gerade um ihre Freiheiten, und dort haben die Juden nur dann ein wenig Hoffnung, sich zu assimilieren, wenn sie sich den extremistischen Nationalisten anschließen (eine sehr geringe Hoffnung übrigens, die nach der Euphorie der Revolution von 1848 immer schwächer wird).

Natürlich gibt es auch Österreich, und die im großen und ganzen sehr loyalistischen Juden sind der Person ihres Kaisers treu ergeben[15], in Prag jedoch zeigt es sich fast nur im riesigen Apparat seiner Bürokratie und, symbolisch, im kaiserlichen Palast des Hradschin, wo sich der von den Juden verehrte Kaiser niemals aufhält (zu Kafkas Zeiten war er nur ein einziges Mal dort gewesen, und der Autor von *Das Schloß* hat sich offenbar daran erinnert, als er seinen mythischen Grafen West-West erfand). Was die Deutschböhmen betrifft, so bilden sie eine abgekapselte sprachliche Minderheit, ohne politischen Einfluß und ohne Hauptstadt, die ihre Bindungen zu einer Geschichte und einem Territorium hätte aufrechterhalten können. Inmitten dieser äußerst heterogenen Gruppen, von denen keine einzige ein lebendiges Volk hinter sich hat, können Assimilationsbemühungen nie sehr weit führen. Und da es den deutschsprachigen Prager Juden an einer normal koonstituierten Gesellschaft fehlt, in der sie vielleicht Wurzeln schlagen könnten, und sie zur Nachahmung hauptsächlich auf sich selbst angewiesen sind, nehmen sie schließlich ihr eigenes Deutschtum zum Vorbild.

Kafka ist also nicht in dem Sinne assimiliert, wie man es in Berlin oder in Wien versteht, sondern vielmehr eingedeutscht, das heißt, seine Sprache ersetzt ihm alles, was das Schicksal ihm vorenthalten hat: Heimat, Vaterland, Gegenwart und Vergangenheit. Später freilich sieht er darin nur noch die Illusion des unbewußt Entwurzelten, dann hält er sein einziges Gut für das Ergebnis einer betrügerischen Aneignung, was ihm einen weiteren Grund für sein altes Schuldgefühl liefert. Doch im Augenblick gehört ihm seine Sprache noch, und wenn er in seinen Briefen und Tagebüchern noch nicht über den Mangel »des Bodens, der Luft, des Gebotes« klagt, so offenbar deshalb, weil das Deutsche stark genug ist, sie ihm zu ersetzen, so stark und vielleicht so real wie ein wirkliches Blutsband.

Dieses als Ersatz für ein gesellschaftliches Vaterland und als authentisches geistiges Vaterland begriffene Deutschtum erbt Kafka von einer langen Tradition, die seine Eltern gewissenhaft gepflegt haben. »Die Literatur der deutschen Klassik war bis in das kleinste Dorfghetto Böhmens verbreitet; mochten die jüdischen Hausierer auch unter der Woche mit ihrer Kundschaft tschechisch sprechen, so blieb doch das Deutsche die Feiertagssprache, das Medium, vermittels welchem die höheren Gegenstände des Menschlichen ausgedrückt wurden.«[16] Anders als die benachbarten Völker, deren Redeweise die Juden für gewöhnliche »Mundarten« halten, besitzen die Juden eine Sprache, die ihren Geist erhebt, und dank diesem Vermittler einer unvergleichlichen Literatur fühlen sie sich wahrhaft geadelt. Neben dem Gefühl, insgeheim zu einer Elitegesellschaft zu gehören, dem engen Kreis der alltäglichen Plackerei entronnen, gibt das Deutsche den Juden auch noch die nicht unerhebliche Chance, gesellschaftlich aufzusteigen (als offizielle Sprache des Reichs ist sie für alle unabdingbar, die es zu etwas bringen wollen, handle es sich nun um sie selbst oder um ihre Kinder[17]). Auf diese Sprache bauen die jüdischen Väter also am häufigsten, auch wenn sie bei ihren Geschäften oder im privaten Kreis weiterhin tschechisch und jiddisch sprechen (selbstverständlich ist das Jiddische völlig aus der Erziehung verbannt, es gibt keine anständige jüdische Familie, in der es nicht üblich ist, es zu verachten, in diesem wie in vielen anderen Punkten bildet die Familie Kafka keine Ausnahme).

Ihre Verbundenheit mit dem Deutschtum als Träger hoher Kultur und Mittel sozialen Aufstiegs hätten die Juden zum Beispiel mit dem großen Philosophen Mendelssohn rechtfertigen können, der einerseits einen Teil seiner Bücher in deutscher Sprache geschrieben und andererseits die Liturgie reformiert hatte, indem er eben diese Sprache einführte (man wird bemerkt haben, daß Kafka in seinem Brief an den Vater häufiger vom »Tempel« als von der Synagoge spricht, ein Beweis dafür, daß man in Prag diesem von der jüdischen Reform eingeführten Brauch folgte). Aber für welche Sprache sich die Familien letztlich entschieden, hing vor allem von den Frauen ab, deren Kult der deutschen Literatur so weit zurückreichte, daß er Traditionskraft besaß. Seit dem Ende des 18. Jahrhunderts, einer Zeit, da die jüdischen Damen die Berliner Salons beherrschten und im Deutschland der Romantik den Ton angaben, verschlangen diese Juden alles, was in deutscher Sprache geschrieben war, das Gute und das Schlechte, Goethe und Schiller natürlich, aber auch die Feuilletons, die Trivialliteratur sowie die gesamte Volksliteratur, die man nicht ohne Boshaftigkeit *Weiberliteratur* nannte, eben weil die Frauen sie zu ihrer Lieblingsspeise erkoren hatten. Ende des letzten Jahrhunderts war die Liebe der Juden für das Deutsche so tief verankert und wurde so andächtig weitergegeben, daß sie, wie ein zeitgenössischer Autor meint, ausreichte, den Sieg des Deutschtums über die »Mundarten« zu sichern, welche die benachbarten Völker in den Rang von Volkssprachen zu erheben suchten: »Das aber ist gewiß, daß derjenige, dem es bekannt ist, durch wie viele feine Fäden das jüdische Religions- und Gemütsleben, das jüdische Familienleben mittels dieser Weiberliteratur mit dem deutschen Sprachgeiste zusammenhängt, sich keinen Illusionen über die Verdrängung des Deutschtums aus den Herzen der mitteleuropäischen Juden hingeben kann. [...] aller Nationalitätenschwindel wird es nicht vermögen, diesen Einfluß je zu brechen. Die Geschichte des Weibes ist die Geschichte des menschlichen Herzens, und das Judenweib hängt seit Jahrhunderten mit der deutschen Sprache so innig zusammen, daß alle die neu auftauchenden Literaturen ihm nicht den Schatz ersetzen werden, den es im Deutschtum allein besitzt. [...] Die Deutschen hatten ihren Schiller und Goethe, ehe sich noch die Natiönchen unseres Jahrhunderts darauf erinnerten, daß ihrem Idiom nichts Geringeres als Grammatik, Wortschaft und Weltbedeutung fehle.«[18]

Trotz seiner offenkundigen Voreingenommenheit, einer sehr weit verbreiteten, wenn nicht gar allgemeinen Voreingenommenheit, von der sich Kafka entschlossen löst[19], sieht der Autor dieser Zeilen richtig, wenn er den jüdischen Müttern eine wesentliche Rolle im Prozeß der Eindeutschung zuschreibt, durch den die benachbarten Sprachen verdrängt werden: Auch wenn sie ihren Kindern keine eigentliche Muttersprache zu übermitteln haben, so wissen sie doch immerhin die Flamme zu schüren, die schon ihre Vorfahren an der Fackel der großen deutschen Klassiker entzündet hatten. Insofern verdankt ihnen die so formen- und ideenreiche deutsch-jüdische Literatur sicherlich sehr viel mehr, als sie vermuten ließ.

In einer oft zitierten Stelle eines seiner Briefe an Brod[20] schreibt Kafka anläßlich von *Literatur oder Man wird doch da sehen* von Karl Kraus: »Weg vom Judentum, meist mit unklarer Zustimmung der Väter (diese Unklarheit war das Empörende), wollten die meisten, die deutsch zu schreiben anfingen, sie wollten es, aber mit den Hinterbeinchen klebten sie noch am Judentum des Vaters und mit den Vorderbeinchen fanden sie keinen neuen Boden. Die Verzweiflung darüber war ihre Inspiration.« In diese Analyse, in der nebenbei schon das Bild des Hundes aufscheint, hat Kafka natürlich *im Grunde* recht, zudem weiß er aus Erfahrung, daß er mit seiner Auflehnung gegen den Vater auch seine Herkunft und die tausend hartnäckigen Fäden loszuwerden sucht, die das Judentum in ihm geknüpft hat. Aber *praktisch* läßt er die unleugbare historische Tatsache außer acht, daß weder die Väter noch die Mütter Deutschtum und Judentum als unvereinbare oder gar feindliche Kräfte betrachteten. Die Väter förderten das eine und wollten das andere ernsthaft erhalten, ohne zu ahnen, daß das Judentum früher oder später die Kosten dafür würde tragen müssen. Und auch die Mütter sahen wahrscheinlich keine Schwierigkeit, die großen deutschen Dichter zu bewundern und gleichzeitig jüdische Mütter zu bleiben, die der Tradition treu waren. Auf Kafkas Frage: »aber warum lockt es die Juden so unwiderstehlich dorthin?« hätten sie antworten können, diese Verlockung sei in der Tat unwiderstehlich, denn sie hatten ja dafür gesorgt, daß sie den künftigen Schriftstellern von Kindesbeinen an vor Augen stand, noch bevor sie sprechen konnten. Es ist begreiflich, daß unter diesen Umständen die Väter ihren Söhnen nicht vorwerfen konnten, daß sie deutsch schrieben, denn das hatten sie ja gewollt, ihnen freilich auch nicht offen zustimmen konnten, denn das hätte für sie bedeutet, sich selbst zu verleugnen. Sie konnten ihnen daher nur »unklar« zustimmen. Sobald Kafka aufhört, an die Sprache als an eine Ersatzheimat zu glauben, empört er sich gegen diese Lässigkeit der geblendeten Väter, durch die die Söhne irregeleitet wurden. Seine Unversöhnlichkeit in diesem Punkt mindert in keiner Weise, wie Brod meint, seine Bedeutung, sie ist weder eine Laune noch eine Gelegenheitssache, sie ist in seinen Augen die einzig mögliche Antwort auf die »von allen Seiten unmögliche« allgemeine Situation des Westjuden.[21]

Einerseits vom Realismus opportunistischer und ehrgeiziger Väter, andererseits vom Eifer inbrünstig Goethe und Schiller zugetaner Mütter gefördert, ist das Deutschtum letzten Endes die sicherste Basis der in ihren Vierteln eingeschlossenen kleinen jüdischen Gesellschaft. Doch wenngleich es im Innern tatsächlich die Verbindung mit einer erheblich erweiterten Interessensphäre herstellt, so führt es doch draußen zu keinerlei Wirklichkeit, es ist nur ein abstraktes, fiktives Gebilde, eine Illusion, die der geringste Kontakt mit der Außenwelt entlarvt. Kafkas Ironie in seiner Rede über die jiddische Sprache – »Wir leben in einer geradezu fröhlichen Eintracht, verstehen einander, wenn es notwendig ist, kommen ohne einander aus, wenn es uns paßt [...]«[22] – bezieht sich auf diese schreiende Diskrepanz zwischen außen und innen: bei sich zu Hause leben, denken, fühlen und schreiben die jungen Leute aus Prag wie Deutsche, äußerlich den anderen gleich, doch außerhalb ihrer Viertel täuscht sich niemand, die anderen erkennen sie sofort an ihrem Gesicht, ihrem Benehmen, ihrem Akzent.[23] Gewiß sind sie assimiliert, doch nur in dem geschlossenen Raum ihres geborgten Deutschtums, oder anders gesagt, sie sind an ihre eigene Entwurzelung »assimiliert«. Daher die Merkwürdigkeit der Heranwachsenden[24], die vielen Selbstmorde unter den Gymnasiasten, der halb krankhafte, halb mystische Sensualismus, den die lokale Literatur mit dem Kult des Phantastischen und der Subjektivität verquickt. Daher auch die Fluchtträume der meisten von ihnen, der Wunsch, »sich zu retten« im doppelten Sinn des Wortes, der sie dazu treibt, zu anderen geistigen Ufern oder in andere, der Aktion günstige Länder auszuwandern. Aber ob ihr Refugium nun ein Land oder eine Idee ist, Amerika oder Italien mit seiner Musik und Religiosität, Berlin mit seiner ständigen intellektuellen Gärung, der Wiener Sozialismus oder der recht idealistische Zionismus, der seit kurzem bei ihnen Fuß gefaßt hat[25] – die jungen Prager Juden sind, so wie der in einen Menschen verwandelte Affe im *Bericht für eine Akademie*, von der Suche nach einem »Ausweg« besessen: Sie fliehen in erster Linie, um für ihr persönliches Heil zu sorgen, und wenn es manchen tatsächlich gelingt, so rüttelt das doch keineswegs an den unsichtbaren Gittern des Prager Gefängnisses.

Diesen allgemeinen Fluchttraum macht Kafka geradezu zur Sache seines Lebens, doch der Fluch der Stadt hindert ihn, sich von der Stelle zu rühren, und seine Versuche, »sich zu retten«, sind zum Scheitern verurteilt (außer am Ende, wo das doch so traurige Berlin der Nachkriegszeit ihm zum ersten Mal ein Gefühl von Freiheit gibt). Schon 1902 fragt er einen seiner Onkel – den Onkel Alfred, der in Madrid Generaldirektor der spanischen Eisenbahnen ist –, »ob er mich nicht irgendwohin führen könnte, wo ich schon endlich frisch Hand anlegen könnte«[26], aber der Onkel scheint ihn nicht zu verstehen; und der junge Mann, der in seiner Unentschlossenheit angefangen hat, Germanistik zu studieren, gewiß aus Neigung, jedoch mehr noch aus Haß auf die Juristerei, glaubt ausbrechen zu können, indem er sich in der Universität von München einschreibt, freilich, nach wenigen Wochen kehrt er in den Schoß der Familie zurück und läßt seinen Plan fallen. Ein paar Jahre später denkt er erneut an seinen Onkel in Madrid, der ihm zur Flucht verhelfen könnte: »Mein Onkel müßte uns einen Posten in Spanien verschaffen oder wir würden nach Südamerika fahren oder auf die Azoren, nach Madeira« (*sic*).[27] Als er eine Stellung bei den *Assicurazioni Generali* annimmt, die ihren Sitz in Triest hat, tut er es in der Hoffnung, in ein Büro des Mutterhauses geschickt zu werden oder, wie er sagt, »selbst auf den Sesseln sehr entfernter Länder einmal zu sitzen, aus den Bureaufenstern Zuckerrohrfelder oder mohammedanische Friedhöfe zu sehn«.[28] Nichts von alledem trifft ein, aber schon lange hatte Kafka es vorausgesagt: »Prag läßt nicht los. [...] Dieses Mütterchen hat Krallen. Da muß man sich fügen oder –. An zwei Seiten müßten wir es anzünden, am Vyšehrad und am Hradschin, dann wäre es möglich, daß wir loskommen«.[29] Obwohl er sich vielleicht erinnert, daß man ihn früher einmal einen kleinen »Ravachol« genannt hat, setzt er seine Brandreden nicht in die Tat um, doch seine Rachepläne gegenüber dem »Mütterchen«, wie die Tschechen die Stadt liebevoll nennen, wird der Autor des *Prozeß* für ihn ausführen: Indem er sie ihres monumentalen Glanzes, ihrer legendären Vergangenheit und selbstverständlich ihres Namens beraubt, läßt er von ihr nur die Erinnerung an einen finsteren anonymen Ort übrig, den nichts anderes charakterisiert als die Häßlichkeit seiner Vororte und die Armut seiner verdreckten Gebäude.[30]

Unter den Hilfsmitteln, zu denen die jungen Prager greifen, um der Hauptstadt und ihrem verbauten Horizont zu entrinnen, nimmt die Literatur einen besonders bevorzugten Platz ein. Kafkas Flucht ins Schreiben ist also nicht gerade originell, bemerkenswert indes ist ihre Frühzeitigkeit und ihr totaler Anspruch, der sie nach und nach aus der Suche nach einem Ausweg in eine Suche nach dem Absoluten verwandelt. Kafka schreibt von Kindheit an, und obwohl uns seine »Kindersachen« nicht erhalten sind, dürfen wir vermuten, daß sie bereits dem Bedürfnis entsprechen, »sich zu retten«, oder, wie der Titel besagt, den er seinem Gesamtwerk einmal geben möchte, einem »Fluchtversuch vor dem Vater«[31]. Obwohl frühzeitig auf diese Rettung durch das Schreiben eingeschworen, die er sein Leben lang zu erreichen hofft, beschert ihm das Ausüben seiner Begabung weit weniger Freude als Leid (»Du siehst, das Unglück sitzt mir von früh an auf dem Buckel [...]«[32]), denn das Schreiben, das sich im wesentlichen gegen die Tyrannei des Vaters und die Enge seiner Umgebung richtet, ist alles andere als ein unschuldiges Spiel, es ist eine gefährliche Angriffswaffe, deren Verwendung ein tiefes Schuldgefühl hervorruft. Daher der Konflikt, in dem er schon im Alter von zwanzig Jahren steckt und den er bereits zu formulieren vermag: »Gott will nicht, daß ich schreibe, ich aber, ich muß. So ist es ein ewiges Auf und Ab, schließlich ist doch Gott der Stärkere und es ist mehr Unglück dabei, als Du Dir denken kannst.«[33] Das geheimnisvolle innere Gebot, das er hier »Gott« nennt – zweifellos im Spott, denn zur Zeit dieses Briefes an Oskar Pollak gibt er sich als Atheist aus, oder wahrscheinlicher deshalb, weil er intuitiv die wahre Natur des Gebotes erkennt –, wird mit der Zeit immer strenger, und schließlich muß ihm jede Seite seines Werks abgerungen werden.

Im Augenblick freilich läßt der durch die Literatur aufgedeckte Konflikt die sprachlichen Probleme beiseite: Kafka schreibt, wie er spricht, deutsch, in der Sprache, die er seine »Muttersprache« nennen darf, denn er verwechselt sie, da sie von seiner Mutter kommt, mit dem Gebrauch des gesprochenen Worts. Das Deutsche gehört ihm, wo nicht von Geburt, so doch durch die allerersten Wörter, die er sprechen konnte, und bis zu dem Augenblick, da er, anscheinend beeinflußt von seinem fleißigen Besuch des jiddischen Theaters, entdeckt, wie schlecht das Wort *Mutter* zu einer jüdischen Mutter paßt[34], versteht sich dieser Besitz für ihn so sehr von selbst, daß es ihm nicht einfällt, sein Recht, ihn nutzbar zu machen, in Frage zu stellen.

Von der tiefen Aggression gequält, die er in der Literatur im allgemeinen und seiner eigenen im besonderen spürt, deren verborgene Gewalt er besser kennt als jeder andere[35], und da er zudem fürchtet, von seinen Meistern so stark beeinflußt zu sein, daß er nicht immer unterscheiden kann zwischen dem, was er ihnen verdankt, und dem, was wirklich ihm gehört (ironisch bezeichnet er seine Texte als ein Bündel von Dingen, die »aus mir oder anderen« kommen), ahnt der junge Mann ganz sicherlich all das Unglück, das seine Schreibwut tatsächlich für ihn bereithält; doch ist das Unbehagen nicht so stark, daß es die Beziehung zu seiner Arbeit ernsthaft stören könnte. Er, dem es später so sehr widerstrebt, seine literarische Tätigkeit zu erwähnen, sogar gegenüber seiner unmittelbaren Umgebung, besitzt noch genug Spontaneität, um sich von dieser Art Geheimnis nicht verlocken zu lassen. Er spricht nicht nur gern von seinen augenblicklichen und vergangenen Versuchen, sondern schickt seinem ersten Freund sogar ein dickes Bündel Manuskripte und fragt ihn nach seiner Meinung, in der Hoffnung, »daß zwei fremde Augen alles wärmer und regsamer machen werden«.[36] Er ist sogar so gespannt auf das Urteil seines Briefpartners, daß er sich vornimmt, in jeden seiner Briefe ein paar Bogen einer Geschichte zu packen, von der er selbst ein Stück hat und die er nach und nach für ihn schreiben wird. Und wie jeder junge Mann, der davon träumt, gedruckt zu werden, ohne es sich eingestehen zu wollen, beteiligt er sich an einem literarischen Wettbewerb einer Wiener Zeitung, bei dem er das erstaunliche, für seinen damaligen Stil charakteristische Deckwort *Himmel in engen Gassen* verwendet.[37] Kurz, in dieser ganzen Zeit verhält er sich wie jeder schriftstellernde Anfänger, der sich seines Talents zwar deutlich bewußt ist, aber dunkel fürchtet, seinem Ehrgeiz nicht gewachsen zu sein. Es stimmt, daß die Literatur sehr schnell zur Quelle wird, die seine Angst nährt (sie erschreckt ihn zweifach: als gefährliche Waffe gegen die Welt, die er nicht ohne Grund allzu gut zu manipulieren fürchtet; und als von anderen geschaffenes und anderen gehörendes Gebiet, das er dauernd zu plündern riskiert).

Doch wenn er seine ganze Unsicherheit, sein ganzes Mißtrauen, das er von Anbeginn sich selbst gegenüber hegt, auf das Sprechen verlagert, so bleibt zumindest seine Sprache vom Verdacht verschont[38], und ihr, seiner kräftigsten Rechtfertigung, verdankt er es, daß er hoffen kann, in der deutschen Literatur Platz zu nehmen, ohne allzusehr als Fremdling zu wirken. Und eben diese Illusion muß er noch entlarven, um sein Schicksal zu erfüllen; denn die endgültige Form seiner Kunst erreicht er erst an dem Tag, da er sich bewußt wird, daß er in der Literatur nichts anderes ist als in seiner realen Heimat – nämlich ein »Gast«, bestenfalls ein geduldeter –, und den Entschluß faßt, den fälschlich festen Boden seines angelernten Deutsch zu verlassen, um sich im Ungewissen einzurichten. Fortan ist sein Werk das genaue Abbild seiner Situation als radikal enteigneter Schriftsteller – es sagt in aller Ironie und boshaft hinter seiner Miene der Unparteilichkeit, daß er nur über eine vorübergehend geborgte Sprache verfüge, auf die er folglich weder besondere Rechte noch legitime Eigentumsansprüche geltend machen kann.

Kapitel III
Der Weg zurück

Da unsere Dokumente mit keinem Wort die antisemitischen Gewalttätigkeiten erwähnen, die um die Jahrhundertwende in Prag und in Böhmen stattgefunden haben[1], wissen wir nicht, ob Kafka sie wirklich vergessen hat oder, wenn nicht, aus welchen Gründen er es vermied, darüber zu sprechen. Er, der sich oft beklagt, ein »lebendig gewordenes Gedächtnis« zu sein und später in seinen *Tagebüchern* und seinem Briefwechsel, besonders in den Briefen an Milena, nach dem Ersten Weltkrieg, das Thema offen benennt, schweigt über diese Ausbrüche von Raserei, die ihn in seiner Kindheit und Jugend tief verletzt haben müssen – ein wohlgehütetes und um so überraschenderes Schweigen, als Kafka, so sehr er im allgemeinen zur Zurückhaltung und Verschleppung neigt, wenn es darum geht, seine Ideen auszudrücken, den direkten Fragen, die die Wirklichkeit ihm stellt, niemals aus dem Weg geht.

1893 (er ist zehn Jahre alt) brechen schwere Unruhen in Colin aus – einer Stadt in Mittelböhmen, wo Verwandte väterlicherseits wohnen –, infolge von Gerüchten über die Ermordung eines jungen tschechischen Dienstmädchens, einen Todesfall, den ein nationalistisches Blatt sofort als »Ritualmord« anprangert. Obwohl die Zeitung beschlagnahmt wird, greift die Erregung auf die böhmischen Städte über und verschont schließlich auch die Hauptstadt nicht. Zwischen 1897 und 1900 – Kafka ist Gymnasiast, 1901 macht er Abitur – verbreiten die von der ultranationalistischen Partei der »Jungtschechen« geschürten Krawalle Angst und Schrecken in den Straßen, die jüdischen Geschäftsleute werden belästigt, ihre Läden geplündert, die Synagogen geschändet und angezündet.[2] Als die Prozesse gegen Leopold Hilsner beginnen, der erste 1899, der zweite 1900, steigern sich die Unruhen immer mehr, und die Hilsner-Affäre nimmt eine so beängstigende Wende, daß ganz Europa sich erregt (man konnte damals sagen, daß sie sogar die Dreyfus-Affäre in den Schatten stellte und die Mächtigen zwang, den politischen Antisemitismus zur Kenntnis zu nehmen, ein damals wenig bekanntes Phänomen, dessen Gefährlichkeit sie gern unterschätzten). Es läßt sich kaum vorstellen, daß einem siebzehnjährigen jungen Mann, und wäre er dem Judentum gänzlich entfremdet, so aufsehenerregende und für die Seinen überaus bedrohliche Ereignisse entgangen sein sollten (tatsächlich war die Familie Kafka unmittelbar bedroht, denn trotz ihrer Umzugsmanie zog sie doch immer nur einige Häuser oder Straßen weiter, so daß sie vom Jagdrevier der Aufrührer nie sehr weit entfernt war). Da Kafka sie gewiß nicht aus Schamgefühl verschweigt – diese Art Scham kennt er nicht – und schlichtes Vergessen in diesem Fall kaum denkbar ist, muß man wohl annehmen, daß sie gleichsam außerhalb seines Gedächtnisses in ihm blieben, im Stande verdrängter Erinnerungen.

Da es keine direkten Quellen gibt, die es uns ermöglichen könnten, dieses verwirrende Schweigen zu analysieren, bleibt es zum größten Teil rätselhaft; immerhin wird es verständlicher, wenn man die politischen und sozialen Verhältnisse bedenkt, unter denen der tschechische Antisemitismus einen besonders bösartigen Zug angenommen hat. Wie wir sahen, bilden die Juden den größten Teil der in Prag und in Böhmen lebenden deutschen Bevölkerung; für die Tschechen und hauptsächlich für die extremistischen Nationalisten gehören sie daher zum feindlichen Lager und sind sogar dessen unerträglichste Elemente; dort, wo die angestammten Deutschen immer mehr dem Reiz der Tschechisierung erliegen, sind die Juden die einzigen, die das Deutschtum gegen das Vordringen der umgebenden Kultur verteidigen und sich den Gegnern der »unterdrückten« tschechischen Nation anschließen.[3] Zu diesen politischen Ursachen des Grolls gesellt sich die Verbitterung über die wirtschaftlichen Rivalitäten, welche die Mittelklasse und die Masse der kleinen Leute gegen die jüdischen Geschäftsleute und Industriellen aufbringen – das Ganze natürlich vor dem Hintergrund der alten Judenphobie, die in diesen Landstrichen immer wieder aufzuflackern droht. Als junger Sozialist und Atheist, bewußt zumindest entjudaisiert, kann Kafka nicht umhin, diese Verbitterung als zum Teil gerechtfertigte Reaktion zu empfinden, besonders wenn er sich an das erinnert – und wie könnte er es in unruhigen Zeiten vergessen? –, was er als Kind von dem Kleinkrieg mitbekommen hat, den sein Vater gegen seine eigenen Angestellten führte.

Denn zur damaligen Zeit besteht Hermann Kafkas Personal nicht ausschließlich aus Juden, es befinden sich Tschechen darunter, für die dieser grobe, brutale, bis zur Tyrannei intolerante Chef zwangsläufig das Doppelgesicht des Ausbeuters und des Feindes annimmt. So jedenfalls empfindet es der Knabe, wenn der gegen seine Angestellten tobende Vater ihm das schändliche Schauspiel der Willkür und Ungerechtigkeit vor Augen führt. In seiner Liebe und seinem Stolz enttäuscht, weil er auf seinem vollkommenen Idol einen untilgbaren Flecken entdeckt, wendet er sich schmerzlich gegen den ungerechten Vater und ergreift instinktiv Partei für seine Opfer, zum einen, um seine Solidarität mit Leuten zu bekunden, die wie er schikaniert werden, und zum anderen, um sich, so gut es geht, vor den Repressalien zu schützen, die er in unumstößlicher kindlicher Logik für unvermeidbar und zugleich für entsetzlich hält. Hin- und hergerissen zwischen dem Kummer, statt eines gütigen Gottes einen ungerechten Vater zu haben, der Komplizenschaft, die ihn mit den mißhandelten Angestellten verbindet, und der Gewißheit, daß so schwer beleidigte Geschöpfe sich früher oder später werden rächen wollen, hinterläßt das Kind dem Heranwachsenden eine bereits schwer belastete »jüdische Frage« voller Komplikationen und unüberwindlicher Konflikte. Selbstverständlich läßt sich Hermann Kafkas Verhalten nicht ohne weiteres auf die Gesamtheit oder auch nur auf die Mehrheit der jüdischen Kaufleute der Stadt übertragen; Herrschsucht und Rücksichtslosigkeit gegenüber anderen waren bei diesem einflußreichen Geschäftsmann eher Sache des Temperaments als der Voreingenommenheit, und jedermann, natürlich auch seine eigenen Kinder, hatten darunter zu leiden. Doch abgesehen von diesen hervorstechenden Zügen seiner Persönlichkeit unterschied er sich wahrscheinlich in seiner Arbeitsauffassung und seiner allgemeinen Weltsicht nicht wesentlich vom Durchschnitt der Juden seiner Umgebung, sein Sohn sagt es ihm übrigens: »Im Grunde bestand der Dein Leben führende Glaube darin, daß Du an die unbedingte Richtigkeit deiner Meinungen einer bestimmten jüdischen Gesellschaftsklasse glaubtest [...]«[4]; man darf also vermuten, daß die Art, wie er sein Personal behandelte, den üblichen Praktiken der Arbeitgeber seines Milieus entsprach. Für Kafka jedoch kam es im Grunde nicht darauf an, ob die Ungerechtigkeit von allen geteilt wurde und für selbstverständlich galt, ausschlaggebend war, daß dieser als Träger einer geheimnisvollen Autorität geliebte, gehaßte, angebetete und gefürchtete Vater sich als fehlbar erweisen und es an Menschlichkeit fehlen lassen konnte. Der mythischen Gestalt nach zu schließen, die in seinem Werk die phantastischen Dimensionen eines Gottes oder Demiurgen annimmt, bewahrte Kafka hierin die aus seiner kindlichen Liebe und Furcht entstandenen Gefühle: Maßlos vergrößert durch alles, was seinem Sohn an ihm unerreichbar schien, besaß Hermann Kafka das Format, das Judentum insgesamt zu verkörpern, so daß sein Machtmißbrauch notwendig auf die ganze Gemeinschaft zurückfiel.

Wie sehr Kafka darunter litt, läßt sich an der Erregung ermessen, die noch in der langen Passage seines Briefes von 1919 über dieses heikle Thema nachklingt. In diesem Dokument, das nicht nur ein Beleg für den ewigen Prozeß zwischen Vater und Sohn, sondern auch ein Stück soziologischer Analyse ist, spricht Kafka zunächst von dem Geschäft seiner Eltern und der Art, wie der Kaufmann hier seine Talente entfaltete: »[...] es war so lebendig, abends beleuchtet, man [...] konnte hie und da helfen, sich auszeichnen, vor allem aber Dich bewundern in Deinen großartigen kaufmännischen Talenten, wie Du verkauftest, Leute behandeltest, Späße machtest, unermüdlich warst, in Zweifelsfällen sofort die Entscheidung wußtest und so weiter; noch wie Du einpacktest oder eine Kiste aufmachtest, war ein sehenswertes Schauspiel und das Ganze alles in allem gewiß nicht die schlechteste Kinderschule.«

Doch bald wird ihm das Geschäft verhaßt, gerade wegen der empörenden Behandlung des Personals: »Ich weiß nicht, vielleicht ist sie in den meisten Geschäften so gewesen [...], aber die anderen Geschäfte kümmerten mich in der Kinderzeit nicht. Dich aber hörte und sah ich im Geschäft schreien, schimpfen und wüten, wie es meiner damaligen Meinung nach in der ganzen Welt nicht wieder vorkam. [...] Wie Du zum Beispiel Waren, die Du mit anderen nicht verwechselt haben wolltest, mit einem Ruck vom Pult hinunterwarfst [...] und der Kommis sie aufheben mußte. Oder Deine ständige Redensart hinsichtlich eines lungenkranken Kommis: ›Er soll krepieren, der kranke Hund.‹ Du nanntest die Angestellten ›bezahlte Feinde‹, das waren sie auch, aber noch ehe sie es geworden waren, schienst du mir ihr ›zahlender Feind‹ zu sein.« Nach dieser, noch immer vor Entrüstung bebenden Erinnerung machte ihm der erbitterte Klassenkampf, den Kafka frühzeitig kennenlernte, das Geschäft verhaßt, was den vielen Anlässen zu Reibereien, die ohnehin zwischen Vater und Sohn bestanden, noch einen weiteren hinzufügte. Er war es auch, der ihn ein für allemal ins Lager der »bezahlten« Feinde überwechseln ließ. »Mir aber macht es das Geschäft unleidlich, es erinnerte mich allzusehr an mein Verhältnis zu Dir: Du warst, ganz abgesehen vom Unternehmerinteresse und abgesehen von Deiner Herrschsucht schon als Geschäftsmann allen, die jemals bei Dir gelernt haben, so sehr überlegen, daß Dich keine ihrer Leistungen befriedigen konnte, ähnlich ewig unbefriedigt mußtest Du auch von mir sein. Deshalb gehörte ich notwendig zur Partei des Personals, übrigens auch deshalb, weil ich schon aus Ängstlichkeit nicht begriff, wie man einen Fremden so beschimpfen konnte, und darum aus Ängstlichkeit das meiner Meinung nach fürchterlich aufgebrachte Personal irgendwie mit Dir, mit unserer Familie schon um meiner Sicherheit willen aussöhnen wollte.«[5] Man sieht, wie die Fäden des inneren Dramas sich knüpfen, in das Kafka verstrickt ist: Das empörte Kind ergreift Partei für den geplünderten Feind – obwohl es weiß, daß der Feind ein Feind bleibt und nur auf die Gelegenheit wartet, sich zu rächen (wenn der Erwachsene schreibt: »Im Kampf zwischen Dir und der Welt sekundiere der Welt«, gibt er die Absurdität dieses Kampfes, den zu führen er gezwungen ist, in einer verallgemeinerten Formel wieder). Man versteht nun, warum er, als das stets erwartete und gefürchtete Schlimmste wirklich eintrifft – zum Beispiel als die antisemitischen Aufrührer die jüdischen Geschäfte seines Viertels verwüsten –, es stumm erdulden muß, ohne sich darüber beklagen oder empören zu können, da seinem Gefühl nach der Vater dazu beigetragen hat, es herbeizuführen.[6]

Der *Brief an den Vater*, der auf die Zensur, der Kafka die äußeren Ereignisse seiner Jugendzeit unterzieht, ein bestimmtes, obschon indirektes Licht wirft, erklärt auch die sozialistischen Ideen, die er schon im Gymnasium verkündet und die, als der Sozialismus dort verblaßt ist, die allgemeine Form einer unbedingten Solidarität mit den Erniedrigten annimmt. Daß der Chef des Galanteriewarengeschäfts mit dem Emblem der Dohle in Wirklichkeit nicht ganz so abscheulich war, wie Kafka ihn schildert, als er die Revolte seiner Kinderzeit noch einmal durchlebt, darauf deutet in den Dokumenten manches hin; Kafka schreibt seinen Brief im Augenblick einer akuten Krise und läßt seinem Unmut freien Lauf, ohne zu bedenken, daß für ihn alles, was mit seinem Vater zu tun hat, sofort in die ungeheure Welt des Epos eingeht; doch gleichgültig, ob das Porträt getreu oder geschwärzt ist, wesentlich ist die Heftigkeit des affektiven Schocks, den das Kind erlitten hat und unter dem der Erwachsene immer zittern wird.[7]

Es mag verwundern, daß sich Kafkas Sozialismus trotz alter und tiefer Impulse in keinem Moment im Beitritt zu einer Partei oder einer Bewegung äußert; das liegt daran, daß er, abgesehen von seinem ausgeprägten Hang zum Individualismus und seinen schwierigen Beziehungen zu anderen, sich auch hier gegen typisch Prager Tendenzen verhält, die ihm jedes Bekenntnis zu einer Doktrin oder einer etikettierten Meinung verdächtig machen.[8] Tatsache ist, daß die Prager Juden der alten Monarchie, ständig zwischen den beiden streitenden Nationalitäten hin- und hergerissen, die um ihre Wahlstimmen werben und am Ende den Kampf geradezu auf ihrem Rücken austragen, gar nicht imstande sind, »Ideen« zu vertreten, wenn sie überhaupt das Recht haben, solche auszudrücken; sie können sich allenfalls für diese oder jene Partei *erklären*, ihre Stimmen im Tausch gegen gewisse Vorteile oder ein wenig Frieden versprechen und das Lager wechseln, wenn sie sich hintergangen oder, noch schlimmer, in ihrer Person und ihrer Habe von denen, die zu unterstützen sie für richtig hielten, bedroht fühlen. Schon Herzl kennzeichnete sie bitter, diese »kleinen Juden von Prag, die braven Kaufleute des Mittelstandes, die friedlichsten aller friedlichen Bürger. [...] In Prag warf man ihnen vor, daß sie keine Tschechen, in Saaz und Eger, daß sie keine Deutschen seien. [...] woran sollten sie sich denn halten? [...] Die beiden streitenden Volksstämme in Böhmen haben merkwürdigerweise eine neue Variante zur alten Postillonsgeschichte gefunden. In dieser Anekdote begegnen einander zwei Postkutschen auf einem schmalen Wege. Keiner der Postillons will ausweichen, und im Wagen sitzt hüben wie drüben ein Jude. Da schnalzt jeder Kutscher mit der Peitsche nach dem jenseitigen Fahrgast: ›Haust du meinen Juden, hau' ich deinen Juden!‹ Aber in Böhmen wird noch hinzugefügt: ›Und meinen auch!‹, so daß die böhmischen Juden für eine Fahrt doppelte Prügel erhalten. Freilich hatten sie versucht, als blinde Passagiere in dem Nationalitätenhader durchzukommen.«[9] Inmitten dieser schamlosen Streiter, deren Haß immer auf sie selber zurückfällt, können die »friedlichen Kaufleute« von Prag es sich nicht leisten, Meinungen zu haben; sie sind buchstäblich ohne Glauben und ohne Gesetz, genauer gesagt, sie haben kein anderes Gesetz als ihr Geschäftsinteresse und keinen anderen Glauben als den, den sie zum Überleben brauchen, indem sie ihren hart erworbenen Wohlstand oder Reichtum schützen und womöglich mehren. Auch in dieser Hinsicht unterscheidet sich Hermann Kafka sicher nicht von den meisten Juden in seiner gesellschaftlichen Stellung, und wenn sein Sohn in bezug auf die lächerlichen Ansichten des Emporkömmlings sagt: »Wie Du zum Beispiel leicht Dich von meist nur scheinbar höherstehenden Personen blenden ließest und davon immerfort erzählen konntest, etwa von irgendeinem kaiserlichen Rat oder dergleichen [...]«[10], oder wenn er ihm sein grenzenloses Selbstvertrauen vorwirft: »Deine Meinung war richtig, jede andere war verrückt, überspannt, meschugge, nicht normal. [...] Du konntest zum Beispiel auf die Tschechen schimpfen, dann auf die Deutschen, dann auf die Juden, und zwar nicht nur in Auswahl, sondern in jeder Hinsicht, und schließlich blieb niemand mehr übrig außer Dir. Du bekamst für mich das Rätselhafte, das alle Tyrannen haben, deren Recht auf ihrer Person, nicht auf dem Denken begründet ist«[11] – dann zeichnet er ein Porträt, das zwar unverkennbar persönliche Züge trägt, in dem sich aber, unabhängig von Unterschieden des Temperaments, viele andere Väter, viele andere jüdische Geschäftsleute bestimmt hätten wiedererkennen können. So maßlos, so jähzornig und tyrannisch Hermann Kafka im öffentlichen und privaten Leben auch sein mag, er ist wahrscheinlich ein typischer Vertreter des Prager Judentums um die Jahrhundertwende, so wie die Geschichte dieses kleinen Landstriches es geformt hatte; der politische Opportunismus, der völlige Mangel an Überzeugungen sowie der naive Snobismus, worin sich seine ganze Philosophie erschöpft, mögen bei anderen eine anders dosierte Mischung eingehen, doch sind sie allemal das Ergebnis einer unhaltbaren gesellschaftlichen Stellung zwischen mächtigen antagonistischen Kräften, die sie weder besiegen noch dauerhaft für sich gewinnen können.

So wie Kafka bereits im Gymnasium Sozialist wird, aus Haß auf die Unterdrückung, die sich ihm sehr früh zu erkennen gegeben hat, so reagiert er auf das zynische Strebertum, die opportunistischen Tendenzen und den Skeptizismus seines Milieus in der Weise, daß er sich selbst in bezug auf Meinungen äußerste Zurückhaltung auferlegt, die an sich schon einer Verurteilung gleichkommt. Dort, wo ihre fatale Lage die Prager Juden dazu zwingt, ständig ihre Meinung nach Maßgabe dessen zu ändern, was sie als ihr augenblickliches Interesse erachten, da enthält sich Kafka der Stellungnahme, so wie es dem »blinden Passagier« ansteht, der er seiner Meinung nach ist. In allem, was den »amtlichen« Teil seines Lebens betrifft, nach dem Terminus, den er im *Schloß* verwendet, wenn er die kollektive Sphäre beschreibt, fällt er Urteile einzig in bildlicher Form, die, weil die freieste, am besten geeignet ist, die Rechte der verhandelten Sache wahrzunehmen. Nicht, daß er keine Meinungen hätte – »privat« hat er sogar sehr entschiedene Meinungen, die er fanatisch vertritt –, doch in den langen, von ständigen Einwänden unterbrochenen Sätzen, in die er sein Denken kleidet, erörtert er die einfachsten Belange, indem er das Für und Wider geradezu ins Unendliche gegeneinander abwägt, und sein Urteil erschöpft sich im gründlichen Studium der Akten, so als würde das Schicksal der Welt von ihrer Wohlbegründetheit abhängen. Als Werk eines strengen Juristen, der sich zudem bewußt ist, selber in einen schrecklichen Prozeß verwickelt zu sein, ist Kafkas Urteil im doppelten Sinn des Wortes *zurückhaltend*. Und diese prinzipielle Zurückhaltung, mit der er sich von der väterlichen Inkonsequenz distanziert, ist nicht nur der wirkungsvollste Protest, den er gegen den ideologischen Wankelmut der Prager erheben kann, sie wird auch zum wesentlichen Bestandteil seiner Kunst, zum *Stilprinzip*, das sein Werk vor der Trivialität des Ideenromans bewahrt.

Wäre da nicht die Verweigerung, die Kafka seinem Milieu stillschweigend entgegensetzt, indem er allem widerspricht, was dieses in gewohnter Weise geschehen läßt oder hochhält, so würde man den Umschwung kaum verstehen, der sich in ihm, sozusagen von einem Tag auf den anderen, unter dem Einfluß der jiddischen Schauspieler oder jedenfalls mit ihrem Eintritt in sein Leben vollzieht. Denn nach weitverbreiteter Ansicht stehen Löwy und seine Wandertruppe am Ursprung der Wandlung, die Kafka plötzlich veranlaßt, den »assimilierten« Juden bloßzustellen, und obwohl sich diese Erklärung auf eine Fülle von Tagebuchnotizen aus demselben Jahr stützt, mag man kaum glauben, daß ein solch zufälliger äußerer Anlaß für sich allein so entscheidende Wirkung gehabt haben soll.

Als die Truppe in Prag eintrifft, ist Kafka immerhin schon achtundzwanzig Jahre alt und seine Lebensperspektive bereits weitgehend bestimmt; er weiß, was er vor allem anderen will – die Literatur, der er nicht nur dienen, sondern die er *sein* will, und zwar absolut. Und mag seine Weltauffassung auch noch nicht endgültig festliegen, so ist sie doch nicht so labil, daß der erstbeste Eindruck sie erschüttern könnte. Seit Jahren steht er den zionistischen Überzeugungen seiner engsten Freunde teilnahmslos gegenüber, selbst der streitbaren Begeisterung Max Brods gelingt es nicht, ihn zu bekehren. Im Vergleich dazu haben Löwy und seine Schauspieler außerhalb ihres Berufs nichts sonderlich Bemerkenswertes zu bieten, sie besitzen Leidenschaft, Talent, vielleicht sogar ein wenig Genie, doch im übrigen sind es eher ratlose arme Leute, vom *shtetl* Abtrünnige, selber schon weit entfernt von dem, was man in ihrer Heimat Orthodoxie nennt, also ziemlich schlecht gerüstet, einen verirrten Juden wieder auf den rechten Weg zu bringen. Ständig in Geldnot und überdies ohne Sinn fürs Praktische, sind sie gezwungen, an jedem Ort zu spielen (in Prag finden sie Unterschlupf im Café Savoy, einem verrufenen Kaffeehaus, wo ein ignorantes Publikum ihnen allen möglichen Schimpf antut, der von Beleidigungen bis zu Schlägen reicht), unter materiellen und moralischen Bedingungen, die ihnen jede Hoffnung nehmen, eines Tages auf einer Bühne aufzutreten, die ihres Talents würdig ist. So bewundernswert der Eifer und die Selbstverleugnung auch sein mögen, mit denen sie ihren großen Dichtern dienen, so sind sie doch gewiß keine Wunderwesen, die das Schicksal dazu ausersehen hat, Konversionen zu bewirken; im übrigen haben sie Kafka keineswegs zu ihrer Lebens- und Denkweise bekehrt, sie haben ihn lediglich aufgewühlt, indem sie ihm die Wärme eines freien und spontanen jüdischen Lebens vor Augen führten, das heißt genau das, was Prag ihm seit jeher versagt hatte.

Daß Kafka bewegt, man könnte fast sagen erleuchtet ist, als er über die Schauspieler eine unabhängige jüdische Kunst entdeckt, eine vorbildlich auf das Leben abgestimmte Kunst, die, von Juden und für Juden, auf natürliche Weise ihre Bedeutung und Wahrheit in sich selbst findet, das geht aus den etwa hundert Seiten hervor, die er der Truppe während der ganzen Dauer ihrer Tournee in seinen *Tagebüchern* widmet. Am 5. Oktober 1911 beschreibt er ausführlich das Stück, das er am Vorabend gesehen hat – den *Meschumed* von Lateiner, ein Drama, in dem es um Schuld und Sühne eines jüdischen Renegaten geht –, sowie die Erregung, in die ihn das Schauspiel nicht nur aufgrund seiner Qualitäten, sondern mehr noch durch die Art der Kommunion versetzt hat, die es zu erzeugen wußte: »Bei manchen Liedern, der Ansprache ›jüdische Kinderlach‹[12] [*sic*], manchem Anblick dieser Frau, die auf dem Podium, weil sie Jüdin ist, uns Zuhörer, weil wir Juden sind, an sich zieht, ohne Verlangen oder Neugier nach Christen, ging mir ein Zittern über die Wangen.«[13] Kafka, der selten »wir« sagt und selten unzweideutig, nicht einmal in jenen Erzählungen, in denen der Held der Chronist eines souveränen Volkes ist – eines Volkes von Hunden, Chinesen oder Mäusen –, antwortet hier aus vollem Herzen auf den mütterlichen Ruf der Schauspielerin und nimmt seinen Platz unter den jüdischen »Kinderlach« der großen Familie wieder ein, von der er fortgelaufen war. Einen Augenblick lang ist der Kreislauf der Einsamkeit durchbrochen, zwar nur einen Augenblick; aber ihm, der sich so häufig anklagt, kalt und verschlossen zu sein, gibt die bloße Tatsache, sich in der gemeinsamen Wärme schmelzen zu fühlen, Hoffnung auf Befreiung.

Zwei Tage lang notiert er mit einer Freude, die sich am Rhythmus seiner Prosa ablesen läßt, alles, womit das Schauspiel ihn beeindruckt hat: die Handlung mit ihren zahlreichen Verwicklungen; die Virtuosität der Schauspieler, deren Mienenspiel, Posen und Gesten, die der Handlung den richtigen Sinn verleihen; die Inszenierung, die der dramatischen Bewegung entgegenzuwirken scheint, insofern sie die Nebenpersonen in den Vordergrund stellt, während die wichtigen Dinge im Hintergrund vor sich gehen; schließlich und vor allem das Auftreten zweier Gestalten im Kaftan – zwei Männerrollen, von denen die eine von einer verkleideten Frau gespielt wird –, die ihm ungebührlich vorkommen und ihn um so mehr faszinieren, als er, da er die Tradition nicht kennt, aus der sie stammen, nicht genau weiß, was sich in ihnen verkörpert.

»Wollte ich sie jemandem erklären, dem ich meine Unwissenheit nicht eingestehn will, würde ich sehn, daß ich sie für Gemeindediener halte, für Angestellte des Tempels, bekannte Faulenzer, mit denen sich die Gemeinde abgefunden hat, irgendwie aus religiösen Gründen bevorzugte Schnorrer. [...] Sie scheinen sich aus jedem einen Narren zu machen, lachen gleich nach der Ermordung eines edlen Juden, verkaufen sich einem Abtrünnigen, tanzen, die Hände vor Entzücken am Wangenhaar, als der entlarvte Mörder sich vergiftet und Gott anruft, und doch alles nur, weil sie so federleicht sind, unter jedem Druck auf dem Boden liegen, empfindlich sind, gleich mit trockenem Gesicht weinen (sie weinen sich in Grimassen aus), sobald der Druck aber vorüber ist, nicht das geringste Eigengewicht aufbringen, sondern gleich in die Höhe springen müssen.«[14] Diese von einer geheimnisvollen Gnade beschützten zwei Taugenichtse, einer Gnade, die er aufs Geratewohl für religiösen Ursprungs hält, fesseln Kafka offensichtlich wegen ihrer zweideutigen Funktion und ihrer außerordentlichen Freiheit; doch die Bedeutung, die sie plötzlich für ihn gewinnen, erschöpft sich nicht im

Verlauf eines einzigen Abends, sie werden nicht mehr aufhören, ihn zu beschäftigen, und in seinem Werk immer wieder auftreten, mit der gleichsam unschuldigen Unmoral sowie der ganzen Nutzlosigkeit, der ganzen übernatürlichen oder menschenfernen Leichtigkeit, die die Tradition ihnen verliehen hat.

Denn aus den beiden Gestalten des *Meschumed* von Lateiner entsteht allmählich das Paar der schmarotzenden, boshaften, verlogenen, lüsternen Possenreißer, das Kafka in der Regel seinem Helden zur Seite stellt, damit sie ihn leben lehren und von seinem tödlichen Ernst heilen (in seinem Fall hat das Wort wirklich seine wörtliche Bedeutung; genauso verstehen es übrigens die Herren im *Schloß*, wenn sie es auf K. münzen und damit den Mangel an Leichtigkeit betonen, der ihn geradewegs ins Verderben zieht). Ebenso die beiden Vagabunden, die in *Amerika* vergeblich versuchen, Karl Roßmann vom Weg abzubringen; die beiden korrupten Wächter, die Josef K. verhaften, sowie das irgendeinem Theater entsprungene Schergenpaar (»An welchem Theater spielen Sie?«), die es zum Schluß auf sich nehmen, ihn »wie einen Hund« hinzurichten; die beiden nichtsnutzigen Praktikanten und die beiden Zelluloidbälle, die in der Geschichte von Blumfeld mit einemmal ihre absurde Existenz zu erkennen geben, nur um den eingefleischten Junggesellen zu drangsalieren und ihm seine Kleinlichkeit bewußt zu machen; und vor allem die beiden Gehilfen im *Schloß*, Geschöpfe jenseits von Gut und Böse, die K. den segensreichen Weg der Verantwortungslosigkeit zeigen sollen – alle diese teuflischen und unschuldigen Zwillinge haben die gleiche wunderbare Geschmeidigkeit des Körpers und des Geistes, mit der die beiden Clowns des jiddischen Volkstheaters gesegnet sind. Alle sind in einem tieferen Sinn die *Geister* einer Wahrheit, die Kafka eines Abends kurz erblickt hat und die er sich immer wieder vor Augen führt, eben weil sie ihm unerreichbar blieb.

Die beiden Possenreißer des *Meschumed* sind sicherlich nicht die einzigen Elemente, die Kafka inspiriert haben, und obwohl wir für seine anderen Quellen keinen direkten Beleg besitzen, dürfen wir doch vermuten, daß bestimmte Szenen in seinen Romanen, bestimmte Mienenspiele und Gebärden seiner Personen oder sogar bestimmte Themen seiner Erzählungen aus demselben Fundus stammen, nur daß sie bei ihm aus der Sicht des *späten* Juden umgestaltet sind, den die Tradition bestenfalls noch staunen macht und dem sie schlimmstenfalls zur Parodie Anlaß gibt. Einem Autor zufolge, der die 1911 und 1912 von Löwy in Prag aufgeführten Stücke gründlich untersucht hat, verdankt Kafka ihnen unendlich viel mehr, als seine *Tagebücher* vermuten lassen; er soll ihnen ganze Szenen oder Motive entlehnt haben, und zwar in Texten, die so offenkundig inspiriert sind, daß man gar nicht auf die Idee kommt, nach äußeren Quellen zu forschen.[15] Die berühmte Szene des *Urteil*, in der der Sohn den Vater auf die Arme nimmt, um ihn ins Bett zu tragen, habe ihre direkte Parallele in dem Stück *Gott, Mensch und Teufel* von Gordin, wo der ruchlose Sohn – er hat seine Seele dem Teufel verkauft und treibt sich, wie Georg, selbst in den Tod – ebenfalls den alten senilen Vater in die Arme nimmt und zu Bett bringt, um seinen Anschuldigungen und seinem Geflenne ein Ende zu setzen. Auch die Schlußszene des Dramas *Kol Nidre* von Scharkansky hat, diesem Autor zufolge, frappierende Ähnlichkeiten mit dem *Urteil* – hier wie dort wirft sich ein Vater zum Richter über sein Kind auf und verurteilt es unwiderruflich zum Tode.

Eine erstaunliche thematische Übereinstimmung soll auch zwischen der *Verwandlung* – bekanntlich hängt die Idee dazu mit Hermann Kafkas Worten über Löwy zusammen – und *Der wilde Mensch* von Gordin bestehen, worin ein (von Löwy gespielter) Idiot vorkommt, der nach und nach zum Tier wird und auf allen vieren durch das Zimmer kriecht, in dem seine Familie ihn eingesperrt hält. Hervorzuheben ist schließlich Kafkas Vorliebe für theatralische Haltungen, übertriebenes und groteskes Mienenspiel, beiseite gesprochene Erwiderungen, die die Isolierung des Helden hervorheben, sowie seine ständige Verwendung des Gesangs und der Musik als Indizien für eine schlecht definierte, ebenso zweideutige wie wesentliche geistige Einstellung. Aus allen diesen Merkmalen, die seiner erzählenden Prosa in der Tat eine außergewöhnliche Theatralik verleihen, darf man schließen, daß Löwys Einfluß sowohl an Tiefe wie an Dauer weit größer war, als die Kritik ihm einhellig zubilligt – unter dem Vorbehalt allerdings, daß die entliehenen Elemente, aus dem religiösen Rahmen herausgelöst, in dem sie ihre erste Ordnung fanden, bei ihm umgekehrt wie ihre Vorbilder funktionieren und nicht ihre Unvergänglichkeit, sondern die komische Absurdität ihres Überlebens sowie die Umwendung ihres Sinns ins Ungehörige zu erkennen geben.

Obwohl die oben vorgetragene These, die die Entstehung dieser oder jener Erzählung auf einen äußeren Einfluß zurückführt, die Hauptsache verkennt – das heißt die psychische »Überdeterminierung«, die in Kafkas Innenleben wie im Traum, dem es verwandt ist, die Organisation der Bilder beherrscht –, unterstreicht sie doch verdienstvollerweise, wie empfänglich der Schriftsteller, trotz seines Reinheitsfanatismus, noch für die bescheidenste Volkskunst ist, auch wenn sie sich in unreiner, ziemlich degenerierter Form zeigt. Denn das jiddische Theater, das so tiefe Klänge in ihm weckt, befindet sich keineswegs auf seinem Höhepunkt, sondern ist im Niedergang begriffen, die Tradition ist zur Konvention erstarrt, und was es dem Publikum bietet, hat nicht viel mit Kunst zu tun, es will einzig zerstreuen und erbauen. Sein im ganzen eher mittelmäßiges und sehr gemischtes Repertoire enthält neben ernsten Dramen biblischer oder weltlicher Inspiration zahlreiche triviale Rührstücke, Familienstücke, die ein Amalgam aus Melodram, Operette und Varieté bilden.[16] Das Repertoire, das Löwy 1911 und 1912 in Prag vorstellt, ist sicherlich frei von dieser Trivialität; man findet hier Werke von Goldfaden und Gordin, zwei begabten Schriftstellern, deren Gespür für Dramatik stark genug ist, um der Tradition neues Leben einzuhauchen; Stücke von Lateiner, Scharkansky, Feimann, achtbaren Autoren, die der Volkskunst näherstehen und literarisch plumper sind[17]; doch nichts von alledem geht über die Grenzen eines rein lokalen Theaters hinaus, und im Café Savoy leiden die Stücke überdies unter der Beengtheit der Bühne, der fehlenden Ausstattung, den unzureichenden Proben und der mangelhaften Berufsauffassung mancher Schauspieler, die ihren Text nicht können oder schamlos irgendwelche Possen treiben. Unter so ungünstigen und auch so wenig begeisternden Bedingungen fällt es schwer, Kafkas Überschwang und die Veränderung zu begreifen – die zwar weniger endgültig ist, als zuweilen behauptet wird, aber in einem für ihn wichtigen Sinn durchaus real ist –, welche der Umgang mit der Truppe in seinem Leben hervorruft. Man kann kaum glauben, daß das Schauspiel ihn so sehr aus sich selbst herauszureißen vermag, daß er, nachdem er die *Sejdernacht* von Feimann gesehen hat, schreibt: »Zuzeiten griffen wir [...] nur deshalb in die Handlung nicht ein, weil wir zu erregt, nicht deshalb, weil wir bloß Zuschauer waren.«[18] Dennoch muß man es glauben, denn alles liegt in diesem »wir« und diesem »zu erregt«, mit dem Kafka sich leidenschaftlich der hingerissenen Menge anschließt, bis er so *naiv* wird wie sie und nicht mehr den geringsten Unterschied zwischen Fiktion und Wirklichkeit spürt.

Das jiddische Theater mag zwar zu einer niederen und unreinen

Gattung gehören, dennoch erreicht es, was zu leisten auch die erhabenste Kunst sich nicht immer rühmen kann: eine totale Öffnung von Körper und Seele, eine fast fleischliche Einheit zwischen Saal und Bühne, einen Augenblick der Selbstvergessenheit, in dem jeder sich in allen verliert. Die Verachtung der Ästheten oder der Hebraisten vermag nichts gegen die intensive Zirkulation von Gefühlen und Vorstellungen, die die kleine Truppe zu erzeugen weiß und die, indem sie mit einem Schlag die Unterschiede des Alters, des Geschlechts und des Rangs aufhebt, den engen Kreis der Individualität sprengt. Kafka jedenfalls schließt sich ihren Kritikern nicht an, auch wenn er die schlechten Bedingungen beklagt, unter denen die Schauspieler arbeiten müssen; und er fühlt sich von dem, was vielen für abstoßend gilt, nicht nur angeregt, sondern er verneigt sich vielleicht als einziger unter den Juden der intellektuellen Elite tief vor Löwy, den er »im Staub bewundern möchte«, weil er an ihm wahrnimmt, was in seinen Augen das Wesen des Genies ausmacht: die seltene Verbindung von Kreativität und Bescheidenheit.

Monatelang widmet Kafka einen großen Teil seiner Abende den Aufführungen im Café Savoy und trägt peinlich genau in sein Tagebuch ein, was zu den Schauspielern Bezug hat, mit denen er sich sofort angefreundet hat. Nach der Vorstellung setzt er sich oft zu ihnen an den Tisch, hört ihnen zu, wenn sie über ihre Geschäfte sprechen, über ihre Pläne diskutieren und sich gelegentlich zanken, denn die Truppe ist nicht so einträchtig, daß das Zusammenleben immer bequem wäre. Wie um besser am privaten Leben des kleinen Familienclans teilzunehmen – Löwy ist Junggeselle, die meisten anderen jedoch sind verheiratet –, verliebt er sich sogar in die »Primadonna«, Frau Tschissik, die Schauspielerin, die dem gemeinsamen Werk offensichtlich am ergebensten ist und von den Aufmerksamkeiten dieses vornehmen Herrn – eines »Doktor ihrer Einbildung«, sagt Kafka, ohne sich allzusehr zu täuschen – im übrigen eher verwirrt zu sein scheint.[19] Doch vor allem fesselt ihn an diese sowohl nahen wie fremden Leute offensichtlich die liebenswürdige Persönlichkeit Löwys, der ihm als Person wie als Schauspieler durch seine Art, Dinge und Ideen in Brand zu stecken, ebensoviel Respekt wie Verwunderung einflößt. Von allen möglichen tatsächlichen oder eingebildeten Krankheiten geplagt und für die praktischen Aufgaben des Lebens denkbar schlecht gewappnet, ist Löwy in Kafkas Sicht insofern vorbildlich, als der Künstler in ihm den Juden stärkt, statt ihn zu schwächen: Zur Kunst gekommen, wie man zur Religion kommt, und aus diesem Grunde gezwungen, mit dem strengen Chassidismus seines Milieus zu brechen, das ihn für »mißraten« hält, ist er einer jener unverbesserlichen Juden geblieben, die »ohne Verlangen oder Neugier nach Christen« überall ihr Volk und ihre Kultur vertreten.

Auf den langen Spaziergängen, die die beiden Männer durch die Straßen von Prag unternehmen, erzählt Löwy Kafka seine eigene Geschichte sowie Geschichten vom Leben im Warschauer Judenviertel, vom harten Dasein der Studenten einer Jeschiwa um die Jahrhundertwende und vom Kampf der jungen Leute um ihre Emanzipation, von den Riten, Festen, Erzählungen und Legenden der Wunderrabbi – kurz, alles über die »Juden aus Rußland«, was Kafka nicht kennt und dem er nun brennend gern näherkommen möchte. Dann hält er in seinem Tagebuch diese Geschichts- und Traditionsbrocken fest, die ihm aus der Tiefe der Zeit hervorzutreten scheinen, und er tut es mit einer Genauigkeit, die zwar ernsthaftes Interesse verrät, aber auch das Erstaunen, die Fremdheit des Neophyten angesichts der neuen Gedankenwelt, in die er eingeweiht werden möchte. Denn von dem Judentum, das Löwys Berichte ihm zu übermitteln versuchen, hat Kafka notgedrungen nur indirekt Kenntnis, so daß er, je heftiger sein Wissensdrang ist, desto lauter über die Entfernung klagt, die ihn von seinem Ziel noch trennt. Insofern befindet er sich etwa in der Lage des Forschers oder des Ethnologen, der sich, wenn er »im Feld« die Bräuche eines primitiven Volksstammes erforscht, über alles wundert, solange er den Schlüssel zum Verhalten der Menschen nicht gefunden hat und die Banalität hinter dem verwirrenden Faktum nicht zu erkennen vermag. Kafka hat den Schlüssel nicht, soviel steht fest, und die geradezu wissenschaftliche Aufmerksamkeit, die er seinen Beobachtungen schenkt, reicht nicht aus, ihn ihm zu verschaffen, zumal in seinem Fall der Ethnologe nicht vergessen kann, daß der betreffende Volksstamm, so exotisch er ihm erscheinen mag, eben derjenige ist, in dem er geboren wurde.

Dennoch führt Kafka seine Untersuchung mit großem Eifer durch, und wenngleich sein Interesse letztlich mehr den Menschen als den Ideen gilt, bestärkt ihn, was er dank dem jiddischen Theater und Löwy lernt, erst recht in seinem Wunsch, seine Wissenslücken zu füllen, indem er wenigstens die jüdischen Schriften liest, die ihm unmittelbar zugänglich sind. Daß zwischen seiner Begegnung mit der Truppe und dem Beginn dieser Lektüre eine unmittelbare Beziehung besteht, das beweist ziemlich eindeutig ein Vergleich der Daten: Der ersten Vorstellung wohnt er am 5. Oktober 1911 bei, und am 1. November schreibt er in sein Tagebuch: »Heute ›Geschichte des Judentums‹ von Graetz[20] gierig und glücklich zu lesen angefangen. Weil mein Verlangen danach das Lesen weit überholt hatte, war es mir zuerst fremder, als ich dachte, und ich mußte hie und da einhalten, um durch Ruhe mein Judentum sich sammeln zu lassen. Gegen Schluß ergriff mich aber schon die Unvollkommenheit der ersten Ansiedlungen im neu eroberten Kanaan und die treue Überlieferung der Unvollkommenheit der Volksmänner (Josuas, der Richter, Elis).«[21] Im Januar 1912 zählt er seine Lektüre und die Anstrengungen, die er für die Schauspieler unternimmt, zu den Gründen für die Unterbrechung seines Tagebuchs: » [...] las Pinès ›L'histoire de la Littérature Judéo-Allemande‹, fünfhundert Seiten, und zwar gierig, wie ich es mit solcher Gründlichkeit, Eile und Freude bei ähnlichen Büchern noch niemals getan habe; jetzt lese ich Fromer ›Organismus des Judentums‹; endlich hatte ich mit den jüdischen Schauspielern viel zu tun, schrieb Briefe, habe beim zionistischen Verein durchgesetzt, daß die zionistischen Vereine Böhmens befragt werden, ob sie Gastspiele der Truppe haben wollen, das nötige Rundschreiben habe ich geschrieben und vervielfältigen lassen; habe noch einmal ›Sulamith‹ [von Goldfaden] gesehn und einmal ›Herzele Mejiches‹ von Richter, war beim Volksliederabend des Vereins Bar-Kochba.«[22] Zwei Tage nach dieser Bilanz seiner jüdischen Tätigkeiten, zu denen er sich sichtlich beglückwünscht, überträgt er diejenigen Passagen aus dem Buch von Pinès in sein Tagebuch, die ihn besonders interessieren, entweder weil er nützliche Hinweise darin findet – über die Haskala zum Beispiel, über die er offensichtlich nicht viel weiß –, oder weil sie mit seinen eigenen Gedanken übereinstimmen.[23] In dieser ganzen Zeit halten ihn die jüdischen Schriften in Atem, und obwohl er von den Büchern kaum ein klares Bewußtsein seiner Identität erwarten kann, die das Leben ihm vorenthalten hat, entdeckt er durch sie doch ungenutzte Quellen in sich, die ihm die Hoffnung geben, ein anderer Mensch zu werden, ein fast selbstsicherer, fast zufriedener, vom ständigen Bedürfnis, sich selbst anzuschwärzen, beinahe befreiter Mensch. Schreibt er einen Brief in der Absicht, Löwy zu helfen, so hält er ihn sofort für »gut«: »Jedes Leben des Briefes beruhigte und stärkte mich, so sehr war darin unausgesprochener Bezug auf alles Gute in mir genommen.«[24] »Gut« – das ist, auf sein Denken und

Handeln bezogen, gewiß kein Wort, das er zu benutzen pflegt, daher markiert es in dem harten Kampf, den er sich selbst liefert, einen bemerkenswerten Augenblick der Rast.

Nicht, daß er von seiner Angst und seinem Schuldgefühl befreit wäre – er ist es nicht, und die wenigen Illusionen, die er sich in dieser Hinsicht macht, werden ihm gleich zu Beginn seiner Beziehung mit Felice genommen –, aber unter dem Einfluß des jüdischen Lebens, das die Menschen und die Bücher in ihm zum Schwingen bringen, fühlt er sich stärker, entschlossener, williger, sich so zu akzeptieren, wie er ist, und damit auch fähiger, sich einer gemeinsamen Sache zu verschreiben, und müßte er dafür den ungeheuren Teil an Zeit und Energie verringern, den die Literatur bereits zu verschlingen beginnt (während dieser ganzen Zeit schreibt er nichts, doch entgegen seiner Gewohnheit notiert er es, ohne sich allzusehr deswegen zu beklagen oder anzuklagen). Nie wieder sieht man ihn in seinen *Tagebüchern* sich seines Talents so bewußt, so stolz auf seine Geschicklichkeit und seine Handlungsmöglichkeiten wie an dem Tag, da es ihm, nachdem er einen Vortragsabend für Löwy organisiert hatte, gelingt, seine Hemmungen zu überwinden und sein Publikum in Bann zu ziehen. Zwar peinigt ihn zwei Wochen lang Tag und Nacht die Angst zu scheitern, er ist nervös, »unbeherrschbaren Zuckungen überlassen«, fiebrig, so daß er das Blut in seinen Adern »wie kleine Feuerchen« springen fühlt; doch kaum hat er sich an die Arbeit gemacht, siegt die Begeisterung über die Angst. »Kälte und Hitze wechselt in mir mit dem wechselnden Wort innerhalb des Satzes, ich träume melodischen Aufschwung und Fall, ich lese Sätze Goethes, als liefe ich mit ganzem Körper die Betonungen ab.«[25] Und wenige Tage später, als er die Prüfung glänzend bestanden hat, zieht er die Bilanz des Nutzens, den er trotz aller Schrecken und quälenden Zweifel daraus gezogen hat: »Freude an Löwy und Vertrauen zu ihm, stolzes, überirdisches Bewußtsein während meines Vortrags (Kälte gegen das Publikum, nur der Mangel an Übung hindert mich an der Freiheit der begeisterten Bewegung), starke Stimme, müheloses Gedächtnis, Anerkennung, vor allem aber die Macht, mit der ich laut, bestimmt, entschlossen, fehlerfrei, unaufhaltsam, mit klaren Augen, fast nebenbei, die Frechheit der drei Rathausdiener unterdrücke und ihnen statt der verlangten zwölf Kronen nur sechs Kronen gebe und diese noch wie ein großer Herr. Da zeigen sich Kräfte, denen ich mich gern anvertrauen möchte, wenn sie bleiben wollten. (Meine Eltern waren nicht dort.)«[26] Überirdisches Bewußtsein, Stärke, Vertrauen, Macht und klare Augen – das alles ist freilich beschattet von dem Klammersatz, über den sein Traum stolpert: Seine Eltern waren nicht anwesend, und ihretwegen oder, genauer, wegen des Konflikts, auf den diese vielsagende Abwesenheit verweist, werden die Kräfte, die sich ihm gezeigt haben, nicht bleiben wollen. Doch wie immer es um ihr Schicksal bestellt sein mag, nie wieder wird er ähnlich einfache und positive Worte finden, sie zu beschwören, nie mehr wird er so frei sein gegenüber dem schrecklichen inneren Richter – oder dem Überich, um ihn bei seinem Freudschen Namen zu nennen –, der im voraus alle seine Initiativen verurteilt und ihn vorab daran hindert zu leben (auch wird er nie wieder so deutlich sagen, wie überaus hoch er die rein gesellschaftlichen Tugenden – Tatkraft, Selbstvertrauen, Lebensmut – einschätzt, die mit seiner privaten Hierarchie am allerwenigsten vereinbar sind). Und selbst wenn die *Rede über die jiddische Sprache*[27] nicht der wunderbare Text wäre, den wir kennen, so läge ihr unschätzbarer Wert schon allein darin, daß sie es vermochte, Übereinstimmung herzustellen nicht nur zwischen Kafka und sich selbst, zwischen ihm und den Juden, zwischen dem Westjuden und dem Jiddischen, sondern ebenso zwischen ihm und der deutschen Sprache, die zu brauchen ihm Goethe persönlich, sein Gott Goethe, das Recht gegeben hat.

Für diese Rede, die in erster Linie Löwys Erfolg sichern soll, läßt sich Kafka sichtlich von Pinès' Werk und besonders von Charles Andlers Vorwort inspirieren, das ihm genau zur rechten Zeit Gelegenheit gibt, seine philologischen Kenntnisse aufzufrischen. Freilich interessiert ihn das Wissen des Spezialisten nicht als solches, er benutzt es lediglich, um den Zuhörern zu beweisen – im großen und ganzen wohlhabenden Geschäftsleuten, die auf ihre deutsche Kultur sehr stolz sind –, daß sie sich an diesem Abend weniger entfremdet fühlen werden, als sie es sichtlich befürchten: Das Jiddische ist ihnen nicht so fremd, daß sie es nicht verstehen könnten, unter der Voraussetzung allerdings, daß sie sich nicht hartnäckig dagegen sträuben. Aber das Jiddische ist auch vom Neuhochdeutschen, vor dem sie Respekt haben, nicht gar so weit entfernt, es besteht aus derselben Substanz, in gewissem Sinne ist es sogar noch edler und reiner, weil sich in ihm die authentischen Formen des Mittelhochdeutschen am besten bewahrt haben.

Woher kommt dann die Angst vor dem Jiddischen, dem »Jargon«, die Kafka auf den Gesichtern seiner Zuhörer zu sehen meint?

Diese Angst, die »mit einem gewissen Widerwillen auf dem Grunde schließlich verständlich [ist] wenn man will«, kann er persönlich mühelos erklären, er weiß aus Erfahrung, daß sie die Kehrseite einer falschen Sicherheit ist, und er sagt es schonungslos, in einem Ton, dessen Ironie seine Härte kaum mildert: »Unsere westeuropäischen Verhältnisse sind, wenn wir sie mit vorsichtig flüchtigem Blick ansehn, so geordnet; alles nimmt seinen ruhigen Lauf. Wir leben in einer geradezu fröhlichen Eintracht, verstehen einander, wenn es notwendig ist, kommen ohne einander aus, wenn es uns paßt, und verstehen einander selbst dann; wer könnte aus einer solchen Ordnung der Dinge heraus den verwirrenden Jargon verstehen, oder wer hätte Lust dazu?« Als furchterregend und Verwirrung stiftend wird das Jiddische deshalb empfunden, weil es die sprachliche Illusion zerstört, auf der die Prager Juden alle ihre Beziehungen gründen; es erschreckt nur deshalb, weil es »die geradezu fröhliche Eintracht« brutal entlarvt, die der Gebrauch der deutschen Sprache geschaffen hat, ein unangemessener und überdies wirkungsloser Gebrauch, der allenfalls eine Parodie der Kommunikation ermöglicht (»wir kommen ohne einander aus, wenn es uns paßt, und verstehen einander selbst dann«[28]). Aber, sagt Kafka, um sein Publikum zu beruhigen oder, genauer gesagt, um die unter der Ruhe verscharrte wahre Unruhe zu wecken, trotz allem kann man dem Jiddischen nahe kommen, »wenn Sie bedenken, daß in Ihnen außer Kenntnissen auch noch Kräfte tätig sind und Anknüpfungen von Kräften, welche Sie befähigen, Jargon fühlend zu verstehen. […] Wenn Sie aber einmal Jargon ergriffen hat – und Jargon ist alles, Wort, chassidische Melodie und das Wesen dieses ostjüdischen Schauspielers selbst –, dann werden Sie Ihre frühere Ruhe nicht mehr wiedererkennen. Dann werden Sie die wahre Einheit des Jargon zu spüren bekommen, so stark, daß Sie sich fürchten werden, aber nicht mehr vor dem Jargon, sondern vor sich.«[29]

So muß die Furcht vor dem Jargon und allem, was in ihm anklingt, den Westjuden zu einer durchaus begründeten Furcht bringen, nämlich der Furcht, die er bei seinem eigenen Anblick empfinden würde, falls er vor lauter Selbstverleugnung nicht blind wäre. Und diese Furcht wäre nicht zu ertragen, fügt Kafka mit der Autorität des Sachverständigen hinzu, »wenn nicht gleich aus dem Jargon das Selbstvertrauen über Sie käme, das dieser Furcht standhält und noch stärker ist. Genießen Sie es, so gut Sie können! Wenn es sich dann verliert, morgen oder später – wie könnte es sich auch an der Erinnerung an einen einzigen Vortragsabend halten! –, dann wünsche ich Ihnen aber, daß Sie auch die Furcht vergessen haben möchten. Denn strafen wollte ich Sie nicht«.[30] Ungeachtet aller Konventionen, die derartige Veranstaltungen prägen, entschließt sich Kafka, Anstoß zu erregen, indem er die Leute vor das Gericht ihres Gewissens stellt. Und obschon er in diesem Prozeß die Rolle des Staatsanwalts spielt, vergißt er doch gewiß nicht, daß er seit jeher einen auserwählten Platz unter den Angeklagten innehat. Die Furcht, die er im Saal hervorrufen will, ist auch die Furcht, die er seit kurzem als die seine erkennt; über die Kraft und das Selbstvertrauen, die er dem Westjuden verspricht, der sich mit dem Jargon ausgesöhnt hat, weiß er Bescheid, denn ihnen verdankt er die Inspiration für seine Rede sowie seine Freiheit gegenüber dem Publikum. Was seine Skepsis bezüglich der Dauer dieser wohltuenden Kräfte betrifft, so bringt er sie augenscheinlich sowohl für sich wie für seine Zuhörer zum Ausdruck, und nicht ohne Grund, denn er ahnt sie bereits und wird nur allzu bald Gelegenheit haben, sie zu verifizieren.

Denn kurz nach diesem denkwürdigen Abend, an dem Kafka eine fast wunderbare Verwandlung voraussah, begegnet er Felice und beschließt zu heiraten, was ihn mehr denn je in die Hölle seiner inneren Konflikte stürzt und ihn gleichzeitig ins Elend des verwestlichten Juden zurückstößt, dem er einen Augenblick lang, trotz allem, entkommen zu können meinte. Bei der Prüfung, der er sich nun stellen muß – denn es ist eine Prüfung, von der er den Rest seines Lebens abhängig macht –, sind ihm die Ostjuden keinerlei Hilfe, sie haben ihm nichts anderes mitzuteilen als das, was sie sind, und eben das läßt sich nicht vermitteln. Soviel Bewunderung und Respekt sie ihm einflößen, in Wahrheit hat er nicht teil an ihrem Dasein, und auch sie können ihn, trotz aller Freundschaft, nur für einen Herrn halten, einen Fremden, was er aufgrund seiner Sprache, seiner Erziehung, seines Titels, seiner Literatur und vor allem seiner gesellschaftlichen Stellung ja wirklich ist. Doch die unüberwindbare Kluft, die er zwischen diesen Menschen und sich feststellen muß, verleitet ihn keineswegs dazu, sein Urteil zu ändern, im Gegenteil, die Gewißheit, die er durch die Berührung mit ihnen gewonnen hat, wird dauerhaft gestärkt, und sein Leben lang sind die Ostjuden für ihn Repräsentanten der einzigen Form jüdischen Lebens, die zu verteidigen und zu lieben sich noch lohnt.

Aus der Entdeckung der jüdischen Kultur ergibt sich für Kafka der scharfe Gegensatz zwischen dem Ostjuden und dem Westjuden, dessen vollendeter Typus er selber ist. Bescheiden und stolz, mit einer Lebenslust begabt, die dem Reinheitsbegehren keinen Abbruch tut, ist der Ostjude in seinen Augen all das, was der Westjude verloren hat, als er sich zivilisieren wollte. Jener ist edel und wahrhaftig, ohne Adel und Wahrhaftigkeit anzustreben; dieser ist ein verstümmeltes Geschöpf, seelisch krank, lebensuntüchtig und nicht einmal wert, sich fortzupflanzen.[31] Natürlich hat dieser Gegensatz nichts von einer theoretisch untermauerten These, er gründet vielmehr in einer äußerst komplexen Mischung aus Gefühlen und Ideen, in der die Sehnsucht nach einem Wesen überwiegt, das mit den Kräften des Lebens in Einklang steht und gerade dadurch mit seinem »Boden«, seiner Sprache, seinem Gebot eine unzerstörbare Einheit bildet.[32] Wenn man so will, ist das ein Glaubensartikel, der, da er die jüdische Welt in zwei Teile spaltet, seiner eigenen Suche nach einer Identität ein weiteres unüberwindbares Hindernis in den Weg stellt. Aber niemals hat er ihn ganz aufgegeben, niemals – was immer Max Brod darüber sagen mag, um ihre Bedeutung abzuschwächen[33] – hat er aufgehört, die Antinomie zwischen Ost und West als Grundlage seines jüdischen Denkens aufrechtzuerhalten, und zwar ausnahmsweise einmal ohne sie zu differenzieren. Dennoch war sie ihm verhängnisvoll, denn da er selbst zur Kategorie der verdammten Juden gehörte, ließ sie ihm keine Hoffnung, seinem Schicksal als nutzlosem, unvollständigem, gesellschaftlich und geistig unfruchtbarem Geschöpf zu entgehen.[34] So haben die Lebenskräfte, deren er teilhaftig zu werden meinte, als er sich aus vollem Herzen einem authentischen Judentum öffnete, ihn nicht beflügelt, sondern sich letztlich gegen ihn gewendet und ihm kaum etwas anderes bewiesen als die Notwendigkeit seines Exils.

Kapitel IV
Der Dornbusch

Trotz seiner anfänglichen Begeisterung und der Verwandlung, deren positive Zeichen er in sich entdeckt (die negativen werden in seiner geschriebenen *Verwandlung* nur um so schrecklicher sein), kann sich Kafka dem Ostjudentum ebensowenig assimilieren – wenn es hier erlaubt ist, den Sinn des üblichen Ausdrucks umzukehren –, wie sein Landvermesser den Gerstäcker und Lasemann am entgegengesetzten Ende ähnlich wird, am äußersten westlichen Horizont, dessen Zivilisation der Graf West-West verkörpert. Selbst wenn ihm diese Art umgekehrter Assimilation anfangs vielleicht nicht undenkbar erscheint, so beginnt er doch rasch daran zu zweifeln, daß das jiddische Theater ihm dabei eine taugliche Hilfe sein kann, und im Januar 1912 – also einen Monat vor dem Abend, an dem er seine Rede hält – schreibt er in sein Tagebuch: »Die Eindrucksfähigkeit für das Jüdische in diesen Stücken verläßt mich. [...] Bei den ersten Stücken konnte ich denken, an ein Judentum geraten zu sein, in dem die Anfänge des meinigen ruhen und die sich zu mir hin entwickeln und dadurch in meinem schwerfälligen Judentum mich aufklären und weiterbringen werden, statt dessen entfernen sie sich, je mehr ich höre, von mir weg. Die Menschen bleiben natürlich und an die halte ich mich.«[1]

Als er hoffte, in Löwys Darbietungen einen Anstoß zu finden, der stark genug wäre, sein »schwerfälliges« Judentum aufzuwecken und zu leiten, nahm Kafka die Gefahr einer schweren Enttäuschung in Kauf. Und enttäuscht wird er in der Tat. Aber sosehr ihm das jüdische Element – das heißt das religiöse Element – letztlich unfaßbar wird, so sehr bleibt er den Menschen verbunden, die ihm doch einzig deshalb so bewundernswert erscheinen, weil in ihnen genau dieses Element unverändert bleibt. Es stimmt, daß ihn im allgemeinen – und hier taucht das Paradox auf, über das die meisten religiösen Exegesen seines Werks stolpern – die Menschen unendlich mehr bedeuten als Glaubenssätze und Ideen, oder besser gesagt, Glaubenssätze und Ideen bedeuten ihm unendlich viel bei lebendigen Wesen, sehr wenig dagegen als Abstraktionen oder spezialisierte Systeme. Er liebt die Menschen, die gläubig sind, ohne die Gründe für ihren Glauben und ihr Bedürfnis nach dem Gebet zu teilen; mehr noch, er liebt sie alle gleichermaßen, ohne zwischen den verschiedenen Lehren, die ihrer Frömmigkeit zugrunde liegen, einen Unterschied zu machen.[2]

Unabhängig von den Umschwüngen oder Verfinsterungen seines jüdischen Gefühls behalten die Ostjuden also einen bevorzugten Platz in seiner persönlichen Hierarchie. Jene Männer und Frauen, vor allem jene Kinder, die er niemals in ihrer Heimat sehen wird, sondern nur als Flüchtlinge, hält er stets für von vornherein gerechtfertigt, gerettet und sogar für Retter, allein deshalb, weil ihr Leben in jedem Augenblick im Stoff ihrer Wahrheit selbst eingebettet ist. Deshalb täuscht sich Felice über den Sinn ihrer Arbeit im Berliner Heim, wo sie ihren ganzen Eifer darein setzt, die galizischen Flüchtlingskinder zu erziehen, weder sie noch die Erzieher können ihnen irgend etwas Vernünftiges beibringen, die Kinder ihnen dagegen alles: »Vor dem Hochmut der gegenseitigen Meinung hüte Dich, das ist sehr wichtig. Worin wird denn dort im Heim geholfen werden? Man wird, da man doch für dieses Leben schon einmal in seine Haut eingenäht ist und zumindest mit eigenen Händen und unmittelbar an diesen Nähten nichts ändern kann, versuchen, die Pfleglinge, bestenfalls unter möglichster Schonung ihres Wesens, der Geisteshaltung der Helfer anzunähern, d. h. also dem Zustand des gebildeten Westjuden unserer Zeit, Berlinerischer Färbung und, auch das sei zugegeben, dem vielleicht besten Typus dieser Art. Damit wäre sehr wenig erreicht. Hätte ich z. B. die Wahl zwischen dem Berliner Heim und einem andern, in welchem die Pfleglinge die Berliner Helfer (Liebste, selbst Du unter ihnen und ich allerdings obenan) und die Helfer einfach Ostjuden aus Kolomea oder Stanislau wären, ich würde mit riesigem Aufatmen, ohne mit den Augen zu zwinkern, dem letzteren Heim den unbedingten Vorzug geben.«[3] Als Felice zu Anfang ihrer erzieherischen Tätigkeit im Heim sich über das Hindernis Sorgen macht, das für sie, die ungläubige Jüdin, das Problem des Glaubens und der religiösen Regeln darstellt, sagt er ihr bereits, um ihre Skrupel zu zerstreuen: »Die Hauptsache sind die Menschen, nur sie, die Menschen«[4], was, nebenbei bemerkt, alle theologischen und politischen Dispute beiseite wischt, die die Ostjuden damals allenthalben hervorrufen.[5]

Diese Menschen, die er hier unterschiedslos und vorbehaltlos für die »Hauptsache« hält, hat Kafka niemals in ihrer Heimat leben sehen, er kennt sie nur aus Prag oder Berlin, wo sie, in allen Bedeutungen des Wortes, »deplaziert« sind. Doch wo er Gelegenheit hat, ihnen zu begegnen – auf den Versammlungen der Prager Zionisten während des Krieges, bei den literarischen Kursen, die Max Brod und Felix Weltsch für die galizischen Mädchen veranstalten, oder in den Aufnahmeheimen –, ist er den Menschen immer verbunden, unabhängig von jeder Ideologie, und erwartet nichts von ihnen als das, was sie sind, in der Heiterkeit ihrer unverletzten Traditionen. So verbringt er 1923 während eines Aufenthalts im Ostseebad Müritz, wo er ein wenig Ruhe und Gesundheit sucht, einen großen Teil seiner Zeit in der Ferienkolonie jenes Berliner Heims und empfindet hier unter den Kindern einfacher Juden aus »Kolomea und Stanislau« Augenblicke intensiven Glücks, die ihn seine Traurigkeit fast vergessen lassen. Zwar erscheint ihm dieses Glück vor allem in Gestalt von Dora Dymant, deren Liebe ihn bald mit den Frauen und dem Leben aussöhnen wird; doch wenn die frisch emanzipierte junge Polin, die sich gerade aus der strengen Bevormundung ihrer chassidischen Familie gelöst hat[6], die Gabe besitzt, die Aufgabe zu meistern, die weder Felice, die Berliner Kleinbürgerin, noch Milena, die leidenschaftliche Intellektuelle, bewältigen konnten, dann liegt das zweifellos auch daran, daß sie, ganz vom authentischen Geist des *schtetel* durchdrungen, von eben jenem glühenden und rein jüdischen Leben überschäumt, von dem er selbst nur träumen konnte.

Wenn Kafka sagt: »Die Menschen bleiben [...] und an die halte ich mich«, oder: »Die Hauptsache sind die Menschen, nur sie, die Menschen«, dann trennt er unerwartet zwei Phänomene, die man gewöhnlich für organisch miteinander verbunden hält: die Ostjuden und die religiöse Sphäre, in der sich von Generation zu Generation ihre Lebens- und Denkgewohnheiten herausgebildet haben. Die Menschen ziehen ihn an und rühren ihn durch alles, was sie ihrem Glauben verdanken, einschließlich durch ihre spezifischen Merkmale, die weitgehend die religiöse Tradition bestimmt hat; ihre Religion selbst dagegen berührt ihn kaum, sofern sie ihn nicht geradezu gleichgültig läßt; trotz seinen Bemühungen, in sie einzudringen, bleibt sie ihm zum großen Teil fremd, und meist nimmt er sie aus großer Distanz wahr, als ein sonderbares Überbleibsel, das allenfalls noch für die Historiographie oder gar nur für die Archäologie Bedeutung hat.

Gewiß sieht er nicht, wie sie im Osten praktiziert wird, wo sie sich gleichsam von selbst versteht, und in den Prager Synagogen kann er sich ganz sicher nicht von ihrer Aktualität überzeugen; die wenigen Zeremonien, an denen er gelegentlich teilnimmt, kommen ihm nicht weniger absurd vor als in den Stunden der Langeweile seiner Kindheit, sie bestärken ihn lediglich in der Ansicht, daß die jüdische Religion nur noch ein unverständlicher Archaismus und eben deshalb interessant zu beobachten ist. Und er beobachtet sie in der Tat, da er nicht an ihr teilhaben kann, und was er dabei wahrnimmt, zum Beispiel bei der Beschneidung seines Neffen, veranlaßt ihn zu einigermaßen enttäuschten Bemerkungen: »Als ich heute den Begleiter des Moule [Mohel[7]] zum Nachtisch beten hörte, und die Anwesenden, abgesehen von den beiden Großvätern, die Zeit in vollständigem Unverständnis des Vorgebeteten mit Träumen oder Langeweile verbrachten, sah ich das in einem deutlichen unabsehbaren Übergang begriffene westeuropäische Judentum vor mir, über das sich die zunächst Betroffenen keine Sorgen machen, sondern als richtige Übergangsmenschen das tragen, was ihnen auferlegt ist. Diese an ihrem letzten Ende angelangten religiösen Formen hatten schon in ihrer gegenwärtigen Übung einen so unbestrittenen bloß historischen Charakter, daß nur das Verstreichen einer ganz kleinen Zeit innerhalb dieses Vormittags nötig schien, um die Anwesenden durch Mitteilungen über den veralteten frühern Gebrauch der Beschneidung und ihrer halbgesungenen Gebete historisch zu interessieren.«[8]

Indem er das westeuropäische Judentum so streng beurteilt, läßt Kafka durchblicken, daß im Osten die religiösen Angelegenheiten weniger irreal sind, aber diese kennt er nur vom Hörensagen, und wenn er sie zufällig näher kennenlernt – zum Beispiel 1915, als viele polnische Juden, von den Russen aus ihrer Heimat vertrieben, nach Prag geflüchtet sind –, beobachtet er sie mit der Neugier des Ethnologen für den fernen Stamm, der seinen Untersuchungsgegenstand bildet. An dem Wunderrabbi von Žižkov, den er eines Tages mit Max Brod und Freunden aufsucht, fällt ihm vor allem auf, daß der heilige Mann mit dem »stärksten väterlichen Wesen« die Gabe hat, trotz seiner Schmutzigkeit rein zu bleiben, was ihn sofort an die »Vorstellungen der Kindheit« erinnert, als die Eltern auf ebenso wunderbare Weise vor den schmutzigen Dingen des Lebens bewahrt blieben.[9] Dieser Vater, dem alles erlaubt ist, sogar die Sünde – für den Sauberkeitsfanatiker, der Kafka bei jeder alltäglichen Verrichtung ist, zählt Unreinlichkeit zweifellos zu den unverzeihlichen Sünden –, dieser Vater, der über dem Gesetz steht, hat zwar Mittel, ihn zu unterjochen, aber wenn er ihn fasziniert, dann weniger aufgrund seiner Lehre als vielmehr durch das außergewöhnliche Weiß seiner Hände, mit denen er sich gerade geschneuzt hat.[10]

An jenem Tag indes wird er von jemandem begleitet, der selbst eingeweiht ist und sich erbietet, ihm den Sinn dessen zu erklären, was in dem stickigen Raum vor sich geht, in dem die auf ein Wunder wartenden Gläubigen sich drängen. Georg Mordechai (Jiri) Langer, der Prager ist wie er, ebenfalls aus einer reichen Kaufmannsfamilie stammt und sich deshalb in einer ähnlichen Lage befindet wie er, hat, um dem Prager Fluch zu entrinnen, einen ebenso originellen wie skandalösen Weg eingeschlagen – er ist im Alter von 19 Jahren zum Chassidismus übergetreten und beim Belzer Rabbi, dem berühmtesten und wohl verehrtesten der lebenden Zaddikim, in die Lehre gegangen. Für seine völlig europäisierte, obwohl noch praktizierende Familie war das ein furchtbarer Schock gewesen. Einen Begriff davon kann man sich nur machen, wenn man sich etwa die Aufregung einer reichen vornehmen Familie unserer Tage vorstellt, die mitansehen muß, wie einer ihrer Söhne alles aufgibt, um der Moon-Sekte oder irgendeinem anderen obskuren Apostel zu folgen.[11] Im Jahre 1913 kommt eine derartige Konversion in den Augen der Prager nicht nur einem Anschlag auf den gesunden Menschenverstand und den Sinn der Geschichte gleich, es ist schlechterdings etwas Unanständiges. Natürlich teilt Kafka ihre Ansicht nicht, er lehnt eine solche Entscheidung aus ganz anderen Gründen ab; aufgrund seiner Auffassung von der unauflöslichen Einheit des Individuums und seiner gesellschaftlichen Verwurzelung – Boden, Sprache, Familie, Erziehung – kann er die vorsätzliche Wahl einer Zugehörigkeit nur als Illusion betrachten – im Fall Langers eine gewiß sehr achtenswerte, wiewohl vergebliche Illusion, die letztlich nicht weniger gefährlich ist als die der Assimilation. Dennoch – und hier sind die Hauptsache wieder die Menschen – hindert ihn seine Skepsis in diesem Punkt nicht, von jemandem angezogen zu sein, der den Mut oder die Verrücktheit besaß, der öffentlichen Meinung zu trotzen, um nach seinen Überzeugungen zu handeln.

Tatsächlich wird Langer eine Zeitlang wo nicht sein Freund, so doch einer seiner Vertrauten, dem er offenbar mit Vergnügen zuhört. Er sieht ihn häufig, läßt sich von ihm die Legenden des

Baalschem und der hochgestellten Zaddikim erzählen, notiert alles in sein Tagebuch und versucht sogar, sich davon inspirieren zu lassen, indem er das legendäre Thema des Golem auf seine Weise umschreibt. Diese aus zwei kurzen Stücken bestehende Skizze wird rasch fallengelassen; man sieht hier den Rabbi »mit aufgestülpten Ärmeln wie eine Wäscherin«[12] vor einem Waschtrog Ton kneten, um ihm menschliche Gestalt zu geben, das ist alles, auch der Rabbi kommt nicht über rohe Umrisse hinaus, und man darf bezweifeln, daß Langer, hätte er von dieser Version der Legende Kenntnis erhalten, sie seiner Bemühungen für würdig erachtet hätte, den Autor auf den Weg der Initiation zu führen.

Er scheitert sogar an seiner Aufgabe als Informant hinsichtlich des Belzer Rabbi, seines eigenen Meisters, den Kafka zufällig in Marienbad trifft, umringt von seinem Gefolge, dessen erstaunliche Wanderungen er mit skeptischem, wenngleich entzücktem Blick verfolgt. Nach dem Bericht zu schließen, den er Max Brod von dieser denkwürdigen Episode gibt[13], verfehlen Langers Erklärungen das, was er selbst begierig beobachtet: die genau geregelte Zeremonie, mit der der Aufbruch des Rabbi zu seiner gewohnten Heilquelle vor sich geht; den Regen, der Langers Behauptung, es regne nie, wenn der Rabbi ausfährt, grausam Lügen straft; die Schar der Anhänger, die ihm nach einer komplizierten Etikette in ehrfurchtsvollem Abstand folgen; den verdächtigen Eifer der Gabim[14], die sich um die Ehre streiten, ihm zu dienen; die außerordentliche Konzentration, mit der der alte Mann alles, was ihn umgibt, bis in die winzigsten Kleinigkeiten besichtigt; sein unerklärliches Interesse für die scheußliche Architektur der Kurgebäude und die Träumerei, in die er beim Anblick ganz ordinärer Röhren versinkt – das alles berichtet er Brod im Ton halb gespielter, halb echter Bewunderung, voller Eifer, trotz einem guten Schuß Ironie, mit dem er stets die ein wenig debilen, ein wenig senilen, jedoch mit unantastbarer Autorität bekleideten Vaterfiguren beschreibt. Denn der Belzer Rabbi ist, noch mehr als der Rabbi von Žižkov, ein zu unerhörter Macht gelangter Vater: »Er sieht aus wie der Sultan, den ich als Kind in einem Doré-Münchhausen oft gesehn habe. Aber keine Maskerade, wirklich der Sultan. Und nicht nur der Sultan, sondern auch Vater, Volksschullehrer, Gymnasialprofessor u. s. f.«[15] Freilich gründet diese unabweisbare Souveränität – und hier würde für den Adepten wohl die Blasphemie beginnen – einzig in sich selbst, sie rührt weder von den Worten noch von den Taten des Rabbi her, die ja einzig durch ihre Banalität auffallen: »Er besichtigt alles, besonders aber Bauten, ganz verlorene Kleinigkeiten interessieren ihn, er stellt Fragen, macht selbst auf manches aufmerksam, das Kennzeichnende seines Verhaltens ist Bewunderung und Neugierde. Im Ganzen sind es die belanglosen Reden und Fragen umziehender Majestäten, vielleicht etwas kindlicher und freudiger, jedenfalls drücken sie alles Denken der Begleitung widerspruchslos auf das gleiche Niveau nieder. Langer sucht oder ahnt in allem tiefern Sinn, ich glaube, der tiefere Sinn ist der, daß ein solcher fehlt, und das ist meiner Meinung nach wohl genügend.«[16] Bei einem Schriftsteller, dessen Werk allzu oft als romanhafte Umsetzung metaphysischer oder religiöser Probleme gilt, mag diese kategorische Verneinung des »tiefern Sinns« zugunsten des unmittelbar sichtbaren menschlichen Sinns verwirren; doch obwohl sie Kafkas Geisteswelt bei weitem nicht erschöpft, spielt sie in seinem Verhältnis zum Judentum und zu den Juden eine wesentliche Rolle, so daß es nicht möglich ist, sie mit einem positiven Vorzeichen zu versehen oder ihre Tragweite abzuschwächen.

Wie man sieht, zählen auch hier die Menschen sehr viel mehr als der Boden der Glaubensvorstellungen und Traditionen, in dem ihre Wahrheit immerhin wurzelt – die Menschen, besonders die einfachsten, unansehnlichsten, buchstäblich *unbedeutendsten*. Der Belzer Rabbi mag der Vater und der Sultan sein, Kafka empfindet angesichts dieser ganzen Majestät nur die Neugier des Zuschauers, jedenfalls nichts, was sich an der Trauer messen ließe, die ihn beispielsweise beim Anblick eines beliebigen polnischen Juden ergreift, der am Festtag in Begleitung seines Kindes in den Tempel geht. Wenn er in sein Tagebuch schreibt: »Anblick der polnischen Juden, die zum Kol Nidre gehn. Der kleine Junge, der, unter beiden Armen Gebetmäntel, neben seinem Vater herläuft. Selbstmörderisch, nicht in den Tempel zu gehn«[17], dann denkt er voll Schmerz an sich selbst zurück, was nicht an der Trauer über die verlorene Frömmigkeit liegt, sondern, wie die enge Verbindung seines Ausrufs am Schluß mit dem unmittelbar vorhergehenden Bild nahelegt, an der Sehnsucht nach jener Frömmigkeit, die in der authentischen jüdischen Familie das stärkste aller Bande ist, ja das Pfand der Liebe und der Einheit. Daß er in der Tat dieses wahrscheinlich verlauste Kind neben diesem wahrscheinlich erbärmlichen Vater sein will, das bekennt er noch einige Jahre später in einem Brief an

Milena, der ausführlich zitiert zu werden verdient, und sei es allein wegen seiner Schönheit.

Der nichtjüdischen jungen Frau, die gewohnt ist, mit den Juden der Wiener literarischen Cafés zu verkehren und außerdem mit einem Juden verheiratet ist, hält Kafka immer wieder vor, wie sehr sie sich täuscht, wenn sie leugnet, daß sein Judentum ihre ohnehin recht schwierige Beziehung ernsthaft belasten könne. Schon zu Beginn ihres Verhältnisses hat er ihr sein Schicksal als Westjude beschrieben, wie er es in jeder Sekunde lebt, und offenbar hat sie ihn nicht verstanden.[18] Daher versucht er, sie aufzuklären, indem er ihr das östliche Milieu schildert, in dem er gern geboren wäre; er bedenkt, welchen Schrecken er ihr damit zweifellos einjagen wird: »Wenn man mir gestern abend (als ich um 8 Uhr von der Gasse aus in den Festsaal des Jüdischen Rathauses hineinsah, wo weit über 100 russisch-jüdische Auswanderer – sie warten hier auf das amerikanische Visum – untergebracht sind, der Saal ist gedrängt voll wie bei einer Volksversammlung und dann um ½1 in der Nacht sah ich sie alle dort schlafen, einen neben dem andern, auch auf Sesseln schliefen sie ausgestreckt, hie und da hustete jemand oder drehte sich auf die andere Seite um oder ging vorsichtig zwischen den Reihen durch, das elektrische Licht brennt die ganze Nacht) wenn man mir freigestellt hätte, ich könnte sein was ich will, dann hätte ich ein kleiner ostjüdischer Junge sein wollen, im Winkel des Saales, ohne eine Spur von Sorgen, der Vater diskutiert in der Mitte mit den Männern, die Mutter dick eingepackt wühlt in den Reise-fetzen, die Schwester schwätzt mit den Mädchen und kratzt sich in ihrem schönen Haar – und in ein paar Wochen wird man in Amerika sein. So einfach ist es allerdings nicht, Ruhrfälle sind dort schon vorgekommen, auf der Gasse stehn Leute und schimpfen durch die Fenster herein, selbst unter den Juden ist Streit, zwei sind schon mit Messern auf einander losgegangen. Aber wenn man klein ist, schnell alles überblickt und beurteilt, was kann einem dann schon geschehen? Und solche Jungen liefen dort genug herum, kletterten über die Matratzen, krochen unter Stühlen durch und lauerten auf das Brot, das ihnen irgendjemand – es ist *ein* Volk – mit irgendetwas – alles ist eßbar – bestrich.«[19] Dreckig, streitsüchtig, schnell mit dem Messer bei der Hand und in allem pietätlos – für diese ewig Hungrigen ist alles eßbar, es gibt keine Nahrungsverbote –, haben die Ostjuden, unter denen nicht geboren zu sein Kafka hier bedauert, nichts mit dem idealisierten Bild zu tun, das die westlichen

Intellektuellen in den seltenen Fällen auf sie projizieren, da sie es nicht vorziehen, sie aus ihrem Gedächtnis und ihrem Leben zu verbannen. Sie sind nicht jene reinen Wesen, bei denen die großen Philosophen mystische Belehrung suchen; sie sind keine von legendären Meistern mit Weisheit umkränzten Chassidim, nicht einmal vorbildliche Orthodoxe, sondern wirklich der Abschaum der jüdischen Gesellschaft, diejenigen, die man überall Polacken nennt und über die jeder zivilisierte Jude, so sehr er sich öffentlich dagegen verwahrt, im Grunde seines Herzens vor Scham errötet. Verfolgte Menschen, vom Elend so sehr erniedrigt, daß sie keinen Glauben und kein Gesetz mehr haben, aber *ein* Volk – alle in einem einzigen Haufen, wie der Hund treffend sagt, als er sich vielleicht an dieses Flüchtlingslager erinnert –, ein Volk, das Kafka liebt und akzeptiert samt seiner Gewalt, seinen fragwürdigen Sitten, seinen unförmigen Müttern und seinen verlausten Kindern. Das starke Volk von unzerstörbarer Einheit, dessen auf immer verlorener Sohn zu sein er, der westlichste und sich seiner Entwurzelung bewußteste aller Westjuden, nicht verwinden kann.

Diese wunderbare, unter dem Eindruck einer tiefen Erregung, zwar nicht ohne strategische Hintergedanken in bezug auf die Adressatin (sie fehlen selten, wenn er sich an eine Frau wendet), aber ohne polemische Absicht geschriebene Textstelle sollte genügen, den sophistischen Kafka aus der Welt zu schaffen, den die theologischen oder metaphysischen Exegeten gern in den Himmel heben. Sie sollte auch dazu beitragen, das Bild des an Selbsthaß krankenden, da vom tödlichen Virus des ihn umgebenden Antisemitismus befallenen Juden merklich zu differenzieren, ein Bild, das Kritiker, die es besser wissen müßten, uns ohne Zögern vor Augen führen. Nicht ohne Grund schreibt Heinz Politzer, gestützt auf seine genaue Kenntnis der Texte und vor allem auf das ihm zugänglich gewordene historische Material: »Franz Kafka zog die Summe der Leiden, die sein Leben ausmachten, aus dem Selbsthaß. [...] Daß Kafka den Mangel an psychologischem Gleichgewicht seiner jüdischen Abstammung und Umgebung zur Last legte, beweist nur, daß er in hervorragender Weise der antisemitischen Stimmung des alten Österreich und der jungen Teschechoslowakei erlag. [...] Der ›Brief an den Vater‹ hatte den psychologischen Mechanismus bloßgelegt, der es bewirkte, daß Franz Kafka die vergifteten Pfeile, die eine in voller Auflösung begriffene Toleranz gerade noch in ihm abschirmte, nun seinerseits mit beiden Händen ergriff und sich ins

Herz preßte.«[20] Von diesem jüdischen Selbsthaß, den Kafka tatsächlich in geradezu selbstmörderischem Grade in sich trägt, wird fast jeder assimilierte Jude insgeheim zerfressen, er beherrscht sogar ihre Beziehungen untereinander so stark, daß die *Selbstwehr*, das zionistische Organ Böhmens, 1910 schreiben kann: »Und wenn man gar hört, wie sie untereinander sich über ihre Glaubensgenossen unterhalten, könnte man meinen, in bester antisemitischer Gesellschaft zu sein.«[21] Arthur Schnitzler hebt einen weiteren Aspekt des zeitgenössischen Judentums hervor, wie er ihn an sich selbst entdeckt, als er das Ghetto verläßt und sich zwangsläufig nicht mehr mit eigenen Augen, sondern mit den Augen seiner Feinde sieht: »[...] daß ein Jude vor dem anderen nie wirklichen Respekt hat. Nie. Sowenig als Gefangene im Feindesland vor einander wirklichen Respekt haben, besonders hoffnungslose. Neid, Haß, ja manchmal Bewunderung, am Ende sogar Liebe kann zwischen ihnen existieren, Respekt niemals. Denn alle Gefühlsbeziehungen spielen sich in einer Atmosphäre ab, sozusagen, in der Respekt ersticken muß.«[22] Für diesen fehlenden Respekt des Juden vor dem Juden liefert Hermann Kafka selbst das prägnante Beispiel – er schimpft nicht nur bei jeder Gelegenheit auf die Juden im allgemeinen, sondern er zieht auch über seine eigenen Familienangehörigen her: »Der eine ist ein Defraudant, vor dem anderen muß man ausspucken [...] usw.«[23] Max Brod nennt er einen »meschuggenen Ritoch« und Löwy einen »Hund«, was zwar eine gewisse Abstufung in der Verachtung zeigt, aber auch, daß sein Urteil völlig von dem der Nichtjuden abhängt, das unbewußt sogar die Wahl seiner Schimpfwörter beeinflußt.

Wenn Kafka den Wunsch äußert, sein Los gegen das Schicksal eines verlausten, hungrigen kleinen Polacken zu tauschen – ein für seine Umgebung und, zweifeln wir nicht daran, selbst für die Wiener Intellektuelle, an die der Brief gerichtet ist, unschicklicher, ja geradezu unverständlicher Wunsch –, dann will er sich natürlich nicht von seiner jüdischen Herkunft befreien, sondern von jener verhängnisvollen Assimilation, die den Juden dazu verdammt, Seinesgleichen nur noch mit dem Auge des Christen wahrzunehmen – einem feindseligen, verachtungsvollen, drohenden, jedenfalls fremden Auge, das ihn bereits zu einem Objekt erniedrigt, indem es ihn abschätzt und über ihn urteilt. Kafka, in einer kleinen Stadt in Polen oder Galizien geboren, stellt sich vor, daß es ihn und die Seinen mit einem direkten, unabhängigen und insofern reinen Blick hätte ansehen können, als er noch nichts von dem bösen Funkeln des antisemitischen Blicks aufgefangen hätte, das ihn sonst ständig trübt. Unwichtig dann das Elend, die Promiskuität und sogar die Unkultur, in der er hätte leben müssen. Um von diesem jüdischen Blick, in dem der Haß der anderen sich brechen muß, befreit zu werden, erscheint ihm das Opfer all dessen, was er hat, und all dessen, was er nicht ist, nicht zu teuer.

Im Unterschied zu vielen seiner Zeitgenossen, die der jüdische Selbsthaß zur Selbstverleugnung treibt, beklagt sich Kafka nicht vor allem darüber, daß er als Jude auf die Welt gekommen ist, sondern daß er durch den Zufall seiner Geburt zu einer Art Affe wurde, der in sein äffisches Wesen verliebt ist – ein nicht zu klassifizierendes Zwitterwesen, lebensuntauglich und unfruchtbar, das Ergebnis einer Kreuzung zweier Arten, von denen keine sich in ihm wiedererkennt, was ihn dazu verurteilt, nicht zu sterben, sondern ewig in der Zone zwischen Tod und Leben umherzuirren.[24] Da er sich insbesondere gegen den Teil des zeitgenössischen Judentums wendet, der im allgemeinen als der entwickeltste gilt, widersetzt er sich radikal denen, die sich die Seh- und Denkweisen ihrer Gastgeber samt ihrer antijüdischen Vorurteile zu eigen gemacht haben und nun glauben, sie hätten lediglich veraltete, von der Entwicklung verworfene Werte abgelegt. Der durch Identifizierung mit seinen insgeheim böswilligen oder offen gegen ihn tobenden Nachbarn zum Antisemiten gewordenen Assimilant greift notgedrungen das Jüdische insgesamt an; für ihn gibt es hier nichts zu retten, es ist das Ganze, das ihn erdrückt und das er wegzuschieben versucht. Kafka dagegen unterscheidet wirklich zwischen dem durch den Übertritt zum Westen deformierten Judentum und dem anderen, dem wahren, das zumindest insofern vorbildlich ist, als es nicht ins Ausland schielt, sich also einzig an seinem eigenen Gesetz mißt. Auf diesem Gebiet, wo Für und Wider sorgfältig abgewogen werden müssen, zumal für Kafka das ganze Leben von ihrem relativen Gleichgewicht abhängt, kann der Unterschied nicht belanglos sein; man muß ihn im Gegenteil herausstreichen, denn schließlich ist ein Karl Kraus unvorstellbar (um nur einen der bekanntesten jüdischen Antisemiten zu nennen), der daran verzweifelt, das zu sein, was er ist, statt ein kauderwelschender kleiner Jude in irgendeiner abgelegenen Stadt Galiziens; noch weniger kann man sich vorstellen, daß er sich das Recht abspricht, deutsch zu schreiben, demütig vor einem Löwy niederkniet oder in aller Öffentlichkeit das Jiddische verherrlicht. Jüdischer Selbsthaß auf beiden Seiten, zweifellos, allerdings mit der Einschränkung, daß Kafkas verinnerlichter antisemitischer Haß ihn nicht dazu führt, die Juden *in ihren Schriften* zu verneinen, er steckt in ihm wie ein Fremdkörper, der den eigenen Körper zerstört und schließlich tötet. Und im Gegensatz zur nackten Gewalt, von der beispielsweise das Werk eines Weininger zeugt, der dem Judentum den Garaus zu machen glaubt, indem er sich selbst tötet, ist Kafkas Haß so sehr mit unglücklicher Liebe, Mitleid und menschlichem Gefühl für das gesamte jüdische Volk vermischt, daß er dieses Volk keineswegs erniedrigt, sondern seltsamerweise erhöht und größer macht.

Obwohl Kafka den Juden haßt, der er durch den Zufall seiner Geburt ist – »infolge meiner Herkunft, Erziehung, Anlage, Umgebung«[25] –, empfindet er für sein Volk Regungen der Zärtlichkeit, aktive Solidarität, Sympathie im starken Sinne des Wortes, die mit den Gefühlen des offenen oder wohlweislich getarnten antisemitischen Juden keinesfalls zusammenstimmen. Obwohl ihn die jüdischen Vorbilder, in denen ihm das Schwanken seiner eigenen Existenz nur allzu sichtbar erscheint, irritieren, ratlos machen und oft geradezu empören, ist er erschüttert über die Art und Weise, wie jedes von ihnen das Schicksal der Gemeinschaft trägt. So schluchzt er »über dem Prozeßbericht einer dreiundzwanzigjährigen Marie Abraham, die ihr fast dreiviertel Jahre altes Kind Barbara wegen Not und Hunger erwürgte, mit einer Männerkrawatte, die ihr als Strumpfband diente«[26], und die Tatsache, daß er über die von irgendeinem Vorstadt-Faust verführte jüdische Margarete weinen kann, versöhnt ihn weit mehr mit sich selbst als die ungeheure Serie von kulturellen Erfolgen, deren die damalige jüdische Elite sich rühmen darf. Aber sein jüdischer Haß streckt nicht nur vor dem jüdischen Unglück die Waffen, er schmilzt auch vor Kindern und Heranwachsenden, die, wo immer sie herkommen und wo immer man ihnen begegnet, ihn mit unklaren Hoffnungen auf Erlösung erfüllen und über sein persönliches Scheitern fast hinwegtrösten. Die junge Generation ist ihm ebenso teuer, wie seine eigene ihm verdächtig ist, er liebt ihre Mädchen und Knaben über jede Zweideutigkeit und jede Art von Diskriminierung hinaus, er liebt an ihnen sogar ihre Unwissenheit, ihre Geschmacklosigkeit und ihre Trivialität.

Daß diese Fehler der jüdischen Jugend, die er überall sonst verabscheuen würde, ihn nicht abstoßen, sondern geradezu einen gewissen Reiz auf ihn ausüben, läßt er durchblicken, als er das Porträt eines jungen Mädchens zeichnet, das er zufällig während einer seiner Kuren kennengelernt hat und bald darauf zu heiraten gedenkt: »Das Jüdische [in der Pension von Olga Stüdl in Schelesen, wo er sich 1919 aufhält] ist ein junges Mädchen, hoffentlich nur wenig krank. Eine gewöhnliche und eine erstaunliche Erscheinung. Nicht Jüdin und nicht Nicht-Jüdin, nicht Deutsche, nicht Nicht-Deutsche, verliebt in das Kino, in Operetten und Lustspiele, in Puder und Schleier, Besitzerin einer unerschöpflichen und unaufhaltsamen Menge der frechsten Jargonausdrücke, im ganzen sehr unwissend, mehr lustig als traurig – so etwa ist sie.«[27] Man erkennt an dieser Beschreibung, daß »das Jüdische«, an dem Kafka hängt, nicht unbedingt das raffinierte ist; es mag vulgär, grob, frech sein, sofern es nur den äußeren Einflüssen standhält und jedenfalls einen unverletzten Kern bewahrt. »Nicht Jüdin, nicht Nicht-Jüdin, nicht Deutsche, nicht Nicht-Deutsche« – Julie Wohryzek scheint wirklich die letzte Person zu sein, die zu einem derartig anspruchsvollen Menschen, wie Kafka es in den geringsten Kleinigkeiten seines Lebens ist, passen kann. Nach den Verneinungen zu urteilen, die er in seinem Porträt versammelt, ist sie kein Musterbeispiel für bewußtes Judentum, nicht einmal das gesunde, starke Geschöpf, auf das er sich stützen könnte. Trotzdem wählt er gerade sie, um ein Heim zu gründen, zum großen Ärgernis von Hermann Kafka, der, zugegebenermaßen nicht ganz ohne Grund, diesen letzten Heiratsplan für die ärgste Provokation erachtet.[28]

Im übrigen betrachtet Kafka die Ehe – das ist die größte Prüfung seines Lebens, die seine Flucht in die Krankheit beschleunigt – nicht als ein Mittel, dem Familienclan zu entkommen – nach der Wahl seiner Verlobten zu schließen, zählt die Exogamie nicht zu den Auswegen, nach denen er sein Leben lang sucht, oder wenn ihm der Gedanke daran zuweilen kommt, so macht es ihm offenbar keine große Mühe, ihn beiseite zu schieben. Nicht, daß er die Mischehe grundsätzlich ablehnte; anders als seine Eltern und sogar Max Brod, der in diesem Punkt rigoristischer zu sein scheint als er, bekundet er für die Heirat seiner Schwester Ottla mit einem christlichen Tschechen eher Sympathie als Tadel. Man spürt es schon daran, wie er dem jungen Mädchen die indirekten Vorbehalte seines Freundes erklärt (übrigens verbindet ihn später mit Joseph David eine herzliche, fast fröhliche, jedenfalls freiere Beziehung als mit seiner jüdischen Schwägerin) »Er [Brod] meint doch (abgesehen davon, daß er darin auch noch einen Verlust des Judentums und Dein Verlieren des Judentums für Dich und die Zukunft beklagt, aber darin sehe ich nicht genug klar) daß Du etwas außerordentliches, etwas außerordentlich schweres tust, das Dir aber natürlich auf der einen Seite, der Herzensseite, sehr leicht fällt, so daß du das Außerordentliche auf der andern Seite übersiehst. Das nun glaube ich aber nicht und habe deshalb keinen solchen Grund zu klagen.«[29] Schon ein paar Tage zuvor trug er dasselbe Argument vor: »Daß Du Maxens Bemerkung lange nicht aus dem Kopf bekamst, wundert mich eigentlich. [...] Daß Du etwas Außerordentliches tust und das Außerordentliche gut zu tun eben auch außerordentlich schwer ist, weißt Du. Vergißt Du nun aber niemals die Verantwortung so schweren Tuns, bleibst Dir bewußt, daß Du so selbstvertrauend aus der Reihe trittst, wie etwa David aus dem Heer und behältst Du trotz dieses Bewußtseins den Glauben an Deine Kraft, die Sache zu irgendeinem guten Ende zu führen dann hast Du – um mit einem schlechten Witz zu enden – mehr getan, als wenn Du 10 Juden geheiratet hättest.«[30] Also keine prinzipiellen Einwände gegen die Mischehe der anderen, und seien es seine eigenen Verwandten. Was dagegen ihn selbst betrifft, so scheint es sehr starke Einwände gegeben zu haben, obschon sie nicht zu den schweren Skrupeln zählen, die seine Qual schüren.

Die beiden Frauen, die er heiraten will, sind Jüdinnen; Milena ist keine, und die Beharrlichkeit, mit der er diesen Unterschied unablässig hervorhebt – wenn er ihr zum Beispiel sagt, sie benötige nichts geringeres als den Heldenmut einer Jungfrau von Orléans, um sich ihm zu nähern –, beweist zur Genüge, daß er hier starke Schuldgefühle hat. Was das einzige christliche junge Mädchen betrifft, das er näher kennengelernt und geliebt hat[31], so wissen wir nicht, warum er ihr Verbot, sie wiederzusehen, ihr zu schreiben, ja ihren Namen auszusprechen, einspruchslos befolgt hat. Allerdings darf man vermuten, daß bei diesem rätselhaften Verbot die Frage der Herkunft und der Religion im Spiele war, jedenfalls was Kafka angeht, da wir über seine Partnerin nichts wissen, außer daß sie jung und unerfahren war.[32]

Das Geheimnis klärt sich jedoch ein wenig auf, wenn man die Umstände, unter denen das Riva-Abenteuer beginnt, mit der Zeit vergleicht, als er sich in Milena verliebt: G. W., die junge Schweizerin, taucht in seinem Leben in dem Augenblick auf, da die Aussicht einer Heirat mit Felice ihn in eine akute Angstkrise stürzt;

Milena erscheint sieben Jahre später und erlaubt es ihm, Julie zu verlassen – genaugenommen zwingt sie ihn dazu –, mit der er offiziell verlobt ist. Es sieht also so aus, als ob Kafkas Liebe zu einer Christin in beiden Fällen dazu diente, ihn von einer jüdischen Verlobten zu befreien, und in beiden Fällen erreicht sie am Ende ihr Ziel – freilich auf seine Kosten, denn indem die verbotene Leidenschaft die mit diesem Doppelspiel verbundene zusätzliche Schuld auf sich nimmt, verurteilt sie sich selbst zur Fruchtlosigkeit.

Da er keine Frau heiraten kann, die bei ihm die Rolle der jüdischen Mutter spielen würde, dem Schrecken dieses Äquivalents des Inzests jedoch auch nicht entfliehen kann, indem er die Exogamie praktiziert, gelingt es Kafka ebensowenig zu heiraten, wie Prag und den engen jüdischen Kreis zu verlassen, in dem er eingeschlossen ist. Andere Leute reisen, emigrieren, suchen anderswo einen festen Boden und eine atembare Luft, glauben, sie in Berlin zu finden wie Brod oder im herrlichen Italien der Musik und der Kirche wie Werfel, oder in Tel Aviv wie einige Prager Zionisten, die ihre Ideen in die Praxis umsetzen. Infolge der Besonderheiten seiner neurotischen Organisation, aber auch aufgrund der Ziele, die er sich bewußt gesteckt hat, kann Kafka zu keinem dieser Fluchtmittel greifen, da er überzeugt ist, daß sie in seinem Fall immer nur klägliche Notbehelfe wären. 1912 nimmt sein Berliner Traum gerade Gestalt genug an, um seine Qual zu verschärfen, und einer seiner schwersten Vorwürfe gegen Felice ist, daß sie darauf bestanden hat, sich mit ihm in Prag niederzulassen, statt ihm zu helfen oder ihn gar zu zwingen, auszuwandern. Erst elf Jahre später findet er Zuflucht in Berlin, als seine fortgeschrittene Krankheit ihm kaum noch Hoffnung läßt, ein neues Leben beginnen zu können. Doch zweifellos war es nötig, daß er sich zu spät entschloß, damit das »Mütterchen« Prag, heimlich mit seiner eigenen Mutter im Bunde, endlich einwilligte, ihn loszulassen.

Gezwungenermaßen und sozusagen durch die überlegte Wahl der Unentschlossenheit unentschlossen, kann sich Kafka auch nicht durch die Konversion retten, obwohl er selbst hier sehr tolerant ist, sofern es um andere geht. So wie die Mischehe seiner Schwester bei ihm eher auf Wohlwollen stößt, so empfindet er Zuneigung und Respekt für seinen Onkel Rudolf Löwy, einen Bruder seiner Mutter, der in seiner Jugend konvertiert ist und den die ganze Familie, außer ihm natürlich, für einen Sonderling, ja einen Verrückten hält. Daß er diesem getauften Onkel merkwürdig ähnelt – einem blassen

Mann ohne Ehrgeiz, unbedeutend und zugleich eigensinnig in seiner Exzentrizität –, das hat ihm sein Vater häufig vorgehalten, und er selbst ist nahe daran, es zu glauben, so daß er sich zu beruhigen oder, wer weiß, zu erschrecken sucht, indem er aufzählt, was aus ihm einen zweiten Rudolf in dem wenig schmeichelhaften Sinn der Familientradition machen würde: »[...] beide still (ich weniger), beide von den Eltern abhängig (ich mehr), mit dem Vater verfeindet, von der Mutter geliebt [...], beide schüchtern, überbescheiden (er mehr), beide als edle gute Menschen angesehn, wovon bei mir nichts und meines Wissens auch bei ihm nicht viel zu finden war (Schüchternheit, Bescheidenheit, Ängstlichkeit gilt als edel und gut, weil sie den eigenen expansiven Trieben wenig Widerstand entgegensetzt), beide zuerst hypochondrisch, dann wirklich krank, beide als Nichtstuer von der Welt ziemlich gut erhalten (er, weil er ein kleinerer Nichtstuer war, viel schlechter erhalten, soweit man bis jetzt vergleichen kann), beide Beamte (er ein besserer), beide allereinförmigst lebend, ohne Entwicklung jung bis zum Ende, richtiger als jung ist der Ausdruck konserviert, beide nahe am Irrsinn, er, fern von Juden, mit ungeheurem Mut, mit ungeheurer Sprungkraft (an der man die Größe der Irrsinnsgefahr ermessen kann), in der Kirche gerettet, bis zum Ende noch, soweit man sehen konnte, lose gehalten, er selbst hielt sich wohl schon Jahre lang nicht. Ein Unterschied zu seinen Gunsten oder Ungunsten war, daß er eine kleinere künstlerische Begabung hatte als ich, also in der Jugend einen besseren Weg hätte wählen können, nicht so zerrissen war, auch durch Ehrgeiz nicht. [...] Übrigens schrieb ich bis hierher leichtsinnig über ihn wie über einen Lebenden. Es ist auch unwahr, daß er nicht gut war. [...] Er war unendlich viel unschuldiger als ich, hier gibt es keinen Vergleich. Er war in Einzelheiten eine Karikatur von mir, im wesentlichen aber bin ich seine Karikatur.«[33] Wenn man sich ausschließlich an diese bezeichnende Stelle hält, ist Kafka, nach seinen eigenen Worten, nicht »fern von Juden«, doch die Tatsache, daß sein Onkel es war, entlockt ihm kein einziges Wort der Mißbilligung oder des Bedauerns, er verbindet sie im Gegenteil mit »ungeheurem Mut«, mit »ungeheurer Sprungkraft«, was die Abtrünnigkeit in gleichsam heroischer Färbung erscheinen läßt.

Für Kafka, der jahrelang verzweifelt darum kämpft, dem Junggesellendasein zu entgehen, bedarf es keiner großen Anstrengung, um sich die Konversion zu versagen, obwohl ihn mindestens einmal der Gedanke daran mehr als nur angerührt hat. Im Sommer 1912, während seines Aufenthalts in einer Kuranstalt in Jungborn im Harz, schließt er Freundschaft mit einem gewissen H., Mitglied der »Christlichen Gemeinschaft« und Landvermesser, der ihm »vier Schriftchen als Sonntagslektüre« zu lesen gibt, weil er, wahrscheinlich getäuscht von Kafkas sonderbarem Interesse für Sekten und alle Arten von gläubigen Menschen, meint, dieser sei nahe daran, von der Gnade berührt zu werden. Kafka schildert diesen Vorfall in allen Einzelheiten in seinen Reisetagebüchern, in der halb belustigten, halb gerührten Art, mit der er derlei Erleuchtete zu charakterisieren pflegt. Die Titel der Schriftchen – *Der verlorene Sohn, Erkauft, Nicht mehr mein (für ungläubige Gläubige), Warum kann der Gebildete nicht der Bibel glauben?* usw. – zeigen zur Genüge, auf welchem Niveau der Apostel seine Unterweisung angesiedelt hat. Wie dem auch sei, Kafka liest sie und versucht, »unsicher durch den Respekt, den ich vor ihm habe, ihm klarzumachen, warum gegenwärtig keine Aussicht auf Gnade für micht besteht«[34], woran der Apostel der »Christlichen Gemeinschaft« natürlich zu zweifeln sich erkühnt. Einige Monate später jedoch, als sein »amerikanischer Roman« stillsteht und Felices Schreiben ihn bestürzt, gesteht er ihr, daß er an diesem Abend fest entschlossen war, »zu meiner einzigen Rettung an einen Mann nach Schlesien zu schreiben, mit dem ich mich heuer im Sommer recht gut befreundet hatte und der mich in ganzen, langen Nachmittagen zu Jesus hatte bekehren wollen«.[35] So fest entschlossen Kafka im Augenblick auch ist, er bleibt es nicht lange, ein Telegramm von Felice genügt, ihn aufzurichten, und jener Brief, der »noch ein Weilchen« warten kann, wie er sagt, wird offenbar nie abgeschickt. Denn da er weiß, »was für abscheuliche Kräfte [...] bis ans Bersten in einem getauften Juden leben« können[36] und daß er »für dieses Leben in seiner Haut eingenäht ist«, tritt zu seinem instinktiven Abscheu vor der Konversion die Gewißheit ihrer Sinnlosigkeit hinzu.

Die Hoffnung, seine Existenz dadurch zu festigen, daß er sich in andere Luft und auf einen anderen Boden begibt, sich in fremde Frauen verliebt oder sich von seiner ethnischen und religiösen Zugehörigkeit löst, hegt Kafka zweifellos weiterhin, doch aufgrund seines zerrissenen Wesens versucht er sie immer nur in Gedanken zu verwirklichen, das heißt in der Literatur, denn bei ihm sind Denken und Literatur nahezu dasselbe. Er muß sich damit begnügen, alle Situationen, die er erleben könnte, wenn er sich zum Handeln entschlösse – freilich im Chaos seiner unversöhnlichen Wünsche hält er jede Entscheidung für verfrüht –, in seinen Büchern auszuprobieren, um alle ihre Eventualitäten klar zu erkennen und im voraus abzuschätzen, welche Chancen und Gefahren jede einzelne für ihn birgt. Von diesem systematischen Experimentieren mit dem Möglichen in Anspruch genommen, das den größten Teil seiner Zeit und seiner Energie verzehrt, kann er bleiben, was er ist, wo er ist, ein Kafka unter den Kafka, ein Jude unter den Juden, mitten unter ihnen und dennoch im Exil, in einer Entfernung, die niemand überwinden kann, um bis zu ihm zu gelangen, die aber in dem komplizierten Geflecht seiner menschlichen Beziehungen gleichwohl eine Form von Nähe ist. In Gedanken vielleicht fern den Juden, ihnen praktisch jedoch insofern nahe, als er sie mindestens seit 1911 immer und überall aufsucht, wo sie sich versammeln – in ihren Synagogen, ihren Auffanglagern und an ihren Treffpunkten. Manchmal nimmt er an ihren religiösen Zeremonien teil, öfter an ihren Zusammenkünften, ihren Konferenzen, ihren Kursen für Flüchtlingskinder – alles in der Stille, verschanzt in dem Bereich zwischen Anwesenheit und Abwesenheit, in dem er leben muß. Bald zu Tränen gerührt, bald erzürnt, fast immer von dem Unbehagen umgetrieben, das dem Hund in seiner Geschichte »der bloße Anblick eines mir lieben Mithundes« bereitet, notiert er, was er von seinem isolierten Posten aus beobachtet, freilich nicht, um dabei einen hinreichenden Grund zum Bleiben oder Fortgehen zu finden – er bleibt in jedem Fall –, sondern um sich angesichts des Volkes, das jenseits allen Rechts und Unrechts seinen menschlichen Status bestimmt, selbst auf die Probe zu stellen. Und bei dieser ständigen Aktualisierung seines Urteils kommt es ihm weniger darauf an, ein konsistentes Verdikt zu formulieren, als vielmehr die Schwankungen seines jüdischen Gefühls genau festzuhalten, um herauszufinden, ob er noch tiefer in die Wüste hineingerät oder nicht trotz allem – »trotz allem« ist immer sein letztes Wort –, Kanaan näherkommt.

Man darf sich also nicht wundern, daß Kafka, der den Ostjuden fraglos stark verpflichtet ist, nach einem von den Pragern für sie organisierten Treffen, an dem er teilgenommen hat, schreiben kann: »Ich wie aus Holz, ein in die Mitte des Saales geschobener Kleiderhalter« (freilich fügt er hinzu: »Und doch Hoffnung«[37]); daß er Bewunderung empfindet für »die schönen kräftigen Sonderungen im Judentum. Man bekommt Platz. Man sieht sich besser, man beurteilt sich besser«[38], während er kurz vorher anläßlich eines Vortrags seines Freundes Bergmann über »Moses und die Gegenwart« noch behauptete: »Ich habe jedenfalls damit nichts zu tun«[39]; daß er 1914 ausruft: »Was habe ich mit Juden gemeinsam? Ich habe kaum etwas mit mir gemeinsam und sollte mich ganz still, zufrieden damit, daß ich atmen kann, in einen Winkel stellen«[40], und daß dieses leicht als Beweis seines jüdischen Antisemitismus nutzbare Bekenntnis nicht nur durch andere Äußerungen, sondern durch die Richtung seines ganzen Lebens ständig Lügen gestraft wird; daß er Felice drängt, in die geistige Schule ihrer kleinen polnischen Zöglinge zu gehen, während er sie gleichzeitig ermahnt, dem Beispiel der deutschen Pietistin Erdmuthe von Zinzendorf zu folgen, deren Leben in der von ihrem Gatten gegründeten Sekte der mährischen Brüdergemeinde ihm besonders lehrreich erscheint. Schließlich darf man sich nicht wundern, daß er Milena schreibt: »[…] manchmal möchte ich sie eben als Juden (mich eingeschlossen) alle in die Schublade des Wäschekastens dort stopfen, dann warten, dann die Schublade ein wenig herausziehn, um nachzusehen, ob sie schon alle erstickt, wenn nicht, die Lade wieder hineinschieben und es so fortsetzen bis zum Ende.«[41] Dieser furchtbare Wunsch nach Zerstörung der jüdischen Familie (wohlgemerkt im Schrank eines Schlafzimmers, das heißt des Ortes, an dem sie sich fortpflanzt), hindert ihn nicht, den Wunsch nach Wiedergeburt zu äußern, den Milena wenig später in der Vision der wahren Familie lesen kann, nach der die Emigranten aus dem Osten ihn sich sehnen lassen. Das alles kann er abwechselnd und zuweilen fast gleichzeitig sagen, sein und tun, weil er gemäß dem Übergangsjudentum, dessen Verhängnis er erleidet, nur im Widerspruch leben kann und daher für sich keine andere Wahrheit als die seiner inneren Kohärenz und keine dringlichere Aufgabe, kein gebieterisches Mandat kennt, als sie in Ermangelung eines Besseren in ihrer ganzen Negativität kundzutun.

Weil es ihm nicht gelingt, in sich selbst Ordnung zu schaffen, aber auch aufgrund einer absoluten Forderung nach Redlichkeit ist Kafka noch in seiner Haltung gegenüber dem Zionismus ein unabweisbarer Zeuge des Chaos, das heißt ein Zeuge dessen, was damals für viele das einzige Heilmittel gegen die zahllosen Leiden des zerstreuten Judentums ist. Seine beiden engsten Freunde sind überzeugte Zionisten, Max Brod macht Propaganda in Aufsätzen und Vorträgen, Felix Weltsch leitet die *Selbstwehr* seit 1918 und arbeitet aktiv in der Bewegung, doch Kafka, außerstande, ihre Ideen gutzuheißen, beobachtet sie lange Zeit mit Mißtrauen und Feindseligkeit. Die Leute, die nach Palästina fahren, scheinen ihm wenig Vertrauen in ihre eigene Entscheidung zu setzen, »sie haben gesenkte Blicke, fühlen sich von den Zuhörern geblendet, fahren mit den gestreckten Fingern auf dem Tisch herum, kippen mit der Stimme um, lächeln schwach und halten dieses Lächeln mit etwas Ironie aufrecht. – Dr. K. erzählte, daß seine Schüler Chauvinisten sind, immerfort die Makkabäer im Munde haben und ihnen nachgeraten wollen«.[42] Anscheinend sind die Prager Zionisten ihm zu ähnlich, um ihm imponieren zu können, wie er suchen sie nach einem Ausweg und verwandeln die Ideologie der Heimkehr in ein Mittel der persönlichen Heilsgewinnung, und das reicht aus, ihm ihren Plan verdächtig zu machen. So achtenswert, so mutig ihr Entschluß sein mag, es fehlt ihm jene unmittelbare Wahrheit, welche die Ostjuden mühelos besitzen; für die Prager ist Palästina vorerst nur ein »als ob«, Ausdruck ihres Wunsches, anderswo zu sein, der schon zu Hause ihr Unglück ist, ein Notbehelf, dessen Lächerlichkeit und Traurigkeit sie überdies selbst erkennen – daher ihr mangelndes Selbstvertrauen, ihr unsteter Blick und die Ironie, mit der sie sich aufrechtzuhalten suchen. Sie sind ebensowenig authentische Pioniere, wie die assimilierten Prager Juden Tschechen oder Deutsche sind; wie jedermann tragen sie den Fluch der Stadt, der sogar noch ihre Bemühungen verdunkelt, sich von ihm zu befreien.

Über die allgemeineren Gründe für diesen Widerwillen gegen den Zionismus geben uns die Dokumente aus jener Zeit natürlich keine theoretische Auskunft; Kafka hat nichts von einem Theoretiker, und jedenfalls drängt ihn sein Antizionismus nicht zu einer öffentlichen Aktion, also setzt er sich einzig für sich selbst damit auseinander, in dem geschlossenen Raum des inneren Konflikts, in dem zu verharren sein Mangel an Bindungen zur Welt ihn immer zwingt. Doch wenn man sich den Begriff »Volk« ansieht, der in seinen privaten Schriften und einigen Erzählungen auftaucht – *Beim Bau der Chinesischen Mauer* zum Beispiel, wo das Volk als Quelle und Garantie jeder Wahrheit vorgestellt wird –, dann läßt sich vielleicht besser verstehen, warum ihm der jüdische Nationalismus lange Zeit negative Gefühle einflößt, während der Nationalismus der anderen ihn als natürliches Phänomen beeindruckt, so unabhängig von Beweisen und Widerlegungen wie ein fest im Boden wurzelnder Baum.

Denn eine seiner beständigen Ideen ist, daß es ein Volk nur dann gibt, wenn es in einer Gemeinschaft wurzelt, die ebenso auf Sprache und Geschichte wie auf den Bindungen des Territoriums und des Bluts gründet, und daß dort, wo diese sowohl biologische, sprachliche, territoriale als auch geschichtliche Einheit bewahrt geblieben ist, das Individuum keine besondere Anstrengung machen muß, um seine Existenz zu rechtfertigen, es ist gleichsam im voraus gerettet, das Volk behält es in seinem Schoß, und es braucht nicht zu fürchten, daß es fällt. Josef David, der stolze Vorturner des *Sokol*, den seine Schwester heiraten wird, ist fröhlich, gesund, mit Recht mit sich zufrieden und auch mit Recht mit den anderen unzufrieden – einzig und allein, weil er »unter seinem Volk«[43] lebt und die Kraft des Volkes auf natürliche Weise auf ihn übergeht. Er hat den »ungeheure[n] Vorteil der Christen, die im allgemeinen Verkehr die gleichen Gefühle der Nähe immerfort haben und genießen, zum Beispiel christlicher Tscheche unter christlichen Tschechen«.[44] Der Vorteil ist sicherlich geringer für die Ostjuden, die ja im Exil leben, eingeschlossen in einer Welt der Mißgunst und der Vorurteile; aber es gibt ihn unbestreitbar dank dem konkreten Boden des *schtetel*, auf dem die Ostjuden im Laufe der Zeit ihre Einheit neu zu schaffen verstanden. Trotz des engen Bereichs, in den sich ihre Wurzeln hineingesenkt haben, bedarf ihre Existenz keiner Legitimation, innerhalb ihrer Grenzen ist sie souverän, und dessen am gründlichsten bewußt sind sich »Menschen, die ihren Kreis so vollständig ausfüllen, daß man meint, ihnen müßte alles im ganzen Kreis der Welt gelingen, aber es gehört eben auch zu ihrer Vollkommenheit, daß sie über ihren Kreis nicht hinausgreifen«.[45] Unwichtig also, ob das Volk eine regelrechte Nation bildet oder nicht, unwichtig auch, ob es legaler Eigentümer seines Bodens ist – es ist Quelle von Glück und Vollkommenheit, sobald es an ein und demselben Ort alle bindenden Kräfte sowie all das zusammenzieht, was dank einer gemeinsamen Geschichte und Sprache zu überdauern vermochte.

Die seit Jahrhunderten zerstreuten Juden auf ein und demselben Boden zu versammeln – genau aus diesem Wunsch ist der Zionismus hervorgegangen, und zumindest in diesem Sinne ist er Kafka, wie er einräumen müßte, nicht fremd. Doch im Jahre 1912 – fünf Jahre vor der Balfour-Deklaration, das Datum fällt hier immerhin ins Gewicht – ist der jüdische Nationalismus in Kafkas Sicht lediglich eine groteske Imitation der europäischen Nationalismen – er begeistert sich *gegenwärtig* für einen nationalen Boden, der vorerst

Möglichkeit ist, ein gelobtes Land, ein erträumtes Land, so alle Fehler seiner Nachbarn übernimmt, ohne jedoch, und das verurteilt Kafka, auf Realität hoffen zu können. Die des Dr. K., die immerfort die Makkabäer im Munde füh- nd lächerlich und ein Ärgernis; sie ziehen gegen einen imaginären Feind in den Krieg und verteidigen ein Land, das sie nicht haben, so daß sie lediglich das nachäffen, was an ihren wirklichen Feinden, die wenigstens einen Boden unter den Füßen haben, am anrüchigsten ist. Welche Gründe Kafka im Jahre 1912 vom zeitgenössischen Zionismus entfernen mögen, man darf vermuten, daß diese naive und zugleich aggressive Nachahmung der anderen, worin sich der damalige Zionist paradoxerweise mit dem assimilierten Juden trifft, ausreicht, ihm die Bewegung zweifelhaft zu machen (ein vielleicht nicht ganz unwichtiges Zusammentreffen: 1917 tritt Kafka dem Zionismus näher, das heißt genau zu dem Zeitpunkt, da die Balfour-Deklaration der Idee einer Heimkehr zum erstenmal die Chance der Verwirklichung eröffnet).

So hypothetisch die hier gegebene Erklärung auch ist und bleiben muß, so ist sie doch insofern wahrscheinlich, als sie mit dem Vorrang der Personen vor den Ideen durchaus übereinstimmt – ein Grundsatz, von dem Kafka sich in der Urteilsbildung stets hat leiten lassen.[46] Ideen an sich haben keine spezielle Kraft, sie taugen einzig in dem Maße, wie die Menschen in ihnen Kräfte finden, die ihnen helfen können, nicht das Unmögliche, sondern das Mögliche zu tun, das das Leben ihnen eröffnet. Kafka weiß nicht, welchen Glauben oder welche Philosophie Chaim Nagel hat, ob er Zionist, Antizionist oder Anhänger der Jiddischkeit ist; ganz offensichtlich interessiert ihn das nicht, es genügt ihm zu wissen, daß Chaim Nagel vollkommen ist, weil er seinen persönlichen Kreis vollständig ausfüllt und nicht über ihn hinausgreift. Was hat der Zionismus mit der Aufgabe zu tun, die Felice im Berliner Judenheim übernehmen will? Nichts, was die Lehre angeht; die einzige Verbindung besteht darin, daß »die Arbeit im Heim von ihm eine junge kräftige Methode, überhaupt junge Kraft erhält, daß nationales Streben anfeuert, wo anderes vielleicht versagen würde [...]«[47] Der Zionismus erscheint hier als ein Träger von Kräften, die den Kindern unmittelbar zugute kommen; deshalb akzeptiert ihn Kafka als aktives pädagogisches Mittel, ungeachtet seiner eigenen Meinung, die sich zur damaligen Zeit noch nicht wesentlich geändert hat. Denn für ihn ist die Meinung nie die Hauptsache, sondern eine dynamische

Ergänzung, die manchen hilft, ihr wahres Ziel zu erkennen und es unbeirrbar zu verfolgen.

Wäre da nicht diese allgemeine Richtung seines Denkens, so könnte man Kafkas scheinbar eklektische Haltung bei der Wahl seiner geistigen Vorbilder leicht mißverstehen. Denn welche Gemeinsamkeit besteht zwischen den beiden Frauen, die er Felice immerfort als Beispiel vor Augen stellt: einerseits der jüdischen Sozialistin Lili Braun, einer Revolutionärin, die sich gegen ihre Gesellschaftsklasse auflehnt und dennoch ihrem Volk treu bleibt und deren Memoiren er so sehr bewundert, daß er sie überall verteilt, und andererseits der Pietistin Erdmuthe von Zinzendorf, die aus leidenschaftlicher Demut auf die Privilegien ihrer Kaste verzichtet hat? Zwischen den Prager Anarchisten, deren Versammlungen er besucht, und dem Anhänger der »Christlichen Gemeinschaft«, der ihn einmal zu Jesus hatte bekehren wollen?[48] Zwischen dem obskuren Naturheilapostel von Warnsdorf, dessen Ratschläge er befolgen will, als seine Krankheit sich verschlimmert, und Kropotkin, dem revolutionären Fürsten, der für ihn zu einer bestimmten Zeit eine solch große Rolle spielt, daß er schwört, ihn nicht zu vergessen (der Satz ist in seinen *Tagebüchern* dick unterstrichen)? All diese in seinen Augen bewundernswerten Gestalten bilden unverkennbar ein höchst heteroklites Ganzes, doch wenn man sie aus größerer Entfernung betrachtet, außerhalb unseres üblichen intellektuellen Bezugsrahmens, sieht man deutlich, inwiefern Kafka sie alle mit derselben schwärmerischen Bewunderung umfassen konnte (und demselben Neid, denn das Kostbarste, das er an ihnen erblickte, fehlte ihm, wie er schmerzhaft erkannte) – sie verkörperten in außergewöhnlichem Grade die vollkommene Übereinstimmung des Individuums mit seiner geistigen Entscheidung, und sie schöpften aus dieser Übereinstimmung die Kraft, in der Welt zu handeln, um die bestehende Ordnung zu überschreiten, ohne sich durch Zweifel und Konflikte schwächen zu lassen.

Kafkas Haltung gegenüber Ideen führt unter anderem zu einem Widerspruch, der ihn schon zu Lebzeiten dauernd der Gefahr aussetzt, sogar von denen, seien es Frauen oder Freunde, mißverstanden zu werden, die zu seinem Innenleben am längsten Zugang haben. Da die Ideen unendlich weniger wiegen als die individuellen Wandlungen, die sie möglicherweise verursachen, sind sie nicht durch sich selbst begründet oder unbegründet; sie sind alle gleich viel wert, insofern ihre förmliche Substanz nichts darüber aussagt, was das Individuum mit ihnen anfangen kann, um ganz es selbst zu sein, in Einklang mit sich und dem Lebensziel, das es sich gesteckt hat. Kafka akzeptiert sie also vorläufig mit unermüdlicher Toleranz, wie es dem neutralen Beobachter ansteht, der abwartet, bevor er urteilt. Doch selbst wenn die Ideen nur in dem Maße zählen, wie sie sich auf die konkrete Lebensordnung auswirken, kann und darf diese nicht dem Zufall überlassen bleiben; sie muß unaufhörlich auf eine mögliche Veränderung vorbereitet und gerade deshalb bis ins kleinste geregelt werden. Die Art der Arbeit, der man sich widmen will, der Grad der Befriedigung, den man seinen Bedürfnissen zugesteht, die Art, wie man trinkt, ißt, sich kleidet und pflegt, wie man sein Geld und seine Güter zu verwenden gedenkt – in allen diesen Fragen der Hygiene und Disziplin zeigt sich Kafka geradezu unerbittlich; er ist hierbei ebenso unduldsam, auf peinliche Einhaltung ebenso bedacht, wie er den Auseinandersetzungen um Ideen, die weder Seele noch Körper unmittelbar berühren, neutral, wenngleich aufmerksam gegenübersteht. Felice mag zum Beispiel vom Zionismus halten, was sie will (»das ist Deine Sache«[49], sagt er ihr unumwunden); aber Fleisch essen, eine behagliche Wohnung haben, sich im Winter wärmen oder Erster Klasse reisen – das wird sie nicht können, wenn sie sich entschließt, ihn zu heiraten, in diesen Punkten wird er nie nachgeben, das muß sie wissen, ehe sie sich bindet (und er gibt tatsächlich nicht nach, was schließlich die Heirat scheitern läßt). Ebenso läßt er seinen Schwestern jede Freiheit der Meinung, doch sobald es um die Kindererziehung geht, mischt er sich energisch in ihr Familienleben ein, ohne sich darum zu kümmern, ob er dessen Frieden stört. So verlangt er von seiner ältesten Schwester, sich von ihrem zehnjährigen Jungen zu trennen, um ihm die »Art geistiger Blutschande« zu ersparen, zu der jedes von seinen Eltern erzogene Kind verurteilt ist, besonders wenn es das Unglück hat, im Milieu der »Prager wohlhabenden Juden« geboren zu sein.[50] Dieses autoritäre Verhalten in Privatangelegenheiten – nach bürgerlicher Moral sind sie einzig Sache des persönlichen Geschmacks, so daß sich darüber nicht streiten läßt – steht in krassem Gegensatz zu Kafkas äußerster Zurückhaltung in öffentlichen Auseinandersetzungen, und man kann sich vorstellen, daß seine unmittelbare Umgebung fassungslos, ja schockiert ist (sogar Max Brod gibt zu, daß ihn der Starrsinn seines Freundes zuweilen aufbrachte, wenn er längere Zeit mit ihm zusammen war). Würde er seine Unnachgiebigkeit doch wenigstens mit ordentlichen metaphysischen oder religiösen Vorstellungen rechtfertigen... Aber nein, er ist Vegetarier, ohne den doktrinären Vegetarismus für sonderlich achtenswert zu halten; er ist Asket, ohne den Glauben zu teilen, aus dem die Asketik ihre Argumente schöpft, und ohne daß ihn eine besondere Verwandtschaft mit den Mystikern der Entsagung verbände, die er in seinen Erzählungen und vielen Aphorismen häufig zur Zielscheibe nimmt, so daß an seinem Scharfblick in dieser Sache kein Zweifel bestehen kann; voller Eifer propagiert er die von den verschiedenartigsten Sekten gepriesenen Praktiken, ohne blind zu sein für den sektiererischen Geist und die mehr oder weniger erleuchteten Adepten, auf deren Seite er sich zu schlagen scheint – Kafka läßt sich nicht festlegen, und insofern hat er nicht unrecht, wenn er sagt, daß es in seiner Umgebung niemanden gibt, der ihn »im Ganzen« versteht. Im Ganzen ist dieser Geist extrem liberal, was Ideen betrifft, und nicht weniger extrem fanatisch, wenn es um die Praxis geht, in der Tat sogar für seine verständnisvollen Freunde ebenso rätselhaft und verwirrend, wie er es später als Schriftsteller für die Nachwelt sein wird.

Die Idee als Mittler einer inneren Reinigung hat selbstverständlich keinen Platz in der Politik, und in diesem Sinne interessiert Kafka die Politik nicht, außer dort, wo der Parteigänger sie zum bevorzugten Werkzeug einer asketischen Berufung macht – ein Weg, den die politischen Bewegungen im allgemeinen und der Zionismus im besonderen gewiß nicht nachprüfen werden. Daher nimmt der politische Zionismus mit seiner Lehre, der Geschichte seiner Tendenzen und inneren Kämpfe in Kafkas privaten Schriften so wenig Raum ein, daß man, wäre nicht hier und dort aus seinen Diskussionen mit Freunden etwas zu erraten, versucht sein könnte, ihn vollständig aus seinen Gedanken zu streichen. Was wußte er überhaupt über ihn und von wem hatte er es erfahren? Seine Bibliothek gibt darüber keinen sicheren Aufschluß, die Liste der Bücher wurde erst zehn Jahre nach seinem Tod aufgestellt und ist zweifellos unvollständig; Herzl jedenfalls ist nur mit seinen *Tagebüchern* darin vertreten[51], ein weiterer Beweis dafür, daß Kafka die Lehre des Gründers weniger interessiert als das außergewöhnliche Abenteuer seines Lebens und vor allem dessen individuelles Drama. Die Bibliothek ist also unvollständig. Kafka konnte den *Judenstaat* gelesen haben, ohne selbst ein Exemplar zu besitzen. Doch wie dem auch sei, Werke über zionistische Politik und Geschichte sind darin sehr spärlich vertreten, offenbar waren sie nicht Kafkas Lieblingslektüre, sein Interesse galt eher der Religionsgeschichte, der jüdischen Folklore sowie Schriften, die sich mit den »alten ungeheuern Zeiten« des historischen Judentums befassen (übrigens las er ausgiebig Periodika und Zeitschriften).

Die zionistische Bewegung erwähnt Kafka in seinen *Tagebüchern* und Briefen fast nie, wir wissen lediglich, daß er 1913 am Zionistischen Kongreß in Wien teilnimmt, übrigens mehr aus Zufall als aus eigenem Entschluß (er befindet sich gerade zusammen mit seinem Vorgesetzten in Wien anläßlich eines Kongresses über Unfallverhütung). Dieser kurze Aufenthalt in der österreichischen Hauptstadt bleibt ihm in übler Erinnerung, so daß er ihn, wie er sagt, am liebsten aus seinem Leben streichen würde, und der Kongreß selbst verursacht ihm nur Langeweile, wie es aus einigen hastigen Notizen hervorgeht, die er für Felice aufschreibt: »Der Arbeiterdelegierte aus Palästina, ewiges Geschrei. Tochter Herzls. Der frühere Gymnasialdirektor von Jaffa. Aufrecht auf einer Treppenstufe, verwischter Bart, bewegter Rock. Ergebnislose deutsche Reden, viel hebräisch, Hauptarbeit in den kleinen Sitzungen. Lise W. [Weltsch] läßt sich vom Ganzen nur mitschleppen, ohne dabeizusein, wirft Papierkügelchen in den Saal, trostlos.«[52] Und Max Brod gesteht er, er sei so niedergeschlagen gewesen, daß er um ein Haar die Delegierten ebenfalls beworfen hätte.[53]

Kafkas Antizionismus weicht wirklich erst unter dem Einfluß des Ersten Weltkriegs, dessen Auswirkungen auf die Lage der Juden in Mitteleuropa, insbesondere in der Tschechoslowakei, unschwer vorhersehbar sind. Kafka ist nicht der einzige, den das beunruhigt, und seine Besorgnis über eine Verschärfung des Antisemitismus während des Krieges und danach ist an der Änderung seiner Haltung gewiß nicht unbeteiligt, einer Veränderung, die sich im übrigen ganz allmählich und nicht ohne Verschleppung und Rückschläge vollzieht. Jedenfalls beginnt seine »zionistische Phase«, wie die meisten Biographen sie nennen, nicht bereits im Jahre 1914, was der schon ausführlich zitierte Brief von 1916 beweist, in dem er Felice ihre Verantwortung vorhält: »Wie Du mit dem Zionismus zurechtkommst, das ist Deine Sache, jede Auseinandersetzung [Gleichgültigkeit wird also ausgeschlossen] zwischen Dir und ihm, wird mich freuen. Jetzt läßt sich darüber noch nicht sprechen, solltest Du aber Zionistin einmal Dich fühlen (einmal hat es Dich ja schon angeflogen, es war aber nur ein Anflug, keine Auseinandersetzung) und dann erkennen, daß ich kein Zionist bin – so würde es sich bei einer Prüfung wohl ergeben – dann fürchte ich mich nicht und auch du mußt Dich nicht fürchten, Zionismus ist nicht etwas, was Menschen trennt, die es gut meinen.«[54] Kafka will also in Felices Auseinandersetzung mit dem Zionismus nicht eingreifen, sie soll damit zurechtkommen, ohne seine Meinung zu kennen, allenfalls kann sie sie an dem »wohl« und dem häufigen Konditionalis erraten, mit dem er die Wahrheit verschleiert – er ist kein Zionist und wird es »wohl« auch dann nicht sein, wenn sie selbst sich dazu entschieden haben wird.

Ende 1916 ist Kafka noch immer nicht für den Zionismus gewonnen; doch ein paar Monate später beginnt er, Hebräisch zu lernen, was immerhin auf einen ernsten Willen zur Annäherung hindeutet. Erwägt er bereits 1917, nach Palästina zu reisen, wie er es sechs Jahre später tun möchte, als die sich verschlimmernde Krankheit ihm jede Hoffnung nimmt, seinen Plan auszuführen? Davon spricht er nicht, aber das Jahr 1917 zeigt ohne Zweifel eine Wende an, zuerst in seinem Leben, das nun ganz und gar, seelisch wie körperlich, von der Krankheit beherrscht ist; sodann in der Entwicklung des Zionismus selbst, den die Balfour-Deklaration in einen konkreten Rahmen stellt, in dem er agieren kann. Als Kranker, der nun gezwungen ist, Prag zu verlassen, um sich behandeln zu lassen, macht Kafka seine ersten Schritte auf dem Weg der »Heimkehr« gerade in dem Augenblick, da die »Heimkehr« keine windige Idee mehr ist, sondern eine berechtigte Hoffnung, was ihm den Grund für seine Antipathie gegen den unklaren Zionismus von Prag und anderswo zu bestätigen scheint, der ihn bisher überaus mißtrauisch machte. Und diese sowohl heimlichen wie behutsamen ersten Schritte sind für ihn von hoher Bedeutung, wenngleich niemand sagen kann, ob er unter anderen Umständen und bei Kräften diesen Weg weit genug hätte gehen können, um ans Ziel zu gelangen oder es auch nur zu erahnen.

Natürlich wird Kafka kein streitbarer Zionist, sein Gesundheitszustand gibt ihm kaum die Möglichkeit dazu, und Streitbarkeit liegt ohnehin nicht in seiner Natur. Den Hauptteil seiner Zeit widmet er dem Studium des Hebräischen, das er mehrere Jahre lang fleißig betreibt, bald allein, bald in Privatstunden. Er füllt ganze Hefte mit Briefen und Grammatikübungen (seine Hefte aus dem Jahre 1918 enthalten mehr Hebräischübungen als literarische Skizzen) und lernt so eifrig, daß er sich schließlich mit einer jungen Palästinenserin, die ihm geholfen hat, sich fortzubilden, auf hebräisch unterhalten kann.[55] Er ist sogar in der Lage, kabbalistische Werke auf hebräisch zu lesen, zumindest darf man es vermuten, da er Brod bittet, ihm eines mitzubringen – irgendeines, von dem er annimmt, »daß es hebräisch ist«[56], was im übrigen zeigt, wie gering seine Sachkenntnis war und wie wenig Vertrauen man den kabbalistischen Deutungen seines Werks schenken darf.[57] Jedenfalls erschöpft sich sein Interesse am Zionismus nicht im Studium des Hebräischen; in Zürau abonniert er die *Selbstwehr*, deren Leitung sein Freund Felix Weltsch 1918 übernimmt; er liest jüdische Zeitschriften und die Bibel, vor allem die Genesis und die Bücher Mose; wenn er sich in Prag aufhält, besucht er häufig die Vorträge Brods oder anderer – wohlgemerkt beteiligt er sich nie an den anschließenden Diskussionen –, und in Berlin nimmt er an Kursen der Hochschule für jüdische Wissenschaft teil, sie ist für ihn »Friedensort in dem wilden Berlin und in den wilden Gegenden des Innern [...]«, wo er gern studiert, weil ihm »das Liberalreformerische, das Wissenschaftliche des Ganzen«[58] zusagt. In dieser Phase erwägt er offen, nach Palästina überzusiedeln; er spricht häufig mit Dora Dymant darüber, sie wollen zusammenarbeiten, sie als Köchin, er als Kellner im selben Lokal. Seinem Jugendfreund Hugo Bergmann, der ihn aufgefordert hatte, ihm nach Jerusalem zu folgen, schreibt er, er habe seine »Transportabilität« prüfen wollen und sei zuerst ins Ostseebad Müritz gefahren, doch er läßt erkennen, daß der Versuch nicht so überzeugend war, als daß er riskieren könne, weiterzufahren. An Milena schreibt er: »Ich wollte ja im Oktober nach Palästina, wir sprachen ja davon, es wäre natürlich nie dazu gekommen, es war eine Phantasie, wie sie jemand hat, der überzeugt ist daß er sein Bett nie verlassen wird. Wenn ich mein Bett nie verlassen werde, warum soll ich dann nicht zumindest bis nach Palästina fahren.«[59] Freilich, seine körperliche Schwäche ist nicht der einzige und vielleicht nicht einmal der wahre Grund für dieses letzte Mißlingen; er erläutert es Else Bergmann, die sich tatsächlich anschickt, ihn abzuholen und nach Jerusalem mitzunehmen: »Ich weiß, daß ich jetzt ganz gewiß nicht fahren werde – wie könnte ich denn fahren [...]. Es wäre, vorausgesetzt, daß etwas derartiges überhaupt für mich durchführbar wäre, keine eigentliche Palästinafahrt jetzt geworden, ganz und gar nicht [...], sondern im geistigen Sinne etwas wie eine Amerikafahrt eines Kassierers, der viel Geld veruntreut hat, und daß die Fahrt mit Ihnen gemacht worden wäre, hätte die geistige Kriminalität des Falles noch sehr erhöht. Nein, so hätte ich nicht fahren dürfen, selbst wenn ich es hätte können […]«[60] Wieder einmal fragt Kafka sich nicht, ob das, was die Juden veranlaßt, nach Palästina zu gehen, wirklich seinem Ideal entspricht; letztlich ist es unwichtig, ob sie recht oder unrecht haben, es geht lediglich darum, ob seine Kraft, Redlichkeit und Reinheit ausreichen, sich das Recht zu nehmen, sie zu begleiten.

Die Antwort läßt nicht auf sich warten: Als Zweifler, der zum Zionismus und zu sich selbst noch immer ein gespaltenes Verhältnis hat, kann er nicht nach Palästina fahren, ohne sich eines erbärmlichen Betrugs schuldig zu machen. Selbst wenn ihm die Reise physisch möglich wäre, würde seine chronische Seelenqual sie ihm untersagen, obwohl gerade dieser Zustand ihn seit jeher zur Flucht gedrängt hat. In dieser Hinsicht steht es um den Zionismus nicht besser als um alle Initiativen, die er in seinem Leben zu ergreifen versuchte und die jedesmal gescheitert sind. Es bedarf nur eines Beispiels unter den vielen, deren Liste er 1922 einmal aufstellt: »[…] Klavier, Violine, Sprachen, Germanistik, Antizionismus, Zionismus, Hebräisch, Gärtnerei, Tischlerei, Literatur, Heiratsversuche, eigene Wohnung«[61], um sich das ganze Ausmaß seiner Krankheit der Unvollkommenheit vor Augen zu führen, die sein Leben in ein »stehendes Marschieren« verwandelt hat, einer wirklichen Veränderung unfähig. In diesem Verzeichnis der Niederlagen, deren Chronologie zugleich die Reihenfolge ihrer Wichtigkeit widerspiegelt – die letzten sind offensichtlich die gravierendsten –, haben Antizionismus und Zionismus einander wirklich nichts voraus, sie zählen zwar mehr als Violine und Klavier und etwa genausoviel wie Gärtnerei und Tischlerei (freilich erscheint hier selbst die Literatur, sogar dieser Wahnsinn, dem Kafka alles geopfert hat, nur als ein Element unter anderen in der negativen Bilanz).

Kafka wird also nicht nach Jerusalem reisen, und er weiß es, lange bevor er die Reise in seinen unruhigen Träumen geplant hat. Er weiß, daß er sich letztlich begnügen muß, »mit dem Finger auf der Landkarte« hinzufahren, und daß er sich damit abfinden muß, bis ans Ende der einsame Dichter zu sein, der gesetzlose Prophet ohne Volk und ohne Boden, der Retter, der sich selbst nicht zu retten vermag und den er in seinen Erzählungen mit ebensoviel Humor wie Trauer beschreibt. Für immer und ewig in der Wüste seiner inneren Bilderwelt eingeschlossen, dem einzigen Ort, der ihm – zu seinem eigenen Unglück und zum Glück für sein Werk –

jemals wirklich zugänglich war, will er nichts anderes mehr sein als »eine kleine Episode in der ewigen Geschichte unseres Volkes« und verurteilt sich selbst zum Verschwinden, ohne zu ahnen, daß andere Generationen eines Tages gerade in diesem Willen zur Auslöschung das wahre Siegel der Prophetie erkennen würden.

Kapitel V
Vor dem Gesetz

Wie immer es im Laufe der Zeit um die Heimsuchungen seines jüdischen Gefühls bestellt sein mag, Kafka erwägt in keinem Augenblick, in die Gemeinschaft zurückzukehren; das ist für ihn schlechthin unmöglich, weil er, da nicht im strengen Sinne des Judentums gläubig, sich dem Tempel nicht einmal »verstohlen« nähern darf. Doch selbst wenn er in dieser Mischung aus Unglauben und Skrupeln gezwungen ist, abseits zu bleiben, sogar in Zeiten, da ihm seine Zurückgezogenheit als Form des Selbstmords erscheint, so heißt das nicht, daß er die Freiheit nutzt, die für viele Juden, die sich von der Religion gelöst haben, unmittelbar aus ihrem wohlbedachten Bruch folgt. So unfähig er ist, den kleinen Flüchtlingen aus dem Osten im Hinblick auf den Glauben und die Frömmigkeit auch nur eine »traurige Antwort« zu geben, so ist er doch nicht frei, sein Leben zu organisieren – im materiellen Bereich, der bei ihm nur der sichtbare Aspekt des Geistigen ist –, so als hätte ihn der uralte Kodex nie betroffen. Da er das Gesetz verloren hat, nicht jedoch den brennenden Wunsch, es zu besitzen – er hat sich im Gegenteil gefährlich verstärkt, je weiter es sich von ihm entfernte –, leidet er an diesem Mangel unendlich mehr als jemand, der auf die strengen Regeln der Orthodoxie setzt.

Dort, wo die assimilierten Juden nichts Eiligeres zu tun haben, als sich von den rituellen Zwängen zu befreien, die mit ihrem Wunsch, in ihrem Milieu aufzugehen, nicht vereinbar sind, bedauert Kafka, daß er in seiner Jugend diese Zwänge nicht erfahren hat, und falls er versucht sein sollte, sie zu erproben, wüßte er nicht einmal, wie, warum und wie weit er sich ihnen beugen müßte. Denn für ihn ist das Gebot durch das Verschwinden des Gebieters, der es einst erlassen hatte, nicht abgeschafft, es überlebt gleichsam seine eigene Notwendigkeit; und es bleibt nicht nur das einzige, das spricht, es wird auch, da es sich völlig losgelöst hat von der göttlichen Ordnung, deren Vermittler es in den »alten ungeheuren

Zeiten« war, zwingender denn je und derart tyrannisch, daß seine Anforderungen weder Maß noch Grenzen mehr kennen. Es verwundert nicht, daß in der *Strafkolonie*, in die Kafka seinen Dämon der Rechtfertigung einsperrt, das Gebot ohne Gebieter bloß noch eine defekte Maschine in Gang hält, die es am Ende selbst zerstückeln wird – aufgrund seiner monströsen Autonomie der Fähigkeit beraubt, das Leben zu regulieren, reduziert es das Gesetz auf eine maßlose Zwangsgewalt, deren einzige Funktion die automatische Vollstreckung der Strafe ist.

Gottlos also und dennoch von jenem wesentlichen Rest jüdischen Glaubens gehalten, das heißt dem gebieterischen Bedürfnis nach legalisiertem Leben, das von innen gegen die entfesselten Instinkte und von außen gegen den Widersinn der von Tag zu Tag erlittenen Zeit in der Leere des reinen Verrinnens geschützt ist, bemüht sich Kafka, dieser unhaltbaren Situation abzuhelfen, indem er sich einen Kodex zum eigenen Gebrauch erfindet, also etwas, das aus dem tiefsten Grunde der Subjektivität, wo seine Angst entstand, hervorgegangen und daher gänzlich ungeeignet ist, ihm Erleichterung zu schaffen. Denn der Sinn der »schönen kräftigen Sonderungen«, die das Judentum zu praktizieren wußte und die er nun neu erfinden muß, ist ihm nicht zuteil geworden, und da die Unterscheidung zwischen Gerechtem und Ungerechtem, Reinem und Unreinem, Erlaubtem und Unerlaubtem gerade das ist, was ihm am meisten fehlt, kann sein persönlicher Kodex diesen Hauptfehler nur lindern, indem er die Sphäre der unreinen Dinge und verbotenen Handlungen geradezu ins Unendliche ausdehnt.

Aufgrund dieser paradoxen Position gegenüber dem Gesetz, die, wie wir sehen werden, einen tiefen Konflikt verdeckt, kann Kafka nicht den geringsten Vorteil aus seinem jüdischen Erbe ziehen: Er erleidet, was er ohne sein Wissen als unveräußerliches Gut davon bewahrt, und erfährt im übrigen nur seine absolut negativen Auswirkungen. In einem Schritt, dessen Logik Freud mühelos erfaßte, bemüht sich Kafka ausgerechnet in seinem Verhältnis zur Nahrung verbissen um einen Ersatz der Legalität, und in diesem Punkt auch fällt er, am Gesetz ohne Gesetz krankend, auf gefährliche Weise ins Pathologische.

Kafka steht in einer Tradition, die es verbietet, alles Beliebige zu essen[1]; doch da er den Kodex der Vorschriften und Verbote, der immerhin das Essen erlaubt, nicht kennt – und ablehnt –, lehnt er die Eßgewohnheiten ab, die sein eigenes Milieu angenommen hat (niemand in seiner Umgebung scheint in diesem Punkt ein gewissenhafter Jude geblieben zu sein). Er nimmt andere an, die unter dem Vorwand einer dem schwachen, nervösen Magen bekömmlicheren Diät in Wirklichkeit ein neues System strenger Verbote bilden. Er ist Vegetarier geworden – im Jahre 1912, das heißt zu der Zeit, da Löwy und die Schauspieler die Sehnsucht nach einem sich seiner selbst und seiner Legitimität bewußten jüdischen Lebens in ihm wecken – und verschmäht nicht nur Fleisch, Fisch, Eier und alkoholische Getränke, sondern auch Tee, Kaffee, Kakao und, soweit irgend möglich, jede halbwegs nahrhafte Speise (»das beste Nahrungsmittel ist eine Zitrone«, sagt er einmal nur halb im Scherz). Denn da er gezwungen ist, sich nach einem ausschließlich restriktiven Prinzip zu richten, das nichts, weder in ihm noch außerhalb seiner, zu mäßigen erlaubt, hält er sogar die allerstrengste Abstinenz für einen Notbehelf und wartet gleichsam auf den Augenblick, da er sich der Notwendigkeit des Essens überhaupt wird entwinden können.

Natürlich erwähnt Kafka diesen Hintergedanken niemals in seinen Briefen oder *Tagebüchern*; aber daß er tief in ihm steckt, das läßt die außergewöhnliche Rolle vermuten, die er dem Fasten in seinen Erzählungen einräumt, zumal er sie mit einer Präzision und einem Detailreichtum entwickelt, zu denen nur eine lange Praxis verhelfen kann. Zwei seiner wichtigsten Figuren verhungern: Gregor Samsa, weil seine Verwandlung ihm die menschlichen Speisen verleidet hat, die seine Familie ihm hartnäckig vorsetzt; und der Hungerkünstler, weil das Hungern zur Substanz seines Werkes und zum einzigen Mittel seines Schaffens geworden ist. Was den Hund betrifft, der ebenfalls in seiner Jugend einen denkwürdigen Hungerstreik durchgemacht hat, so sieht er im Fasten eine besonders günstige Voraussetzung für seine Forschungen, ohne sich jedoch zu verhehlen, daß seine ersten Erfahrungen, von denen er sich nie erholt hat, ihn einzig dazu führten, dem Tod ins Auge zu sehen. Weniger abgesondert als Samsa und weniger verrückt als der Hungerkünstler, hat er vor diesen beiden selbstmörderischen Helden den großen Vorsprung, daß er seine gefährlichen Versuche mit knapper Not überlebt hat, so daß er nun, in seinem hohen Alter, über die Gründe seines Scheiterns nachdenken und sie bei weiteren Plänen berücksichtigen kann (denn er ist von der Verlockung nicht geheilt und träumt von einem erneuten Versuch). Diese Gründe kennt er im übrigen sehr gut, es sind zunächst die Unbefangenheit und der

Übermut seiner Jugend, sodann das unvorhergesehene Hindernis, welches das Gesetz der Hunde plötzlich vor ihm aufgerichtet hat, als Antwort auf seine gefährliche Herausforderung.

In dieser komplizierten Frage der Beziehung des Hungerns zum Gesetz ist der Hund, aufgrund seiner überwiegend autobiographischen Funktion über Kafkas Absichten unterrichtet, gewiß diejenige Figur, die besonders dazu berufen ist, die Debatte zu eröffnen und zu leiten. Mit seinem stark organisierten Intellekt und einem Bewußtsein, das auf derselben Stufe steht wie das seines Schöpfers, ist er in der Lage, uns die Motive, die ihn zu seinem rein experimentellen Fasten veranlaßt haben, sowie die stummen Einwände zu erläutern, mit denen das vergessene, wenngleich ohne sein Wissen noch immer wirksame Hundegesetz einst seine Absichten zu durchkreuzen vermochte. Er ist dazu um so leichter imstande, als er neben seinen intellektuellen Fähigkeiten und der Gabe der Selbstanalyse auch eine Wissenschaft der Deutung besitzt, um die ihn der in seiner Kunst bewanderte Talmudist wahrlich beneiden könnte.

Der Hund, der sich das Ziel gesetzt hat, nach dem Ursprung der Nahrung zu forschen, kommt zu dem Schluß, daß seine Ergebnisse fruchtlos sind, weil er nicht sein Futter essen und gleichzeitig die Nahrung wissenschaftlich beobachten kann. Die Wissenschaft ist für ihn dasselbe wie für den Fastenden die Kunst – sie geht auf die Substanz selbst, die das Leben erhält und nun nicht mehr verzehrt werden kann, da sie sich andernfalls nicht mehr *beobachten* ließe. (Genau dies ist die geradezu tödliche Argumentation Kafkas, der nicht mehr versteht, wie man schreiben und gleichzeitig essen kann.) Um dem Dilemma zu entgehen, beschließt der Hund, vollständig zu fasten, »solange ichs aushielt [...], allerdings dabei auch jeden Anblick der Nahrung, jede Verlockung vermeiden«. Freilich ist sein Entschluß nicht ohne Berechnung; er hofft, daß, wenn er seinen Fraß so lange wie irgend möglich verschmäht, »die Nahrung von oben selbst herabkäme und [...] an mein Gebiß klopfen würde, um eingelassen zu werden«. So würde er ihr endlich ihr Geheimnis entreißen und dank dieser unerhörten Entdeckung sowohl allen Volksaberglauben wie alles unbrauchbare Wissen der Gelehrten auslöschen.

In der ersten Zeit verläuft das Experiment ohne Zwischenfälle, und der Hund ist stolz darauf, sich sehr ruhig zu fühlen. »Obwohl ich hier eigentlich an der Aufhebung der Wissenschaft arbeitete, erfüllte mich Behagen und fast die sprichwörtliche Ruhe des wissenschaftlichen Arbeiters.« In dieser euphorischen Zeit träumt er von großem Ruhm, er sieht sich mit den Seinen versöhnt, »in großen Ehren aufgenommen werden, die ersehnte Wärme versammelter Hundeleiber werde mich umströmen, hochgezwungen würde ich auf den Schultern meines Volkes schwanken. Merkwürdige Wirkung des ersten Hungers«.[2] Merkwürdig in der Tat, und leider auch vergänglich, denn allmählich verflüchtigen sich die schönen Bilder, und der Hund, wieder allein mit dem Hunger, der ihm in den Eingeweiden brennt, lernt Qualen kennen, die so furchtbar sind, daß er sich kaum an sie zu erinnern wagt: »Eine böse, böse Zeit! Mich schaudert, wenn ich an sie denke, freilich nicht nur wegen des Leides, das ich damals durchlebt habe, sondern vor allem deshalb, weil ich damals nicht fertig geworden bin, weil ich dieses Leiden noch einmal werde durchkosten müssen, wenn ich etwas erreichen will, denn das Hungern halte ich noch heute für das letzte und stärkste Mittel meiner Forschung.«[3] Hier schiebt Kafka die fiktive Person, die ihm als Vermittler dient, sanft beiseite und ergreift selbst das Wort, um zu enthüllen, was sein Schicksal tatsächlich besiegeln wird: Niemals wird er darauf verzichten, das Hungern für das letzte Mittel seiner Forschung und deren Erfüllung zu halten, auch dann nicht, als die Tuberkulose ihn vor der Gefahr warnt. In einer jener grausamen Ironien des Schicksals, die er in seinem Werk vorzüglich zu nutzen wußte, wird er übrigens wirklich verhungern, doch ohne es gewollt zu haben und ohne sich sagen zu können, er habe sein Ziel erreicht.[4]

Der Hund stellt fest, daß er gescheitert ist, zunächst natürlich wegen seiner Schwäche, aber auch deshalb, weil ihn plötzlich der Gedanke an seine Urväter befiel, so daß ihn fast augenblicklich die »unbefangene Angriffslust der Jugend« verließ. Sein Entschluß zu fasten war an sich schon eine Herausforderung, die es ihm, falls er hätte durchhalten können, vielleicht ermöglicht hätte, sein Experiment zum Abschluß zu bringen. Doch es kam anders, seine unbefangene Angriffslust erlag allzu schnell dem Ansturm des Gesetzes und seiner schrecklichen Wächter: »Sie schwand schon damals inmitten des Hungerns. Mancherlei Überlegungen quälten mich. Drohend erschienen mir unsere Urväter. Ich halte sie zwar, wenn ich es auch öffentlich nicht zu sagen wage, für schuld an allem, sie haben das *Hundeleben* verschuldet, und ich konnte also ihren Drohungen leicht mit Gegendrohungen antworten, aber vor ihrem

Wissen beuge ich mich, es kam aus Quellen, die wir nicht mehr kennen, deshalb würde ich auch, so sehr es mich gegen sie anzukämpfen drängt, niemals ihre Gesetze geradezu überschreiten, nur durch die Gesetzeslücken, für die ich eine besondere Witterung habe, schwärme ich aus.«[5] Ein weiteres Mal spricht der Hund laut aus – und mit welchem Scharfsinn, mit welcher Kunst der Dialektik –, was Kafka öffentlich nicht zu sagen, ja nicht einmal sich selbst einzugestehen wagt (seine *Tagebücher* und Hefte enthalten nichts zu diesem Thema, was nur annähernd so entscheidend wäre). Er will gegen die Urväter ankämpfen, weil sie das »Hundeleben«, zu dem die Juden verdammt sind, verschuldet haben. Andererseits jedoch achtet er sie als Träger eines Wissens, das Ehrfurcht gebietet, zumal ihre ferne Herkunft in Vergessenheit geraten ist, so daß seine kriegerischen Absichten keine Aussicht auf Erfolg haben und er sich, vor Respekt wie versteinert, nicht einmal dazu durchringen kann, die Feindseligkeiten zu eröffnen. Denn Kafkas Krieg gegen die ehrwürdigen und schuldigen Urväter findet nicht auf den Schlachtfeldern des Lebens statt; er spielt sich in ihm selbst ab, wo er, in Ermangelung wahrer Kämpfer, zu einem ständigen Konflikt und, am Schluß, zur Krankheit verkommt.

Der Kandidat, der sich um das totale Hungern bewirbt und das Gesetz nicht überschreiten will, obwohl er es für verderblich hält – denn was ist es schließlich anderes als das Gesetz, welches noch immer das »Hundeleben« bestimmt, Jahrhunderte nachdem die Urväter es verkündet haben? –, stürzt sich nicht ins Abenteuer, ohne vorher Sicherheitsmaßnahmen zu ergriffen zu haben, was angesichts der Zweideutigkeit der Texte in diesem Punkt neue Hindernisse auf seinem Weg aufbaut. Denn über das Hungern äußert sich das Gesetz nicht so klar, als daß es einer Deutung entraten könnte, und so wie jeder weise Hund seinen Standpunkt zur Geltung bringt, so macht sich der Hund, der in der Legalität bleiben will, ohne deshalb auf das Hungern zu verzichten, ganz natürlich den Standpunkt zu eigen, der seinem Plan am meisten entgegenkommt. Um sich auf dieser Seite abzusichern, beruft er sich auf »das berühmte Gespräch« über das Hungern, im Laufe dessen »einer unserer Weisen die Absicht aussprach, das Hungern zu verbieten, worauf ein Zweiter davon abriet mit der Frage: ›Wer wird denn jemals hungern?‹ und der Erste sich überzeugen ließ und das Verbot zurückhielt. Nun entsteht aber wieder die Frage: ›Ist nun das Hungern nicht eigentlich doch verboten?‹ Die große Mehrzahl der Kommentatoren verneint sie, sieht das Hungern für freigegeben an, hält es mit dem zweiten Weisen und befürchtet deshalb auch von einer irrtümlichen Kommentierung keine schlimmen Folgen. Dessen hatte ich mich wohl vergewissert, ehe ich mit dem Hungern begann«.[6] Ein letzter Skrupel also veranlaßt den Hund, sich dem Gesetz gegenüber korrekt zu verhalten, obschon er das Risiko auf sich nimmt, es zu verletzen. Denn das Risiko besteht, und er weiß es, gerade deshalb beteuert er so laut seine Aufrichtigkeit: Was immer geschieht, er wird nicht willentlich sündigen, und er sorgt dafür, daß die geheimnisvollen Mächte, deren Rache er fürchtet, ordnungsgemäß darüber unterrichtet sind.

Zu seinem Unglück lassen sich die Mächte nicht leicht hintergehen, das erkennt er genau in dem Augenblick, da der Hunger ihn wirklich zu peinigen beginnt. Denn alles sieht so aus, als steckten Gesetz und Hunger unter einer Decke oder, genauer gesagt, als gäbe das Gesetz seinen Willen nur dadurch kund, daß es den Fastenden zwingt, den Hunger, den er ersehnte, in seinem ganzen unsäglichen Grauen zu erfahren. Solange sein Bauch gefüllt war, konnte der Hund mit dem Sinn des Gesetzes spielen und es in schöner Heiterkeit deuten: »Nun aber, als ich mich im Hunger krümmte, schon in einiger Geistesverwirrung immerfort bei meinen Hinterbeinen Rettung suchte und sie verzweifelt leckte, kaute, aussaugte, bis zum After hinauf, erschien mir die allgemeine Deutung jenes Gespräches ganz und gar falsch, ich verfluchte die kommentatorische Wissenschaft, ich verfluchte mich, der ich mich von ihr hatte irreführen lassen, das Gespräch enthielt ja, wie ein Kind erkennen mußte, freilich mehr als nur ein einziges Verbot des Hungerns, der erste Weise wollte das Hungern verbieten, was ein Weiser will, ist schon geschehen, das Hungern war also verboten, der zweite Weise stimmte ihm nicht nur zu, sondern hielt das Hungern sogar für unmöglich, wälzte also auf das erste Verbot noch ein zweites, das Verbot der Hundenatur selbst, der Erste erkannte dies an und hielt das ausdrückliche Verbot zurück, das heißt, er gebot den Hunden nach Darlegung alles dessen, Einsicht zu üben und sich selbst das Hungern zu verbieten. Also ein dreifaches Verbot statt des üblichen einen, und ich hatte es verletzt.«[7] Der Hund mag in der Wissenschaft der Deutung noch so bewandert sein, die Fortschritte seines Studiums sind nicht seiner Klugheit zu danken, sondern einzig dem Hunger, der letzten Prüfung der Wirklichkeit. Wie alle Personen Kafkas und wie Kafka selbst lernt er das Gesetz allein durch das Urteil kennen, das es in seinem Fleisch über ihn fällt, lange bevor er es im Geiste begreift.

Wenn es erlaubt ist, den Autor beim Wort seines gelehrten Tiers zu nehmen – und die offensichtlichen Übereinstimmungen zwischen seinen Erzählungen und vielen Passagen der *Tagebücher* lassen hier kaum einen Zweifel zu[8] –, dann weiß Kafka ganz genau, daß ihn sein Wunsch nach Askese einerseits dem urväterlichen Gesetz entgegenstellt, wenngleich die Deutung seine Strenge mildern oder seine Zweideutigkeit nutzen kann, andererseits dem Naturgesetz, das, der unmittelbaren Gerechtigkeit unterstehend, für Deuteleien und Auslegungen absolut unzugänglich ist, und seien sie noch so spitzfindig. Obwohl also doppelt schuldig und sich dessen bewußt, entschließt er sich dennoch nicht, »verspätet zu gehorchen« und mit dem Hungern aufzuhören, sondern erliegt im Gegenteil der Verlockung, weiter zu hungern, was ihn erst recht schuldig macht. Im Unterschied zum Asketen, den ein festes theologisches Gebäude stützt und der, wenn er leidet, wenigstens überzeugt ist, in der Wahrheit zu sein, muß Kafka zu seinem Unglück die einzige Existenzform, die ihm wert erscheint, gelebt zu werden, für illegal erachten; er rechnet sich als Verbrechen an, was in anderen ideologischen Sphären eindeutig das Streben nach Heiligkeit signalisiert; und da es andererseits nicht in seiner Macht steht, sich zu ändern, trägt dieses Verbrechen, das er weder lassen noch bereuen kann, mindestens ebensosehr wie seine übertriebene Askese dazu bei, seine Gesundheit zu zerrütten.

Da dem Gebot ohne Gebieter, dem er gehorchen muß, niemals Genüge getan wird, beschränkt sich Kafka nicht darauf, sich so wenig wie möglich zu ernähren, er umgibt zudem die Tatsache des Essens mit allerlei Sonderbarkeiten, wie um die Substanzlosigkeit seiner Mahlzeiten durch ein kompliziertes Zeremoniell auszugleichen. Eines dieser rituellen Verfahren geht auf einen gewissen Fletscher zurück, einen amerikanischen Wunderheiler, der seinen Anhängern empfiehlt, jeden Bissen hundertmal zu kauen, was öffentlich zu tun allerdings die Schicklichkeit verbietet. Dank einer für seine Umgebung peinlich mitanzusehenden Hungerdiät[9] und dank diesem »fletschern«, das zur Schau zu stellen seine Kinderstube ihn hindert, gelingt es ihm, die Voraussetzung für eine alimentäre Segregation neu zu schaffen, ähnlich derjenigen, zu der das jüdische Gesetz zwingt, freilich mit dem Unterschied, daß seine persönlichen Regeln, die aus dem Grund seiner Angst und nicht aus einer mit anderen geteilten Weltauffassung entstanden, das Gegenteil dessen bewirken, was die Thora garantieren soll: Statt ihn von den Nichtjuden zu trennen, um ihn besser mit seinen Glaubensbrüdern zu vereinen, trennen sie ihn von den Juden nicht weniger als von den Christen und schließen ihn letztlich von jeder gemeinsamen Mahlzeit aus, und sei es am Tisch seiner nächsten Freunde. Aufgrund des Gesetzes, dessen Joch er immerfort trägt, das jedoch, durch Unwissenheit und halbes Vergessen entstellt, nur noch mittels der Imperative seiner eigenen Grausamkeit zu ihm spricht, kann Kafka nie in der Stadt essen oder bei anderen zu Gast sein; in seiner eigenen Familie ebenso wie in öffentlichen Lokalen muß er abseits essen (die Geschichte von dem Oberst und dem General empfängt daher einen besonders schmerzlichen Klang: Um diesen Leuten zu gefallen, die ihm auf den ersten Blick sympathisch sind, überwindet er seine Besonderheit nur mit großer Mühe und wird hart dafür bestraft). Da die Beziehungen der Gastlichkeit unter den Menschen eine wesentliche Rolle spielen, setzt ihn die Einsamkeit, zu der er beim Essen genötigt ist, täglich dem Zwang aus, sich abzukapseln.

Bei allen wichtigen Angelegenheiten seines Lebens stützt sich Kafka auf eine authentische jüdische Idee, die sich, da sie für ihn jedes sozialen und religiösen Inhalts entbehrt, gleichsam durch Übertreibung in ihr Gegenteil verkehrt und ihn schließlich meilenweit von dem gerechten Gesetz entfernt, das er hartnäckig sucht. So wie er, indem er sich sein eigenes System von Nahrungsgeboten schafft, Verrat übt an seiner Sehnsucht nach dem urväterlichen Werk wie an seinem Wunsch, es zu annullieren, so übertreibt er, wenn es um die Ehe geht, das traditionelle jüdische Denken so sehr, daß er es ins Gegenteil verkehrt und bei diesem Handel einzig die Unmöglichkeit zu heiraten herausschlägt. Auch hier laufen seine widersprüchlichen Anstrengungen, sich um jeden Preis ein Ersatzgesetz zu schaffen, darauf hinaus, ihn in die Irre zu führen: Seine Auffassung der Ehe wird zum Haupthindernis, sie einzugehen, und verurteilt ihn zum Zölibat, das heißt zu dem, was für jeden frommen Juden und gerade für ihn der traurige Stand des unvollendeten Menschen ist.

Zu einer Zeit und in einem Milieu, wo die Ehe für die meisten entweder Sache des Herzens oder gesellschaftliche Konvenienz ist, vertritt Kafka Ansichten, mit denen er den alten Rabbis näher steht als den jungen Juden seiner Generation (und sogar seinen älteren

Angehörigen, zum Beispiel ist sein Vater davon geradezu angeekelt). Denn für ihn ist die Ehe nicht nur das natürliche Recht, über das jeder Erwachsene verfügt, um seine sexuellen Bedürfnisse zu befriedigen und ein Heim zu gründen; sie ist vielmehr im strengen Sinn eine Pflicht und so erhaben, daß jeder, der sich ihr entzieht, aus der Menschheit herausfällt. Den Satz aus dem *Talmud*, den er in seinen *Tagebüchern* zitiert, nachdem er ihn in einem Stück von Gordin gehört hatte: »ein Mann ohne Weib ist kein Mensch«[10], trägt er, so könnte man sagen, seit jeher in sich, übrigens zu seinem Unglück, denn als er feststellen muß, daß ihm jede Art gemeinsamen Lebens aufgrund seiner Religion der Literatur, aber auch seiner anderen »Besonderheiten« entschieden versagt ist, spricht eben dieser Satz aus dem *Talmud* das Urteil über ihn.

Durch ein Zusammentreffen, das zu denken gibt, beginnt Kafka genau in dem Augenblick unter dem Junggesellendasein zu leiden und sich über seine Zukunft Gedanken zu machen, als sein Umgang mit den Ostjuden ihn ein Judentum entdecken läßt, das dem seinen in jeder Hinsicht entgegensteht und, was das Wesentliche betrifft, so rein ist, wie das der Prager ihm verfälscht erscheint. Bisher – er ist achtundzwanzig Jahre alt – schien ihn das Junggesellenleben nicht allzusehr zu belasten, zumindest sagt er in seinen *Tagebüchern* und den Briefen an seine Freunde nichts darüber; doch kaum hat er sich mit den Schauspielern angefreundet, verfolgt ihn das Gespenst des Zölibats und bemüht er sich, es zu bannen, wie immer mit Hilfe der Literatur, da er einzig in ihr seinen wahren Handlungsspielraum findet. Was immer es mit dieser zeitlichen Übereinstimmung auf sich haben mag, im November und dann im Dezember 1911 tritt der Junggeselle in seinem Werk auf[11], in klagendem und sogar leicht wehleidigem Tonfall, der in nichts auf die außergewöhnliche Rolle hindeutet, die er später darin spielen wird. Im ersten Text ist dieses unselige Geschöpf noch ein armer Mensch – »Es scheint so arg, Junggeselle zu sein, als alter Mann unter schwerer Wahrung der Würde um Aufnahme zu bitten [...]«[12] –, im zweiten[13] ist er bereits das halb tote, halb lebendige, kalte und abstoßende Phantom, das, vom *Urteil* bis zum *Schloß*, die Kräfte des Helden von innen her verzehrt und zu seiner Verwirrung beiträgt (zuweilen sind das Gespenst und der Held miteinander verwachsen wie im Fall des Jägers Gracchus, der in alle Ewigkeit zwischen Tod und Leben umherirrt). Schon wird Kafka von ihm heimgesucht, und vielleicht entschließt er sich deshalb so plötzlich, Felice zu heiraten, unmittelbar nach einem Abend, an dem er kaum ein Wort mit ihr gewechselt hat.[14]

Der Gegensatz zwischen dieser ungewöhnlichen Eile und der »Verschleppung« seiner Verlobung, die sich fünf Jahre hinzieht, läßt vermuten, daß Kafka, wenngleich er sich wirklich in Felice verliebt, es in diesem Moment nur deshalb so eilig hat – später dagegen wird er sich viel Zeit lassen –, weil er das junge Mädchen braucht, um den Dämon des Zölibats zu besiegen, dem schon endgültig verfallen zu sein er fürchtet (es ist noch nicht lange her, daß die Erinnerung an seinen Onkel Rudolf es ihm eingeflüstert hat). Und Felice, die zwar um ihrer selbst willen, aber auch der Hilfe wegen geliebt wird, die sie ihm gegen seinen Willen nach Isolierung leisten kann, wird auf der Stelle – noch ehe sie weiß, daß man sie umwirbt, oder kurz davor, und das versteht sich ohne ihr Wissen von selbst – zum unschuldigen Objekt eines gut vorbereiteten Handels: Sie dient als Tauschmittel gegen Kafkas Scham, kein verheirateter Mann zu sein. Und zum Teil wegen dieser eigensüchtigen Spekulation wird er sie nicht besitzen können. Denn hier ist die Berechnung halb bewußt, Kafka deutet sie nicht nur an, wenn er genau die gleiche Berechnung zweien seiner Helden unterstellt, die ebenfalls »durch die Frauen ankommen« wollen – Josef K. bei seinen Richtern, der Landvermesser K. bei den Herren – und gleich ihm hart dafür büßen müssen.

Doch selbst wenn die Ehe vor allem als Schutz vor der Schmach der Ehelosigkeit angestrebt wird, beschränkt sie sich doch nicht auf eine rein negative Funktion, genauer gesagt, gerade diese negative Seite erhöht ihren Wert und befähigt sie, das gewöhnliche Niveau des Lebens merklich zu heben. Die Ehe rettet den Menschen allein dadurch, daß sie ihn aus dem engen Kreis herausreißt, in dem seine kleinlichen Berechnungen und seine Kälte ihn bisher gefangenhielten. Sie erhebt die Kreatur und erfüllt damit eine geradezu religiöse Aufgabe, die sie weit höher stellt als das, was sie für das einzelne Ehepaar zu sein vermag. Die einzelne Ehe kann glücklich oder unglücklich, gelungen oder verfehlt sein, die Ehe im allgemeinen ist darum nicht weniger der Zustand, durch den das Individuum die Möglichkeit hat, sich loszukaufen. Alle Abenteuer des Landvermessers K. drehen sich um diese erlösende Kraft, die er seiner Verbindung mit Frieda beimißt, einer Verbindung, die er, das ist sein schwerster Irrtum, legalisieren will (merken wir an, daß Frieda eine kleine Kellnerin ist und daß ihr Name in etwa die deutsche Übersetzung von Felice ist). Denn wenn Kafka in sein Tagebuch schreibt: »Die Erweiterung und Erhöhung der Existenz durch eine Heirat. Predigtspruch. Aber ich ahne es fast«[15], dann weiß er, daß er theologisch denkt – zwar nur »fast«, und diese Einschränkung hat Gewicht, da sie die Falschheit seiner Position genau umreißt –, und obwohl seine Doktrin bloß auf einer Ahnung gründet, verbindet sie ihn doch unmittelbar mit dem Geschlecht jenes Meisters des *Talmud*, der auf die Frage: »Was muß man tun, um die Tora wahrhaftig zu studieren?« unumwunden antwortet: »Zuerst muß man heiraten.«[16]

Zuerst heiraten – diese Vorschrift der jüdischen Weisheit wiederholt sich Kafka sozusagen immerfort. Er prägt sie sich ein und käut sie wieder, er ist geradezu besessen von ihr, aber – und damit schlägt die von den Vätern ererbte Weisheit in »Irrsinn« um – es gelingt ihm nie, sie in die Tat umzusetzen: weil ihm auch hier das Gesetz verborgen bleibt und er, da ihm der Sinn seiner Norm entgeht, als Ersatz für sie nur eine absolute Idee der Reinheit findet. Und so verbaut ihm das auf das ungeeignete lebende Objekt verschobene und dem Gesetz zuwiderlaufende Absolute die menschliche Ehe, die, sofern an ihr allein ihre Unmöglichkeit absolut ist, ihn dem Zustand ausliefert, den er am meisten fürchtet, und ihn einzig das Gefühl seiner Ohnmacht und Unwürdigkeit spüren läßt.

Daß die Verbindung, die Kafka sich wünscht, bloß dem Namen nach etwas mit der Ehe zu tun hat, darüber wird Felice von Anfang an unterrichtet, freilich in so verhüllten Worten, daß sie nicht recht weiß, was sie davon halten soll (und falls sie es dunkel ahnen sollte, zieht sie es vor, sich nicht lange Gedanken darüber zu machen). Kafka beginnt damit, sie von seinen Eßgewohnheiten in Kenntnis zu setzen, wohlgemerkt ohne zu betonen, welch entscheidende Bedeutung er ihnen in seinem persönlichen Haushalt beimißt, und geht über alles hinweg, was sie im Alltag für andere störend macht. Was Heizung und Kleidung betrifft, wird er schon beharrlicher, wobei er ehrlicherweise einräumt, daß seine Abhärtung gegen Kälte noch kein Grund sei, bis in den November hinein (in Prag!) »keinen Überrock, weder einen leichten oder einen schweren« zu tragen und »unter eingepackten Passanten einen Narren im Sommeranzug mit Sommerhütchen abzugeben«.[17] Nach diesem absichtlich karikierten Selbstporträt – es soll Felice abschrecken und gleichzeitig den alarmierenden Ernst der Botschaft durch Komik mildern – kommt Kafka allmählich zur Hauptsache bzw. deutet sie vorsichtig an, denn gegenüber der jungen Frau, die er heiraten will, ist die Hauptsache nicht nur schwer auszusprechen, sie ist ganz einfach unaussprechlich. Deshalb nähert er sich dem prekären Thema auf einem Umweg: »Ich bin noch knapp gesund für mich, aber nicht mehr zur Ehe und schon gar nicht zur Vaterschaft.«[18] Und als Felice darin einen Trennungswunsch zu sehen meint – sie kennt ihren Briefpartner noch nicht –, belehrt Kafka sie eilig eines Besseren und packt das heikle Problem von einer anderen Seite an, die er, wie gerufen, bei einem seiner chinesischen Lieblingsdichter findet. Er stellt den Autor, Yan-Tse-Tsai, vor und macht sich die Mühe, das ganze Gedicht mit dem Titel *In tiefer Nacht* abzuschreiben. Der Held ist ein sogenannter »Gelehrter« oder »Stubenhokker« im Gegensatz zum »Kriegshelden«. Der Gelehrte also hat die Nacht beim Schein seiner Lampe gearbeitet, während seine Freundin ihn geduldig im Bett erwartete. In sein Studium vertieft, hat er das Kaminfeuer ausgehen lassen, das Zimmer ist kalt, die Parfüms seines Lagers sind schon verflogen, als bei anbrechendem Tag seine Freundin ihm zornig die Lampe wegreißt und fragt: »Weißt du, wie spät es ist?«[19] Das ist alles, Kafka empfiehlt Felice lediglich, das Gedicht auszukosten; er kommentiert es mit keinem Wort. Ein paar Wochen später jedoch, als er nachts an sie schreibt und merkt, daß es spät geworden ist, fällt ihm der chinesische Gelehrte wieder ein: »Leider, leider weckt mich nicht die Freundin, nur der Brief, den ich ihr schreiben will. Einmal schriebst Du, Du wolltest bei mir sitzen, während ich schreibe; denke nur, da könnte ich nicht schreiben (ich kann auch sonst nicht viel) aber da könnte ich gar nicht schreiben.«[20] Was nun folgt, geht bei weitem über die Situation des Gedichts hinaus, denn der chinesische Gelehrte kann die Gegenwart einer Frau neben sich noch ertragen, nicht aber Kafka, er braucht vollständige Einsamkeit, die schwärzeste Nacht, ja die Stille der Krypta, in die er sich gern vergraben möchte: »Oft dachte ich schon daran, daß es die beste Lebensweise für mich wäre, mit Schreibzeug und einer Lampe im innersten Raume eines ausgedehnten, abgesperrten Kellers zu sein. Das Essen brächte man mir, stellte es immer weit von meinem Raum entfernt hinter der äußersten Tür des Kellers nieder. Der Weg um das Essen, im Schlafrock, durch alle Kellergewölbe hindurch wäre mein einziger Spaziergang. Dann kehrte ich zu meinem Tisch zurück, würde langsam und mit Bedacht essen und wieder gleich zu schreiben anfangen. Was ich dann schreiben würde! Aus welchen Tiefen ich es hervorreißen würde! Ohne Anstrengung! Denn äußerste Koncentration kennt keine Anstrengung. Nur, daß ich es vielleicht nicht lange treiben würde und beim ersten, vielleicht selbst in solchem Zustand nicht zu vermeidendem Mißlingen in einen großartigen Wahnsinn ausbrechen müßte. *Was meinst Du, Liebste? Halte Dich vor dem Kellerbewohner nicht zurück!*«[21] Im Augenblick hält Kafka mit der Hauptsache noch hinterm Berg, er begnügt sich damit, Felice zu warnen – allerdings sehr deutlich –, daß, falls sie sich entschließt, ihn zu heiraten, jeder von ihnen im Grunde für sich heiraten wird, sie einen abwesenden Ehemann, er eine Literatur, die alle Ansprüche auf sein Leben geltend macht.

Man kann sich Felices Empörung über ein solches Bild ihrer ehelichen Zukunft leicht vorstellen, daher beruft sich Kafka, um sie zu besänftigen, noch einmal auf den Chinesen, der immerhin, so gefeit er gegen die Verführung sein mag, die Frau über seinen Willen siegen läßt. »Schließlich aber konnte sie sich nicht halten und nahm ihm doch die Lampe weg, was ja schließlich ganz richtig, seiner Gesundheit zuträglich, dem Studium hoffentlich nicht schädlich, der Liebe nützlich war, was ein schönes Gedicht hervorrief und doch alles in allem nur eine Selbsttäuschung der Frau gewesen ist.«[22] Bestürzt über die Reaktion Felices, die die Kellergeschichte offenbar verstört hat, bemüht sich Kafka, ihr die Dinge in einem weniger erschreckenden Licht zu zeigen, wer weiß, vielleicht ist er ja nicht zu jeder Tages- und Nachtzeit der Kellerbewohner, vielleicht kommt er ja hin und wieder nach oben, läßt sich die Lampe entreißen wie der chinesische Gelehrte und legt sich trotz allem zu seiner Frau ins Bett. Vielleicht – doch zwei Tage später wird diese zage Hoffnung schon wieder zunichte, abermals durch das Gedicht von Yan-Tse-Tsai, mit dem Kafka wahrhaft meisterlich zu spielen versteht, um ganz nach Belieben kalte und warme Winde wehen zu lassen: »Ist es Dir nicht aufgefallen, daß gerade von einer Freundin des Gelehrten die Rede ist und nicht von seiner Ehefrau, trotzdem doch dieser Gelehrte sicher ein älterer Mann ist und beides, die Gelehrsamkeit und das Alter, dem Beisammensein mit einer Freundin zu widersprechen scheinen.« Hat etwa der Dichter »die Unwahrscheinlichkeit einer Unmöglichkeit vorgezogen«? Oder »fürchtet er vielleicht, daß eine ähnliche Gegenüberstellung des Gelehrten zu seiner Frau dem Gedicht jede Fröhlichkeit nehmen [...] könnte? [...] Die Freundin in dem Gedicht ist nicht schlimm daran, diesmal verlöscht die Lampe wirklich, die Plage war nicht so groß, es steckt auch noch genug Lustigkeit in ihr. Wie aber, wenn es nun die Ehefrau gewesen wäre, und jene Nacht nicht eine zufällige Nacht, sondern ein Beispiel aller Nächte und dann natürlich nicht nur der Nächte, sondern des ganzen gemeinschaftlichen Lebens, dieses Lebens, das ein Kampf um die Lampe wäre.«[23] Nun ist Felice also gewarnt: Ihm entreißen, was eine Geliebte ohne große Mühe von ihm erhalten würde, das würde seine Ehefrau einen täglichen Kampf kosten, und er würde es ihr nicht geben können, »wenn er auch vielleicht nur zum Schein in seine Bücher schaut und tage- und nächtelang an nichts anderes denkt, als an die Frau, die er über alles liebt, aber eben mit seiner ihm angeborenen Unfähigkeit liebt«.[24]

Hier verzichtet Kafka beinahe auf Winkelzüge: Selbst wenn er nicht mit Leib und Seele seiner Arbeit verschrieben wäre, sondern sich bloß zum Schein in sie vertiefte, wäre er dennoch unfähig, sich mit seiner Ehefrau anders denn in *Gedanken* zu vereinen. Also nicht wegen der Literatur, oder nicht ausschließlich, nicht in erster Linie ihretwegen, bereitet er Felice auf ein Eheleben vor, das eher an ein Leben im Kloster als an das einer wirklichen Ehe gemahnt; in Wahrheit benutzt er den Gelehrten nur, um dessen anderes Gesicht zu verbergen, den »Stubenhocker«, der in jeder Hinsicht das Gegenteil des »Kriegshelden« ist: »Den erwartet seine Frau, zwar unruhig, aber von seinem Anblick ganz beglückt, da sieht man einander in die Augen, wie treue Menschen, die einander lieben und einander lieben dürfen, da gibt es nicht den schiefen Blick, mit dem die Freundin in der Güte und dem Zwange ihres Herzens den Gelehrten beobachtet, da warten schließlich die Kinder [...], während die Wohnung des ›Stubenhockers‹ leer ist, dort gibt es keine Kinder.«[25] Nach dieser durchsichtigen Anspielung auf das, was er beiläufig seine »angeborene Unfähigkeit« nennt, fügt Kafka ironisch und nicht ohne Doppelzüngigkeit hinzu: »Liebste, was ist das doch für ein schreckliches Gedicht, ich hätte es nie gedacht«, schrecklich ist es in der Tat, aber das Schreckliche kommt vor allem von ihm selbst, der in das Gedicht hineinlegt, was er braucht, um die Hauptsache anzudeuten, ohne sie offen zu gestehen.

Die Kellergeschichte und das »schreckliche« Gedicht des Gelehrten würde Felice wohl besser verstehen, wenn ihr die *Tagebücher* ihres Verlobten zugänglich wären (nur Milena wird dieses Privileg haben, Kafka gibt ihr alle seine Hefte und damit die Möglichkeit, nicht allzu lange irrezugehen), denn dort könnte sie beispielsweise im selben Jahr 1913 lesen: »Der Coitus als Bestrafung des Glücks des Beisammenseins. Möglichst asketisch leben, asketischer als ein Junggeselle, das ist die einzige Möglichkeit für mich, die Ehe zu ertragen. Aber sie?«[26] Dann würde sie endlich erfahren, was Kafka von ihr erwartet, aber nicht offen von ihr zu verlangen wagt: eine Liebesehe, gewiß, die jedoch so gut wie nicht vollzogen wird, also im Grunde ungültig ist, fast eine Scheinehe. Eine Ehe, die wirksam geschützt ist vor dem, was Kafka Milena einmal als die schwarze Magie der Sexualität schildert: »Hier ist die Welt, die ich besitze und ich soll hinüber, einer unheimlichen Zauberei zuliebe, einem Hokuspokus, einem Stein der Weisen, einer Alchymie, einem Wunschring zuliebe. Weg damit, ich fürchte mich schrecklich davor.«[27] Felice freilich weiß noch nicht, was es mit dieser Furcht auf sich hat und warum Kafka es ablehnt, »in einer Nacht das durch Zauberei erwischen [zu] wollen, eilig, schweratmend, hilflos besessen [...], was jeder Tag den offenen Augen gibt!«[28], sonst wäre kaum verständlich, daß sie jahrelang durchhält und nach dem dramatischen Bruch von 1914 so schnell einwilligt, die Beziehung wieder aufzunehmen. Zwar ist für Kafka schon damals der Geschlechtsakt »ein trennendes Band«, aber immerhin ein Band, während er zu Milenas Zeit etwas geworden ist, was die Vereinigung verhindert: »[...] eine Mauer oder ein Gebirge oder richtiger: ein Grab.«[29] (Mit der Scheinehe, die Kafka Felice nicht vorzuschlagen wagt, scheint sich seine zweite Verlobte, Julie Wohryzek, mehr oder weniger abgefunden zu haben; nach Kafkas Worten war zwischen ihnen »festgestellt worden, daß ich Ehe und Kinder für das höchste Erstrebenswerte auf Erden in gewissem Sinne hielt, daß ich aber unmöglich heiraten konnte [...]«[30]

Unter den Gründen, mit denen Kafka die Unmöglichkeit, Frau und Kinder zu haben, öffentlich erklärt, steht selbstverständlich die Literatur an erster Stelle, privat jedoch betont er sein unabwendbares Reinheitsbedürfnis. 1913 notiert er in einer Zusammenstellung »alles dessen, was für und gegen meine Heirat spricht«, obenan, er sei unfähig, »den Ansturm meines eigenen Lebens, die Anforderungen meiner eigenen Person, den Angriff der Zeit und des Alters, den vagen Andrang der Schreiblust, die Schlaflosigkeit, die Nähe des Irreseins« zu ertragen, und daß ihn trotzdem alles, was mit der Sexualität zu tun hat, gleich zu denken gibt: »Jeder Witz im Witzblatt, die Erinnerung an Flaubert und Grillparzer, der Anblick der Nachthemden auf den für die Nacht vorbereiteten Betten meiner Eltern, Maxens Ehe«[31] – das wirft ihn auf seine alte Angst zurück, worin die Furcht, sich zu binden und zu verlieren, sich mit der Furcht vermischt, sich zu beschmutzen. In einer anderen »Bilanz« (27. August 1916) zählt die Ehe zwar zu den Unreinheiten, doch da sie gleichwohl für ihn das höchste Ziel auf Erden bleibt, nimmt ihr das ewig im Gleichgewicht sich haltende Für und Wider jede Chance, vollzogen zu werden. Derart zwischen zwei unversöhnlichen Gegensätzen hin- und hergerissen – dem jüdischen Gesetz, das ihm zu heiraten gebietet, um im wahren Sinn des Wortes Mensch zu sein, und dem anderen, dem fremden Gesetz, das ihn zwingt, die Ehe von der Sexualität zu trennen und damit sogar zu sterilisieren –, bleiben Kafka in jedem Falle nur die Qual, nicht voll und ganz zu genügen, sowie das unerträgliche Gefühl, was immer er tut, in der Illegalität zu leben.

Daß diese Zerrissenheit zwischen zwei widersprüchlichen Gesetzen nur das sichtbare Zeichen einer tiefen seelischen Verwirrung ist – um das leugnen zu können, kennt Kafka die Wurzel seines Leidens viel zu gut; er weiß, daß dessen wirkliche Ursache in einer stark gestörten Sexualität liegt, die ihn dazu verdammt, fast jede Frau zu begehren und der geliebten Frau gegenüber zu Eis zu erstarren. Nachdem er die Wahrheit lange im Halbdunkel der Metapher und Anspielung belassen hatte, kommt der Tag, an dem er sie Felice endlich eingestehen muß: »Meine eigentliche Furcht – es kann wohl nichts Schlimmeres gesagt und angehört werden – ist die, daß ich Dich niemals werde besitzen können. Daß ich im günstigsten Falle darauf beschränkt bleiben werde, wie ein besinnungslos treuer Hund Deine zerstreut mir überlassene Hand zu küssen. [...] Daß ich neben Dir sitzen werde und, wie es schon geschehen ist, das Atmen und Leben Deines Leibes an meiner Seite fühlen werde und im Grunde entfernter von Dir sein werde als jetzt in meinem Zimmer. [...] Daß ich mit Dir Hand in Hand scheinbar verbunden an der ganzen Welt vorüberfahre und daß nichts davon wahr ist. Kurz, daß ich für immer von Dir ausgeschlossen bleibe, ob Du Dich auch so tief zu mir herunterbeugst, daß es Dich in Gefahr bringt.«[32]

Ein paar Jahre nach seinem »großen Geständnis« versucht er Brod, der ebenfalls den Grund für seine Verzweiflung nicht recht versteht, zu erklären, worin genau diese Form der Impotenz besteht, deretwegen er nun auch Milena verloren hat: »[...] später aber war es so, daß der Körper jedes zweiten Mädchens mich lockte, der Körper jenes Mädchens, in das ich (deshalb?) meine

Hoffnung setzte, gar nicht. Solange sie sich mir entzog (F) oder solange wir eines waren (M), war es nur eine Drohung von ferne und nicht einmal gar so ferne, sobald aber irgendeine Kleinigkeit geschah, brach alles zusammen. Ich kann offenbar, meiner Würde wegen, meines Hochmuts wegen (auch wenn er noch so demütig aussieht, der krumme Westjude!) nur das lieben, was ich so hoch über mich stellen kann, daß es mir unerreichbar wird.«[33] Diese klinische Beschreibung läßt nichts zu wünschen übrig, außer, daß der Hochmut des Westjuden lediglich der Schutzschild ist, hinter dem Kafka sich die wahre Ursache seines Gebrechens verbirgt.

Die Impotenz, an der er leidet und die man zuweilen psychisch nennt, um ihren durchaus relativen Charakter hervorzuheben, ist eines der Geheimnisse, die Freud zu entschlüsseln ermöglichte, als er ihren Ursprung in der Kindheit und ihre enge Beziehung zum »ödipalen« Drama erkannte. Die geliebte Frau, die mit der Mutter, auf die der Wunsch des Kindes sich richtete, identifiziert und in der inneren Hierarchie des neurotischen Erwachsenen so hoch gestellt wird wie sie, gerät eben dadurch zum heiligen Idol: Das Inzestverbot gilt ihr in den Augen des Knaben ebenso wie der wirklichen Mutter, was sie zu einer ständigen Quelle der Furcht und einer steten Verlockung macht. Der von seinem wahren Objekt abgelenkte Wunsch fixiert sich auf die aus diesem Kreis glühender Bilder ausgeschlossenen Frauen, das heißt auf jene, die aufgrund ihrer niederen gesellschaftlichen Stellung oder ihres schlechten Rufs abgewertet sind. Für die jungen Bürger des letzten Jahrhunderts besteht das große Kontingent verfügbarer Frauen vornehmlich aus Domestiken, Gouvernanten und vor allem Prostituierten, die, von der Mutter durch einen unermeßlichen Abstand getrennt, den Vorteil haben, die Angst und Schuld erzeugenden Phantasien vom Neurotiker fernzuhalten. Freilich ein anrüchiger Vorteil, denn da die Mutter der Kindheit alle Möglichkeiten der Begierde und Liebe auf sich gezogen hat, ist sie es auch wieder, die man in der Dirne besitzt, so daß das an den Inzest geknüpfte Schuldgefühl keineswegs erloschen ist und die alle Frauen überragende Mutter den allerniedrigsten gleich wird.

Aus der Sicht der analytischen Theorie ist Kafkas Fall so klassisch, daß man ihn als Lehrbeispiel anführen könnte. Man findet hier, wo nicht direkt, so doch durch Rückschluß aus dem Haß auf den allmächtigen Vater, die leidenschaftliche Zuneigung zur Mutter – einer Mutter, die in der Kindheit um so mehr begehrt wird, als sie oft außer Hause ist; die Initiation des Heranwachsenden durch eine Gouvernante und später einen Geschlechtsverkehr, der sich fast ausschließlich auf Prostituierte[34] und auf die Jossies oder Effies beschränkt, die in Wirtshäusern und Cafés bedienen; schließlich das Versagen der Begierde angesichts jeder Frau, in der sich die Mutter-Gattin wiederverkörpert.

Kafka, der Milena »Mutter« und seine junge Schwester Ottla »große Mutter« nennt, scheint den inzestuösen Charakter seiner Zuneigung und folglich die wahre Natur seiner Unfähigkeit fast zu ahnen (erinnern wir an den Anblick der Nachthemden auf dem Bett seiner Eltern sowie an die inzestuösen Gedanken, die eheliche Schlafzimmer und Kinderzimmer ständig in ihm wecken). Er ahnt zudem, daß er gerade deshalb dazu neigt, die geliebte Frau in den Himmel zu heben, damit ihm nicht mehr erlaubt ist, sie zu berühren. Im übrigen kennt er die Freudsche Theorie, die sein Problem erklären könnte, sehr gut, er gibt ihr in einem bestimmten Punkt sogar recht, wenn er behauptet, »alle diese angeblichen Krankheiten« seien »Verankerungen [...] in irgendwelchem mütterlichen Boden«[35]; doch die Therapie, in der die Psychoanalyse schließlich ihre Hauptrechtfertigung findet, lehnt er kategorisch ab, wahrscheinlich weil ihm angesichts seiner Not ein Heilungsversuch so unsinnig vorkommt, als wolle man die Organe eines Lebewesens auswechseln. Da er sein Leiden mit gutem Recht für eine »Erkrankung des Instinkts«[36] hält und, was ihn selbst betrifft, vielleicht nicht ohne Grund davon überzeugt ist, daß es für eine solche Beeinträchtigung keine Therapie gibt, beschließt er, *gegen* seinen entkräfteten Instinkt zu leben, indem er sich in eine Welt der Reinheit einschließt, in der alles, was mit Sexualität zu tun hat, gewaltsam unterdrückt wird.

Eine Erkrankung des Instinkts, die auch eine Erkrankung der Zeit ist – in diesem Punkt gibt sich Kafka keiner Täuschung hin, er stellt lediglich fest, daß es für andere, die gleich ihm von ihr befallen sind, je nach »Lebenskraft« immer irgendwelche Möglichkeiten, sich abzufinden, Hilfsmittel und Notbehelfe gibt, während er dergleichen nicht hat, sondern bestenfalls »die Möglichkeit, mich zu flüchten, allerdings in einem Zustand, der es dem Außenstehenden (übrigens noch mehr mir selbst) unverständlich macht, was hier noch gerettet werden soll [...]«.[37] Die Ehelosigkeit akzeptieren; die Frauen, die er innerlich als verfügbar empfindet, nehmen und sich von denjenigen, welche die psychische Störung verbietet, zurückziehen; sich auf dieser erzwungenen Einschränkung eine Existenz aufbauen und alles nutzen, was sie an Freude und Freiheit übrigläßt, ohne sie sich durch den ständigen Vergleich mit der angeblichen Normalität verleiden zu lassen – die meisten der von dieser Krankheit betroffenen Männer leiden nicht übermäßig darunter, sich mit ihr abfinden zu müssen, und selbst wenn sie sich eines Mangels bewußt sind, denken sie doch nicht daran, sich für verflucht zu halten. Kafka dagegen kann sich nicht so leicht trösten (sein Onkel in Madrid, den er einmal deswegen befragt, setzt ihn zweifellos mit der Antwort in Erstaunen, daß er, obschon er es zuweilen bedauere, nicht geheiratet zu haben, im ganzen mit seinem Schicksal wohl zufrieden sein könne[38]); die Notbehelfe, zu denen jeder andere in solchem Fall ganz natürlich greift, stehen ihm nicht zur Verfügung, und was ihn hindert, sich ihrer zu bedienen, ist nicht nur eine geschwächte »Lebenskraft«, es sind vor allem die beiden Gesetze, die mit aller Schärfe in ihm widerstreiten und, indem jedes einzelne ihm seine zwingenden Befehle diktiert, gemeinsame Sache einzig zu dem Zweck machen, ihn zu vernichten.

Indem Kafka den Koitus mit einer »Bestrafung des Glücks des Beisammenseins« oder mit einer »schmerzvollen Grenzdurchbrechung« vergleicht, entzieht er sich dem jüdischen Gesetz in doppelter Weise, zum einen weil er verurteilt, was es als heilige Pflicht ansieht, und zum anderen weil er es in Übereinstimmung mit einer ganz anderen Tradition tut – der christlichen oder, wenn man lieber will, der paulinischen –, für die das Fleisch selbst ein Fluch ist. Wenn der eine Kafka, dem alles daran liegt, zu heiraten, um seine Existenz zu erweitern, hierin der Nachkomme Moses ist, dann wäre der andere Kafka, der den Geschlechtsakt ablehnt, eher der Schüler des Paulus, des großen Abtrünnigen, wie man weiß, der als später Jude und typischer Vertreter einer Übergangszeit es ebenfalls auf sich genommen hat, das Gesetz der Urväter zu korrigieren und es schließlich für abgeschafft erklärte (ein Erfolg, bei dem der Vergleich allerdings aufhört). Doch nichts läßt die Behauptung zu, Kafka habe sich bewußt dieser Theologie des sündigen und verachteten Fleisches angeschlossen; niemals erwähnt er Paulus in seinen Briefen und Heften (während die Gestalt Christi häufig darin vorkommt), der Apostel scheint ihm nicht vertraut zu sein.[39] Und wenn die Kirche ihn in bestimmten Phasen seines Lebens anzieht – wir wissen ja, daß dem so ist –, so kann das nur über diejenige Denkströmung geschehen, die sein Bedürfnis nach Askese und

Reinheit zu bestärken vermag.[40] Dabei ist unwichtig, ob Kafka bewußt von einigen Punkten der paulinischen Lehre beeindruckt ist oder ob er sie unwissentlich allein aufgrund seines Bedürfnisses nach Verzicht gutheißt, die Hauptsache bleibt der unerbittliche Antagonismus der beiden Gesetze, denen er sich fatalerweise fügen will und die ihm, indem sie ihn sowohl von der Ehe wie vom Zölibat fernhalten, lediglich den schrecklichen Ausweg der Krankheit offenlassen.[41]

Unabhängig von dem diätetischen oder ideologischen Wert, den die Zwangsmaßnahmen, für die Kafka sich entschließt, um in eine *legalisierte* Welt zurückzukehren, nachträglich in seinem inneren Haushalt gewinnen, sie weisen dieselbe Besonderheit auf: Ob sie nun die Nahrung, die sexuellen Beziehungen oder die Gestaltung der sozialen Beziehungen betreffen, alle haben sie ihren Ursprung in einem wesentlichen Prinzip des jüdischen Legalismus, und alle führen zu seiner Umkehrung, denn in diesem Bereich heißt zuviel tun dasselbe wie nicht das tun, was man soll, und folglich die Legalität verlassen, eben dort, wo man den größten Wert darauf legte, in ihr zu bleiben.

Mit der Praxis eines unnachgiebigen Vegetarismus verschafft sich Kafka offenkundig die Gewißheit, das Tabu des Blutes nicht zu verletzen, doch indem er das Verbot auf den Verzehr jeglichen Fleisches ausdehnt, hebt er den Unterschied zwischen Erlaubtem und Nichterlaubtem auf, den das Gesetz aufrechterhalten will – anders gesagt, er tötet das lebendige Gesetz im Namen einer tödlichen Forderung nach Absolutem (zumal sein Vegetarismus nur die gesellschaftlich akzeptable Form ist, die er seiner Weigerung zu essen verleiht). Ebenso schützt ihn sein Wunsch nach einer Ehe ohne Sexualität wirksam vor den Übertretungen, denen seine Unkenntnis des Gesetzes ihn immer wieder auszusetzen droht – freilich schießt die präventive Maßnahme so sehr über ihr Ziel hinaus, daß sie mit einem Schlag sowohl den Daseinsgrund der Vereinigung als auch das zerstört, worin ihre eigene Notwendigkeit bestand. Aus der Sicht des jüdischen Legalismus ist dieses ständige Überbieten, das sowohl die Befürchtung, nicht genug zu tun, als auch das nicht minder gebieterische Bedürfnis verrät, zuviel zu tun, nicht allein wegen der Anleihen bei einer fremden Ideologie verdächtig; es ist tatsächlich Sakrileg, insofern es, da es einzig die zerstörerischen Lebenskräfte begünstigt, zur unsühnbaren Sünde in Gestalt eines stets neu erwogenen Selbstmords führt.

Abgesehen von dem Masochismus, der insgeheim an seiner Ausarbeitung mitwirkt, ist Kafkas Disziplinarsystem insofern bemerkenswert, als es, so negativ es auf den ersten Blick erscheint, aus der dauernden Anstrengung erwächst, das Unversöhnliche zu versöhnen oder, wie Freud anläßlich des Traums und des neurotischen Symptoms sagt, zwischen zwei stark antagonistischen Tendenzen einen relativ erträglichen Kompromiß zu schließen. Für Freud nämlich sind Traumbild und neurotisches Symptom der verkleidete Ausdruck eines verdrängten Wunsches, funktionieren jedoch so, daß sie hinter der Verkleidung sowohl den verbotenen Wunsch als auch die Zensur durchscheinen lassen, die ihn hindern, sich zu äußern. Die Operation endet also auf beiden Seiten mit einem halben Mißerfolg oder mit einem halben Erfolg: Dem latenten Wunsch, der sich mit der Verdrängung abfinden muß, gelingt es trotzdem, sich einen Weg zu bahnen, freilich zum Preis einer Verschiebung und Entstellung, die ihn ziemlich unkenntlich machen; auf der anderen Seite erledigt die so überlistete Zensur dennoch den größten Teil ihrer Arbeit, da sie den Wunsch zwingt, nicht in seiner Sprache zu sprechen, sondern mit dem Vokabular einer unpassenden Botschaft, deren unerlaubter oder anstößiger Inhalt sich schließlich in der Absurdität verliert. Nun haben allerdings Kafkas symptomatische Handlungen, die er sich auferlegt, um seine Liebe zu dem verlorenen Gesetz sowie seinen Haß auf es auszudrücken, ebenfalls den Wert einer expressiven Sprache verloren, die im Hinblick auf einen Kompromiß geschaffen wurde: Indem er die beiden absolut widersprüchlichen Wünsche, die sein System bestimmen, in einer Repressivmaßregel verdichtet – Abstinenz und sexuelle Enthaltsamkeit –, sorgt er dafür, daß sie sich beide verraten und sich miteinander, gegeneinander, im ganzen Ausmaß ihrer Unerbittlichkeit behaupten.

Dieser Notwendigkeit, einen Kompromiß zu schließen zwischen der Unmöglichkeit, nicht Jude zu sein, und der Unmöglichkeit, es noch immer zu sein oder es in einem authentischen Sinne wieder zu werden, beugt sich Kafka, vielleicht unbewußt, auch dann, wenn er seiner Neigung für die kleinen Gemeinschaften nachgibt, sobald sie sich am Rande der offiziellen Religionen und Doktrinen festgesetzt haben. Aus einem Volk hervorgegangen, das zu seiner Zeit ebenfalls eine randständige Sekte unter den Nationen bildete, bringt er durch sein Interesse für das Sektierertum im allgemeinen einerseits eine wehmütige Huldigung seines fernen Ursprungs zum Ausdruck, andererseits die Suche nach einem von den ererbten Zwängen befreiten, durch eine kleine Gruppe oder eine individuelle Inspiration regenerierten Glauben, das heißt nach etwas, das deutlich von seinem Bedürfnis zeugt, den engen Kreis zu durchbrechen, in dem die Bande des Blutes und der Geschichte ihn eingeschlossen halten. Er benutzt die Sekte nach der gleichen Logik des Irrationalen, die sein Verhältnis zur Nahrung und zur Sexualität regelt: um sich seinem Volk in den »alten ungeheuern Zeiten« zu nähern und in der Gegenwart vor ihm zu fliehen, indem er es durch andere, diesmal aktuelle und gegen die Welt auf ihrer eigenen Legalität beharrenden Minoritäten ersetzt.

In Anbetracht der halb leidenschaftlichen, halb ironischen Neugierde, die Kafka in jeder Periode seines Lebens für die verschiedensten Denkströmungen bekundet – für die Prager anarchistischen Zirkel, den libertären Puritanismus, die Häresie der Hussiten, die Anthroposophie Rudolf Steiners, die mährischen Brüder oder einen gewissen Moritz Schnitzer[42], den Erfinder einer neuen Naturheilmethode –, steht zu vermuten, daß ihn an diesen ziemlich heteroklyten Lehren weniger ihr ideologischer Gehalt fasziniert als vielmehr der sektiererische Geist selbst, der für einige seiner eigenen Probleme eine originelle Lösung anbietet, insbesondere für sein paradoxes Verhältnis zum Glauben und zur Tradition.

Denn ob es sich nun um eine politische oder eine religiöse Sekte handelt, sie ist immer der Versuch eines Kompromisses zwischen den beiden Bewegungen, die nur schwer gleichzeitig zu verwirklichen sind: sich absondern und sich vereinen, sich von der Mehrheit trennen und sich mit anderen Abgesonderten in einer neuen Bruderschaft zusammenschließen, die gerade durch das zementiert wird, was sie dazu ausersieht, eine Minderheit am Rande der bestehenden Strukturen zu bleiben. In Anbetracht seiner fortwährenden Suche nach einem Ausweg aus dem Dilemma, sich von den kollektiven Zwängen befreien und gleichzeitig in der Wärme einer Gemeinschaft aufgehen zu wollen, ist Kafka von der originellen Art und Weise beeindruckt, mit der die Sekte das Problem für ihre Anhänger löst. Aber sosehr ihn in einem Augenblick der Not ein Schnitzer oder ein Apostel der »Christlichen Gemeinschaft« verlocken mag, so ist er, wie wir sahen, doch nicht blind gegenüber der Schwäche und Lächerlichkeit dieser improvisierten Erretter; niemals geht seine Neugierde oder Bewunderung so weit, sich ihnen anzuvertrauen, was bis zu einem gewissen Grade seine affektiven Bedürfnisse befriedigen würde. Den Sekten wie dem Ostjudentum, in dem er so gern zu Hause wäre, muß er fern bleiben, »einsam wie Franz Kafka«, auf dem Beobachtungsposten, den die Einmaligkeit seines Falles ihm aufnötigt.

Daß das Beispiel dieser fanatischen Asketen, dieser puritanischen Anarchisten, dieser Erleuchteten, an denen er den Radikalismus ihres Glaubens gewiß ebenso bewundert wie den lebendigen Sinn ihrer Gemeinschaft, ihn nicht weit bringen kann, weiß niemand besser als er. Denn daß sie sich absondern und gegen den Konformismus ihrer Umwelt auflehnen konnten, lag daran, daß sie von Geburt alles besaßen, was ihm fehlt – einen Boden, ein Gesetz, einen unangefochtenen Platz in der Welt, die für sie geschaffen war. Sie konnten und durften zurückweisen, was sie hatten, eben weil sie es hatten, und als ihr reformatorischer Eifer sie gegen die herrschenden Zustände aufbegehren ließ, konnten sie um so besser handeln, als sie trotz allem einem großen lebendigen Gesellschaftskörper angehörten. In ihre Fußstapfen treten zu wollen, liefe abermals darauf hinaus, so zu tun »als ob«, sich selbst zu belügen und andere zu täuschen; es hieße, in die kraftlose Nachahmung des assimilierten Juden und in den alten Morast der Schuld zurückfallen, in dem Kafka bereits versinkt. In dieser Hinsicht bleibt die Kluft zwischen ihm und diesen Leuten unüberwindbar, und er zieht aus dem Umgang mit ihnen nur einen weiteren Beweis gegen seine Existenz als Zwitterwesen, das allemal deplaziert ist, immerfort gezwungen, sich zu rechtfertigen.

Die Apostel und Adepten, die er aus der Distanz wegen des Muts bewundert, mit dem sie ihren Weg gegangen sind, können ihm also nichts beibringen, sie helfen ihm nur negativ, indem sie ihm *a contrario* die Absurdität seiner Fluchtversuche vergegenwärtigen und ihn mehr denn je auf den ursprünglichen Ort zurückverweisen, an dem sein Unglück zu leben sich entwickelt hatte. Er weiß es wahrscheinlich, noch bevor er den ersten Schritt in ihre Richtung tut, bei den wenigen Malen, da er sich zu ihnen verirrt (bei Rudolf Steiner zum Beispiel, den er einmal aufsucht, obwohl er im voraus weiß, daß sein Schritt vergeblich sein wird – wie übrigens stets in solchen Fällen nimmt der Bericht seines Besuches sofort eine Wendung ins Komische[43]). Und trotzdem faszinieren sie ihn weiterhin, genauer gesagt, er benutzt sie weiterhin als Ausdruck seines eigenen Zwiespalts, wozu sie sich vorzüglich eignen, da sie in gewisser Hinsicht – alle sind gläubig und gleichzeitig Rebellen – immerhin Ähnlichkeit mit ihm haben. So kann Kafka dank diesen romanhaften Gestalten am Rande der organisierten Gesellschaften endlich die gegensätzlichen Themen seines »Familienromans« gemeinsam behandeln, das heißt sich seiner Geburt innerhalb eines ewigen Volkes rühmen und die Erniedrigungen verschmerzen, ja sich für sie rächen, die mit diesem Schicksal von Anfang an verbunden sind.

Das Gesetz läßt Kafka nicht ruhen, eben weil es sich ihm entzieht und weil er es, da er ohne es nicht leben noch es neuerfinden kann, dauernd in die Enge treibt, damit es sich endlich zu erkennen gebe. Unverständlich, unentzifferbar, absurd, einzig durch zu vollstreckende und stets unwiderrufliche Urteile sich offenbarend – so tut es sich, grandios und senil zugleich, durch die schreckliche Stimme des Richter-Vaters kund; so läuft Josef K. ihm hinterher (und nicht umgekehrt, denn es wird deutlich gesagt, daß die Justiz, mit der er es zu tun hat, den Angeklagten empfängt, wenn er zu ihr findet, jedoch nichts unternimmt, ihn zu finden) durch die Gänge und Dachböden in den Elendsquartieren einer Arbeitervorstadt; so steht es in den Zeichnungen des ehemaligen Kommandanten der *Strafkolonie*, unter Übermalungen und Verzierungen unlesbar geworden, so daß es den Urteilsspruch bekanntmacht, indem es sich direkt ins lebende Fleisch des Verurteilten eingräbt. Und an diesem immanenten Gesetz, das sich im Automatismus der Strafe kundtut und in dem alle Rechtsbegriffe gleichermaßen verhöhnt werden, stirbt Kafka am Ende, wenn es stimmt – wovon er überzeugt ist –, daß die Wunde seiner Lunge bloß das Symbol der anderen, unsichtbaren Wunde ist, die seit jeher seine Rechtfertigungswut in ihm aufreißt. Im übrigen hatten seine Helden es ihm vorausgesagt: In einer Innenwelt, in der das Gebot ohne Gebieter die Kraft verloren hat, Leben zu spenden, besitzt das blutrünstig gewordene Gesetz nur noch die totale Macht zu töten.

Da er nicht weiß, wofür, weshalb und vor wem er sich rechtfertigen muß und ohne Rechtfertigungsgründe nicht auskommen kann, sucht Kafka unablässig nach einem Heilmittel gegen seine Vernarrtheit in das Gesetz, und zuweilen scheint er nahe daran, es zu finden, wie die berühmte Legende aus dem *Prozeß* zeigt, aus der Josef K., wenn er sie verstehen könnte, eine entscheidende Lehre ziehen müßte. Ein Mann vom Lande, also ein Unwissender, ein *am* *ha harez*⁴⁴, kommt vor das Tor zum Gesetz und begehrt Einlaß. Das Tor steht offen, doch der schreckliche Türhüter verbietet ihm, »jetzt« einzutreten, und der Mann entschließt sich, auf die Erlaubnis zu warten, die man ihm früher oder später wohl erteilen wird. Er verbringt sein ganzes Leben mit diesem hoffnungslosen Warten, denn der Türhüter hat ihm ja nichts versprochen, und stirbt schließlich vor Erschöpfung, kurz nachdem er erfahren hatte, daß dieses Tor nur für ihn bestimmt war. Er hätte sich also über die Drohungen dieses prahlerischen und zugleich kindlichen Türhüters lediglich hinwegzusetzen brauchen, um den einzig richtigen Weg zu beschreiten, der ihm vorbehalten war: seinen Weg, der, allein für ihn bestimmt und daher geeignet, ihn zum Ziel zu bringen, ihm von keiner Autorität hätte verboten, empfohlen oder aufgezwungen werden können.

Der Mann vom Lande ist verloren, weil er nicht wagt, sein persönliches Gesetz über die kollektiven Tabus zu stellen, deren Tyrannei der Türhüter verkörpert. Und Kafka ist verloren wie er – nur daß ihm die Entscheidungsfreiheit, die ihm in der Realität fehlt, im Anderswo der Literatur reichlich ersetzt wird, wo er, endlich frei, einsam zu denken und seine Wahrheit zu zeigen, keinem anderen Gericht Rechenschaft schuldet als dem seiner Schriften.

Zweiter Teil

Kapitel VI
Die Flucht

Wie Max Brod berichtet[1], wollte Kafka seiner schriftstellerischen Arbeit den Gesamttitel »Fluchtversuch vor dem Vater« geben – einen freilich sehr bezeichnenden Titel, nicht nur, weil er ein weiteres Mal an die alte, noch immer offene Abrechnung zwischen Vater und Sohn gemahnt, sondern vor allem, weil er deutlich macht, was Kafka von der Literatur im allgemeinen erwartet und was für ihn sowohl hinsichtlich seines eigenen Schaffens wie hinsichtlich seiner Lebensführung unmittelbar daraus folgt. Um von seinen Geschichten das Mittel verlangen zu können, die Bande zu zerreißen, die allem zum Trotz dafür sorgen, daß er vom Vater abhängig bleibt, muß er an die befreiende Kraft der Literatur, wo nicht an die seiner eigenen Schriften glauben; er muß an eine transzendente Literatur glauben, die über den Wirren der Zeit steht und gleichwohl fähig ist, der Welt ihre verlorene Fülle und Reinheit zurückzugeben. Er muß auch an die Rettung durch das Schreiben glauben, selbst falls er ahnen sollte, mit welch ungeheuren Opfern diese Art Rettung wird bezahlt werden müssen (er ahnt es so gut, daß er nicht von einer erfolgten Flucht spricht, sondern nur von einem wenig aussichtsreichen Versuch).

Auch wenn dieser Glaube noch so sehr die Hoffnung nähren mag, ein Glaube, in dessen Namen Kafka sein Leben und seine tägliche Arbeit organisiert – ohne ihn ließe sich weder seine Biographie noch sein Werk wirklich verstehen –, führt er dennoch zu unvorhergesehenen Komplikationen, vor allem insofern die erlösende Literatur ihres Amtes nicht im Himmel waltet, sondern zwangsläufig in den Kammern einer Seele, die vom Zweifel, von der Auflehnung, der Anarchie dunkler und mörderischer Wünsche beherrscht wird. Schreiben, um der väterlichen Sphäre zu entkommen, heißt, die Literatur wissentlich zu einem frevelhaften Ziel ausnutzen und ihr infolgedessen die ganze Last der Schuld aufbürden, von der sich der nach Rettung strebende Schriftsteller ja gerade zu befreien sucht. Da die väterliche Sphäre, um die es hier geht, offensichtlich auch die jüdische Sphäre ist, setzt die Absicht, ihr zu entfliehen, überdies einen Willen zur Verleugnung ähnlich dem der deutschjüdischen Schriftsteller voraus, Leute, für die Kafka nur strenge Worte findet, weil sie ihre Inspiration hauptsächlich aus dem Wunsch, »das Judentum des Vaters« aufzuheben, beziehen und somit in seinen Augen Renegaten und Falschmünzer sind.[2] Schließlich wird die Flucht mit Hilfe der Literatur dadurch erheblich kompliziert, daß sie sich nur verwirklichen läßt, indem man den Erzfeind – den Vater samt der unklaren Gewalt, den dunklen Gefühlen und halb eingestandenen Rachegelüsten, die der Sohn mit ihm verknüpft hat – in die Struktur des Textes selbst einführt, der doch ausdrücklich ersonnen wurde, ihn zu beseitigen, so daß zur Strafe für den doppelten Frevel das Schreiben bei den unlauteren Geschäften der Wirklichkeit die Hand im Spiel hat und daß es keinen retten kann, bevor er sich nicht selbst aus dem Sumpf gezogen hat.

Das Werk zu einer Rettungsaktion benutzen zu wollen, während die ruinöse Wirklichkeit, die zu überwinden ihm obliegt, mitten in seinem Gegenstand steckt, ist freilich ein aberwitziges Unternehmen, über dessen Schwierigkeit Kafka sich anfangs nicht ganz klar zu sein scheint. Ton und Inhalt seiner frühen Novellen lassen vermuten, daß er schreibt wie jeder junge Mann, der sich der Kraft seiner Imagination bewußt ist, aus Neigung, aus Spielerei, um seinen Emanzipationsträumen Gestalt zu geben, und wohl auch um sich einen Namen zu machen (daß er das Gegenteil behauptet, als er zum erstenmal seinen Namen gedruckt sieht[3], ist kein Zeichen von Bescheidenheit, es zeugt wohl eher von dem zügellosen Ehrgeiz, der eben wegen seiner Übertriebenheit unterdrückt werden muß). Zwar nimmt die Literatur in seinem Leben bereits einen großen Raum ein, aber er ist noch nicht von ihr besessen; das ist er erst nach der aufwühlenden Erfahrung des *Urteil*, einer Geschichte aus seinem Fleisch und Blut, die »wie eine regelrechte Geburt mit Schmutz und Schleim bedeckt«[4] aus ihm herausgekommen, ihm endlich klarmacht, unter welchen Bedingungen das Schreiben zur Befreiung wird. Und nun, da er überzeugt ist, daß er sich bisher in den »schändlichen Niederungen des Schreibens« befunden hatte, sogar und gerade dann, als er an seinem ersten Roman arbeitete, schreibt er nicht mehr, um sich auf dem Papier einen Augenblick erträumter Freiheit zu verschaffen, sondern als wahrer Gläubiger, um sich selbst zu regenerieren, indem er sich mit Leib und Seele der wahren Literatur unterwirft, die sich ihm offenbart hat.

Diese Wandlung, durch die das Schreiben tatsächlich die Kraft gewinnt, zu retten, beschreibt Kafka mit der in ihm noch nachklingenden Begeisterung am Tag nach der denkwürdigen Nacht, in der *Das Urteil* entstand: »Diese Geschichte ›Das Urteil‹ habe ich in der Nacht vom 22. bis 23. von zehn Uhr abends bis sechs Uhr früh in einem Zug geschrieben. [...] Die fürchterliche Anstrengung und Freude, wie sich die Geschichte vor mir entwickelte, wie ich in einem Gewässer vorwärtskam. Mehrmals in dieser Nacht trug ich mein Gewicht auf dem Rücken. Wie alles gesagt werden kann, wie für alle, für die fremdesten Einfälle ein großes Feuer bereitet ist, in dem sie vergehn und auferstehn.« Der Erdenschwere enthoben, sieht der verzückte Autor, daß er seinen Körper auf dem Rücken trägt, wie der Heilige Christophorus Christus trägt; und so wie Christus wandelt auch er auf den Wassern, die Geschichte hat dieses Wunder für ihn bewirkt, die übernatürliche Gnade hat ihn berührt, und was immer er in Zukunft ohne sie tut, wird ihn nicht mehr zufriedenstellen können: »Die bestätigte Überzeugung, daß ich mich mit meinem Romanschreiben [*Der Verschollene*] in schändlichen Niederungen des Schreibens befinde. *Nur so* kann geschrieben werden, nur in einem solchen Zusammenhang, mit solcher vollständigen Öffnung des Leibes und der Seele.«[5] Kafka möchte einzig noch in diesem Zustand der Erleuchtung schreiben, in dem das Ich seine Grenzen sprengt und in dem die Wörter die Dinge in Brand stecken, um sie zu zerstören und wiederzuerwecken. Denn jetzt weiß er, daß die Erlösung möglich ist, allerdings unter der Bedingung, daß man sie aktiv vorbereitet, indem man dem Gott Literatur einen steten und ausschließlichen Kult weiht – einen in Wahrheit barbarischen Kult, denn er verlangt, nicht nur alle anderen Interessen, sondern auch das eigene Leben sowie das der Menschen zu opfern, die mit einem verbunden sind. Jetzt heißt es schreiben oder leben, schreiben als sich selbst Abgestorbener wie der Mystiker, oder als Halbtoter leben wie der gewöhnliche Sterbliche im eintönigen Lauf der Zeit. Schreiben, ohne zu leben, um die Ewigkeit zu erringen, oder leben, ohne zu schreiben, und sich damit abfinden, bloß vorüberzugehen – das ist der Schraubstock, der ihn einklemmt und in dem er bis zum Ende gefangen bleibt, selbst dann, als er sieht, daß sein Schaffen aufgrund der tödlichen Alternative, in die er sich verrannt hat, frühzeitig unterbrochen wird, und er daran verzweifelt, sein Werk und sein Leben zugleich verloren zu haben.

Nachdem ihm *Das Urteil* den Sinn seiner Berufung enthüllt hatte, tritt Kafka in die Literatur ein, so wie man ins Kloster geht, genauer gesagt, wie man es in den Zeiten des Glaubens getan hat, von dem die seine ihm nichts übermittelt hat, es sei denn ein lächerliches, vor Bigotterie schal gewordenes Bild. Er dient seiner Kunst mit der eifersüchtigen Leidenschaft, aber auch mit der Demut, Selbstverleugnung und Unerbittlichkeit des Gläubigen, und so wie der um sein Heil bangende Gläubige eine Verheißung der Gnade gegen ein Leben der Askese und Reinigung tauscht, so flieht er die Zerstreuungen und Verlockungen der Welt, um seine Kräfte in der nächtlichen Stille zu sammeln. Diesem Dienst, den der »Kellerbewohner« in der Tiefe der dunkelsten Nacht zelebrieren will – wie ein Heiliger Johannes vom Kreuz, der in der blendenden Helligkeit seiner Finsternis betet[6] –, kommt sicherlich die psychische Veranlagung zugute, die Kafka jedenfalls veranlaßt, Einsamkeit, Enthaltsamkeit, Entsagung zu suchen; doch die Veranlagung besteht wohlgemerkt vor ihrer Anwendung, zweifellos hätte sie auch in irgendeine andere Form der Frömmigkeit Eingang gefunden, wenn jene ihm gefehlt hätte. Bald begeistert ihn die Arbeit, bald verzweifelt er an ihr, bald bringt ihm ein vollkommener Satz die Rettung, bald verweigert sich ihm die Literatur, dann lernt er die Schrecken der von Gott verlassenen Mystiker kennen und fällt wie sie übergangslos von der Ekstase in die Verzweiflung, von der himmlischen Hoffnung in den letzten Kreis der Hölle – abgesehen davon allerdings (und der Unterschied ist so groß, daß der Vergleich zunichte würde, gäbe es da nicht die Sprache und die Bilder, die sich ihm unaufhörlich aufdrängen), daß der Mystiker in ihm niemals den scharfen Blick des Kritikers trübt, daß er seinen Wahn nicht rühmt, sondern im Gegenteil dessen Verheerungen mit eiskalter Ironie aufzeigt, und zwar noch in den scheinbar phantastischen Geschichten, zu denen er ihn inspiriert.[7]

So grausam hellsichtig er in bezug auf seine Leidenschaft auch ist und welche Qualen sie ihn erdulden läßt, die Literatur bleibt in Kafka als sein einziges Verlangen und sein einziges Streben, das letzte Ziel, in dessen Namen er nahezu auf jedes normale Leben unter Menschen verzichtet und für das er schließlich stirbt, ohne besser als sein Hungerkünstler zu wissen, ob die seltsame Vollkommenheit seines unvollendeten Werks diesen Preis wert war oder ob er die Wette verloren hat. Aufgrund der Unerbittlichkeit, die er in allem an den Tag legt, erst recht hier, wo für ihn das Wesentliche auf dem Spiel steht, kann Kafka keinen Kompromiß zwischen dem Heiligen der Literatur und dem Profanen der Wirklichkeit dulden; es kommt für ihn also nicht in Betracht, seine schöpferische Arbeit auf jenen vernünftigen Teil zu beschränken, der sie mit einer geregelten Existenz voll verschiedenartiger Tätigkeiten und Interessen vereinbar machen würde. Das Heilige hat Anspruch auf seine gesamte Zeit und Energie. Doch da es auch nicht entweiht werden darf, indem man es beispielsweise zu einer Erwerbsquelle macht[8], befindet sich Kafka abermals auf einem versperrten Weg. Der banale Konflikt zwischen Kunst und Broterwerb, den andere halbwegs lösen, sofern ihre Werke einigermaßen verkäuflich sind, gerät bei ihm zur Tragödie, aufgrund der verhängnisvollen Alternative, die alle seine Handlungen lähmt: Er sieht keinen möglichen Ausgleich zwischen dem Schriftsteller, der er mit jeder Faser seines Herzens ist, und dem Beamten, der er aus Not geworden ist, der eine muß den anderen vertreiben und das Feld behaupten, und falls keiner von beiden es schafft, wird er sich eher zwischen ihnen zerreiben lassen, als sie durch irgendeine Übereinkunft dazu zu bewegen, sich seine Kräfte und schöpferischen Fähigkeiten zu teilen.[9]

Das erklärt er Felices Vater offen in einem Brief, der in Anbetracht der Umstände, mit denen er zusammenhängt, als das provozierendste Glaubensbekenntnis erscheint, zu dem der Fanatismus der Literatur je geführt hat: »Mein Posten ist mir unerträglich, weil er meinem einzigen Verlangen und meinem einzigen Beruf, das ist der Literatur, widerspricht. Da ich nichts anderes bin als Literatur, und nichts anderes sein kann und will, so kann mich mein Posten niemals zu sich reißen, wohl aber kann er mich gänzlich zerrütten. Davon bin ich nicht weit entfernt.« So ist Felice noch nicht verlobt und muß schon darauf gefaßt sein, entweder allein zu arbeiten, um den Haushalt zu bestreiten, oder unfreiwillig ihren Mann unglücklich zu machen; jedenfalls wird Einsamkeit ihr Los sein, durch die Schuld einer ungreifbaren Rivalin, die um so gefährlicher ist, als sie Kafka keineswegs hilft, menschlich zu werden, sondern im Gegenteil all das gründlich verschlimmert und ausnutzt, was ihn unerträglich macht. »Ich bin nicht nur durch meine äußerlichen Verhältnisse, sondern noch viel mehr durch mein eigentliches Wesen ein verschlossener, schweigsamer, ungeselliger, unzufriedener Mensch, ohne dies aber für mich als ein Unglück bezeichnen zu können, denn es ist nur der Widerschein meines Zieles. Aus meiner Lebensweise, die ich zu Hause führe, lassen sich doch wenigstens Schlüsse ziehn. Nun, ich lebe in meiner Familie, unter den besten und liebevollsten Menschen, fremder als ein Fremder. [...] Der Grund dessen ist einfach der, daß ich mit ihnen nicht das Allergeringste zu sprechen habe. Alles, was nicht Literatur ist, langweilt mich und ich hasse es, denn es stört mich oder hält mich auf, wenn auch nur vermeintlich.«[10] Dieser letzte Satz steht nicht in dem Brief, der abgeschickt wurde, ebensowenig übrigens das »Da ich nichts anderes bin als Literatur« vom Anfang[11], doch Kafka läßt ihn in seinen *Tagebüchern* stehen als den genauesten Ausdruck des Postulats, in das seine Leidenschaft mündet: Für ihn nämlich hat das Schreiben Vorrang vor dem Leben, und was immer von außen oder innen diesen Vorrang antastet oder leugnet, wird sofort zum Feind.

Das Schreiben hat Vorrang vor dem Leben – das liest man zwischen den Zeilen, wenn nicht ganz deutlich auf zahlreichen Seiten seiner Briefe und *Tagebücher*, in denen er seine Klagen und seine Aufschwünge, seine Anwandlungen von Begeisterung und seine Krisen der Verzweiflung, ja sein Elend angesichts der Unvorhersehbarkeit seiner Inspiration festhält. Ist er inspiriert, so fühlt er sich zu allem fähig: »[...] nicht nur auf eine bestimmte Arbeit hin. Wenn ich wahllos einen Satz hinschreibe, zum Beispiel: ›Er schaute aus dem Fenster‹, so ist er schon vollkommen.«[12] Ob er gerettet wird oder verloren ist, einzig die Literatur entscheidet darüber, nach Gesetzen, die anderswo nicht gelten; sie verwandelt in Gutes, was schlecht an ihm ist (»der Widerschein meines Zieles«), und in Schlechtes, was die Welt für gute Eigenschaften hält; er kauert in ihr wie ein Kind, und das, was ihm sie wegnimmt, zerstört ihn; im Büro zum Beispiel behält er »den großen Schrecken, daß zu einer dichterischen Arbeit alles in mir bereit ist und eine solche Arbeit eine himmlische Auflösung [...] für mich wäre, während ich hier im Bureau um eines so elenden Aktenstückes willen einen solchen Glückes fähigen Körper um ein Stück seines Fleisches berauben muß«.[13]

Die Literatur »als Form des Gebets«[14] bereitet ihm nicht nur geistige Freuden, sie ist auch eine unvergleichliche Quelle körperlicher Lust, und wer immer ihn um dieses Glück bringt, zerstückelt ihn bei lebendigem Leibe: »Die Lust, für das Schreiben auf das größte menschliche Glück zu verzichten, durchschneidet mir unaufhaltsam alle Muskeln«[15], sie ist bei weitem intensiver als die Lust, welche die Liebe ihm verspricht, darum wird er Felice nicht heiraten, oder es erwartet sie »*ein klösterliches Leben an der Seite eines verdrossenen, traurigen, schweigsamen, unzufriedenen, kränklichen Menschen, der, was Dir wie ein Irrsein erscheinen wird, mit unsichtbaren Ketten an eine unsichtbare Literatur gekettet ist, und der schreit, wenn man in die Nähe kommt, weil man, wie er behauptet, diese Kette betastet*«.[16]

Für dieses »Irrsein« hat er keine vernünftige Erklärung, allenfalls kann er sich, wie der Gläubige, auf das Beispiel seiner verehrten Heiligen berufen – Grillparzer, Dostojewski, Kleist und Flaubert –, denn von diesen vier Menschen, seinen »eigentlichen Blutsverwandten«, »hat nur Dostojewski geheiratet, und vielleicht nur Kleist, als er sich im Gedränge äußerer und innerer Not am Wannsee erschoß, den richtigen Ausweg gefunden«.[17] Unsichtbar und allmächtig aus der Höhe des Himmels, wo sie verborgen ist, von Toten getragen wie jede Religion und in ihrem Kern selber todbringend, ist die Literatur von allen Seiten tödlich, und Kafka weiß es, er ist sogar einer der ersten in der Geschichte, der sie unter diesem meist verkannten Aspekt wahrnimmt, der im übrigen nichts Erschreckendes für ihn hat, sondern eher ein mächtiges Motiv ist, an der Verabsolutierung festzuhalten. Und er hält daran fest, noch in der grausamen Satire, zu der er sein eigenes »Irrsein« macht, was tatsächlich der Gipfel der Donquijoterie ist, denn er schildert sich als den Irren, der er in seinen Augen ist, ohne einen Augenblick aufzuhören, seinen Irrsinn zu wollen. Fraglos hat seit dem Auftritt des Don Quijote in unserem Kulturkreis die Sakralisierung des Geschriebenen keinen derart logischen und gleichzeitig wahnwitzigen Vorkämpfer mehr gehabt (nicht einmal Flaubert ist so weit gegangen), aber auch nie wieder ist es ihm beschieden gewesen, sich in einem solch reinen und zu seinem Lobpreis ähnlich geeigneten Werk widerzuspiegeln.

Genau besehen ist Kafka freilich nicht der einzige, der die Eigenschaften der Religion auf die Literatur überträgt; darin folgt er nämlich einer allgemeinen Tendenz seiner Zeit, einer Zeit, die wie er, obwohl aus minder unabweisbaren Gründen und weniger klar, nach einem Ausweg, einer geistigen Öffnung, irgendeiner Form der Rettung sucht. Nicht nur in Prag, wo jeder einigermaßen begabte junge Mann, vor allem wenn er deutscher Jude ist, instinktiv zum

Schreiben Zuflucht nimmt, um aus der Enge seines Milieus auszubrechen – in Kafkas Milieu schreibt selbstverständlich jeder –, im gesamten Europa des 19. Jahrhunderts kommt in der Literatur eine beachtliche Wertverschiebung zutage, an der nahezu alle Bewegungen mitwirken. Dieses Unternehmen, das die Romantiker in voller Übereinstimmung mit ihrer Ideologie begonnen hatten, wird mehr oder weniger zielstrebig von all denen fortgesetzt, die, selbst wenn sie ihrer Lehre nicht zustimmen, ja sogar bekämpfen, ihr Unbehagen an der Welt und dementsprechend ihren grenzenlosen Glauben an die Macht des Traums und das Werk der Imagination teilen. Die verschiedenen Schulen, die um die Jahrhundertwende einander ablösen – die Romantiker, Realisten, Symbolisten, Naturalisten und, Kafka näher, die Expressionisten –, mögen einander noch so sehr widerlegen und zuweilen gar als Feinde betrachten, gemeinsam ist ihnen jedenfalls, daß sie die Literatur in einem in früheren Epochen unvorstellbaren Maße überschätzen und sie, indem sie dunkel danach trachten, das von der Modernität bedrohte Experiment des Geistes zu erneuern, in den Rang der Heiligen Schrift erheben.

So verschiedenartig das Phänomen durch die Orte und die Zeitpunkte seines Auftretens auch ist und so komplex seine Auswirkungen sein mögen, es läßt sich als eine Reaktion auf das Unbehagen der westlichen Welt angesichts ihrer Fortschritte verstehen, die die traditionellen Werte von allen Seiten angreifen, ohne in der Lage zu sein, sie zu ersetzen, radikal zu zerstören oder in Vergessenheit geraten zu lassen. Das Schwinden der religiösen Idee und des Bezugssystems, das ihre konkrete Stütze war; die immer offensichtlichere Kluft zwischen der Unterweisung der geoffenbarten Religionen und der unwiderruflichen Säkularisierung des Alltags; die sowohl intellektuellen wie moralischen Folgen der großen wirtschaftlichen und gesellschaftlichen Umwälzungen, die mit dem raschen Fortschreiten von Wissenschaft und Technik zusammenhängen; die brutale Entwicklung der Großindustrie und infolgedessen das ungeheure Anwachsen der Ballungszentren, die, wie es damals zu Recht hieß, »polypenartig« geworden waren – das alles (was Nietzsche in dem berühmten Wort vom »Tod Gottes« zusammenfaßte) stellt die westliche Zivilisation vor eine schwindelerregende Leere, die ihre bewußten Wortführer auf unterschiedliche Weise auszufüllen sich bemühen. Die Wissenschaft, die Philosophie, die soziale und politische Utopie, anfangs sogar die Soziologie – jede dieser Disziplinen versucht, dem Zusammenbruch des Idealen so gut es geht abzuhelfen; jede hofft, wo nicht eine Offenbarung, so doch eine dem Zeitgeist gemäße Wahrheit mitzuteilen und auf diese Weise einen Teil der diffusen Religiosität der Eliten aufzufangen, die, da sie keine Verwendung mehr findet, zum Weltschmerz oder zur »Krankheit des Jahrhunderts« gerät. Doch aus Gründen, die weit in die Geschichte unserer Mythen zurückreichen, eignet sich keine geistige Tätigkeit besser zum Ersatz für das Ideal als die Literatur, besonders in der edlen Gestalt der Poesie, die ihr seit jeher die höchste Würde verleiht.

Die Begriffsverwirrung stammt aus dem Altertum, wo die Poesie in dem Ruf steht, die menschliche Welt mit dem Göttlichen zu verbinden, und folglich besondere Rechte im Bereich des Heiligen genießt. Homer ist kein Mensch, sondern ein Gott, der Vater jeder Wissenschaft, der unfehlbare Führer, der seine Leser reinigt und auf die Spur der heiligen Wahrheit bringt. Gewiß ist nicht jeder Dichter ein Homer, und nur wenige nach ihm sind von der Nachwelt vergöttert worden; doch der Dichtkunst wird unbeirrt die Gabe zugeschrieben, die irdischen Dinge mit dem Himmel zu versöhnen oder mit dem Mysterium, das ihn vertritt, wenn die Götter ihn verlassen haben. Und diese Gabe, die man ihr anscheinend seit Ewigkeit zuerkennt, jedenfalls weit über die Epoche hinaus, die sie rechtfertigen könnte, überträgt sie bald auf die Prosa, die für ihre historische Ablösung sorgt, so daß nicht mehr nur die Dichtkunst, sondern die Kunst des Schreibens schlechthin den Weg zu den Wundern, Geheimnissen oder Schrecken irgendeines dem gewöhnlichen Sterblichen unerreichbaren Jenseits öffnet.

Kaum ist die Literatur als Begriff geboren, da macht sie sich schon den Aberglauben zunutze, dem einst die Poesie ihr ausschließliches Privileg entnahm, und nichts hilft ihr dabei besser als das Vokabular, mit dem sie ihre Techniken und ihre Ziele definiert. Und da sie das Privileg einer Gleichstellung mit der Religion, die keine Weltanschauung mehr zu legitimieren vermag, für sich beansprucht, spricht nun auch sie von Inspiration, Auserwählung, Mission, Berufung, ja sogar, um die Analogie vollständig zu machen, von Fluch. Sie hat ihre Kirchen, ihre Propheten, ihre Heiligen, ihre Märtyrer (noch in unseren Tagen hat sie ihren Papst gehabt) und, im Bereich des Teufels, den die Theologie dem Göttlichen gegenüberstellt, ihre Alchimie, ihre schwarze Magie, ihre Hermetik, ihre Häretiker. Schließlich hat sie ihre Kanons und ihre Dogmen, ganz zu schweigen von den Scholastikern, die sie endlos interpretieren und in letzter Instanz über ihre Authentizität befinden. Das ganze 19. Jahrhundert hat diese durch unsere Redeweise so sehr begünstigte Begriffs- und Gefühlsverwirrung gebraucht und mißbraucht, es hat sie sogar, wie keine andere Epoche vor ihr, verstärkt, da sie geeignet war, ihre Megalomanie ebensosehr zu befriedigen wie ihre Sehnsucht nach Frömmigkeit. Denn es ist eine Tatsache, daß die Literatur, als das Jahrhundert sich seinem Ende zuneigt, dahin gelangt, die Rolle eines Glaubenssurrogats, die es ihr bereitet hat, völlig ernst zu nehmen: Aus eigener Kraft befreit, betraut sie sich selbst mit dem heiligen Amt und wird, nach Flauberts scharfsinnigem Wort, zur Mystik desjenigen, der an nichts glaubt.

Angesichts der lokalen Bedingungen, unter denen Kafka sein Leben verbringen und zuallererst sich entwickeln muß, fällt diese Ersatzmystik bei ihm auf fruchtbaren Boden, in dem sie sich mühelos festsetzen kann. In seiner Jugend ist er Positivist, Darwinist, Sozialist, Atheist, was zwar die Bedürfnisse seines Geistes befriedigt, jedoch den Eifer nicht erschöpft, der seine geistigen Bestrebungen bereits anfeuert. Er schreibt sozusagen seit jeher, und während er sich dem Leben gegenüber unentschlossen fühlt, unfähig, zu menschlichen Beziehungen untauglich und fast stumm vor Schüchternheit, ist er sich vor seinem Schreibtisch und seinem Papier in höchstem Grade seiner Begabung bewußt. Innerlich drängt es ihn, der einzigen Gnade, deren er sich teilhaftig wähnt, den größten Wert beizumessen, und äußerlich hilft ihm Prag, zunächst insofern, als es ihm einen versperrten Horizont zeigt, sodann, weil in dieser Stadt – in der hinter der Fassade von Konvenienzen und Konventionen überall die religiöse Gleichgültigkeit aufscheint und sogar das Judentum nur noch ein Schatten seiner ruhmreichen Vergangenheit ist – der Glaubenswert, der sich an die Literatur heftet, einer der wenigen ist, die gesichert zu sein scheinen, vielleicht der einzige, der würdig bleibt, anerkannt und geliebt zu werden. Kein Wunder, daß Kafka, der die gläubigen Menschen bewundert, ohne selbst im Glauben Rückhalt zu finden, radikal skeptisch, mit einem Rest an Religiosität, der sich, nicht nur vom traditionellen Judentum, sondern von jeder bestehenden Religion losgelöst, fast ausschließlich in vagem Bedauern äußert, kein Wunder also, daß er bereits früh von der Literatur verlangt, die beiden Tendenzen zu verschmelzen, die sich in ihm um das Recht streiten, sich auszudrücken: der Geist der »Aufklärung«, der sein intellektuelles Verhalten leitet, und das Bedürfnis, an etwas Höheres zu glauben, Tendenzen, die weder der in seinem Milieu verfügbare Glaubensstoff noch die Beschaffenheit seines seelischen Apparats zu versöhnen vermögen. Kein Wunder, daß er, frühreif, der Magie des Geschriebenen erliegt, lange bevor er weiß, was er mit seinem Werk und seinem Leben anfangen wird.

In Einklang mit dieser Religion ohne Kirche, deren Anhänger er bereits ist, schöpft der Kafka der Zeit vor dem *Urteil* seine wesentliche Inspiration aus dem herkömmlichen Gegensatz zwischen Kunst und Wirklichkeit – Pendant zum theologischen Gegensatz zwischen dem Diesseits und dem Reich des Geistes –, mit dem die Romantiker stets ihre Auflehnung oder ihre Langeweile rechtfertigen. Die Welt ist bedrückend, undurchsichtig, unrein, eisig, die unerbittliche Eisenzeit, gegen die der ewige Don Quijote seine Wahnarmeen mobilisiert und die mit jeder Dichtergeneration aufs neue ersteht. Die Kunst dagegen gibt den Dingen und Wesen die Durchsichtigkeit und Lesbarkeit zurück, die sie verloren hatten; außerhalb von Raum und Zeit, unabänderlich, obwohl von göttlicher Leichtigkeit, ist sie nicht lediglich für ihre Anhänger, sondern für die ganze Gemeinschaft der Menschen und Tiere eine unerschöpfliche Quelle der Wärme und Klarheit. Dieses Bild von der Kunst macht sich schon der Knabe, an den sich Kafka in seinen *Tagebüchern* erinnert, wenn er wie so oft über die guten und schlechten Beweggründe seines Schaffensdrangs nachdenkt: »Einmal hatte ich einen Roman vor, in dem zwei Brüder gegeneinander kämpften, von denen einer nach Amerika fuhr, während der andere in einem europäischen Gefängnis blieb. […] So schrieb ich einmal auch an einem Sonntagnachmittag, als wir bei den Großeltern zu Besuch waren und ein dort immer übliches, besonders weiches Brot, mit Butter bestrichen, aufgegessen hatten, etwas über mein Gefängnis auf. Es ist schon möglich, daß ich es zum größten Teil aus Eitelkeit machte und durch Verschieben des Papiers auf dem Tischtuch, Klopfen mit dem Bleistift, Herumschauen in der Runde unter der Lampe durch, jemanden verlocken wollte, das Geschriebene mir wegzunehmen, es anzuschauen und mich zu bewundern. […] Ein Onkel, der gern auslachte, nahm mir endlich das Blatt, das ich nur schwach hielt, sah es kurz an, reichte es mir wieder, sogar ohne zu lachen, und sagte nur zu den anderen, die ihn mit den Augen verfolgten, ›das gewöhnliche Zeug‹, zu mir sagte er nichts. Ich blieb zwar sitzen, und beugte mich wie früher über mein so unbrauchbares Blatt, aber aus der Gesellschaft war ich tatsächlich mit einem Stoß vertrieben, das Urteil des Onkels wiederholte sich in mir mit schon fast wirklicher Bedeutung, und ich bekam selbst innerhalb des Familiengefühls einen Einblick in den kalten Raum unserer Welt, den ich mit einem Feuer erwärmen mußte, das ich erst suchen wollte.«[18]

Der junge Romantiker erlebt hier, ohne sie zu begreifen – sie begreifen wird erst der erwachsene Schriftsteller – die widersprüchlichen Implikationen seiner vorgefaßten Überzeugungen: er beklagt sich bitter, aus der Gesellschaft vertrieben zu sein, während er doch, als er inmitten der friedlichen Familienversammlung urplötzlich zu schreiben begann, selbst alles darangesetzt hat, sich von ihr zu unterscheiden. Er stört die Traulichkeit dieses Sonntagnachmittags, obwohl er dessen Sanftheit genießt, ohne auf das gute Butterbrot seiner Großeltern zu achten, einzig um des Vergnügens willen, aus dem gemeinschaftlichen Kreis auszubrechen und sich bewundern zu lassen; doch da dieses Vergnügen ihm versagt wird, verwandelt sich die warme Zärtlichkeit der Angehörigen für ihn in eine unmenschliche Welt, die er mit dem Charisma seiner Kunst erwärmen muß – dann, wenn diese Kunst endlich gefunden sein wird.

So sieht sich das Dichterkind frühzeitig mit dem unhaltbaren Paradox konfrontiert – der Idee einer unirdischen Kunst, die gleichwohl und gerade deshalb berufen ist, die Erde von ihren Krankheiten zu heilen –, das Kafkas schöpferische Kräfte schwer belasten wird, bis zu dem Augenblick, da er sich entschließt, es in den Prozeß seines Werkes selbst einzuführen, um es zu zwingen, alle kindlichen Lügen, allen tendenziösen Aberglauben und maßlosen Ehrgeiz zu bekennen, die sich hinter seiner Erhabenheit tatsächlich verbergen. Das Paradox, nicht zu rechtfertigen und unausrottbar, ist ein tödliches Gift für den, der sein Gefangener ist; es wird erst dann schöpferisch, wenn es in seiner ganzen Größe *dargestellt* werden kann, mitsamt seiner unwiderstehlichen Verlockung und dem Elend seiner Illusionen. Das Kind erlebt es voll Kummer, und Kafka wird nie mit ihm fertig werden, doch gerade ihm verdankt er seine unvergleichlichen Geschichten, die Geschichten seiner Boten ohne Botschaft und seiner am Absoluten scheiternden Künstler oder auch die Geschichte seines verfluchten Landarztes, der, weil er seinem Heilberuf, symbolisiert durch die »Nachtglocke«, zu Unrecht folgte, dazu verdammt ist, sich in Ewigkeit in einem »irdischen Wagen« hinter »unirdischen Pferden« umherzutreiben,

»nackt, dem Froste dieses unglückseligsten Zeitalters ausgesetzt«[19], sogar von den Patienten verlassen, die er hatte retten wollen.

Wir wissen nicht, wie viele mehr oder weniger ernsthaften Fluchtversuche auf die Geschichte der beiden feindlichen Brüder folgten[20], doch in der frühesten Novelle, die uns erhalten ist – *Beschreibung eines Kampfes*, ein unvollendeter Text aus dem Nachlaß, von dem Kafka nur einige Fragmente zu Lebzeiten veröffentlicht hat –, finden wir das gleiche romantische Aufbegehren gegen die Wirklichkeit, allerdings verstärkt durch die vielen Beschwerden, die der Heranwachsende angehäuft hat, und den expressiven Radikalismus, der zu seiner Zeit (1904–1905) literarische Mode war. Der Erzähler, der sein bisheriges Leben als »einförmig« bezeichnet und in seiner Existenz ebenso unsicher ist wie innerhalb der Geschichte allmächtig, erschafft sich eine Welt nach seinem Geschmack, indem er nach und nach die Teile einer nach Belieben formbaren Landschaft erstehen läßt. So wird er zum Regisseur phantastischer und sichtbarer Veränderungen – die er »Belustigungen oder Beweis dessen, daß es unmöglich ist zu leben« nennt –, und kraft des Wortes, dessen unumschränkter Herr er nun ist, belustigt er sich in der Tat, indem er die Dinge des Himmels und der Erde in einem vorher aus den Fugen gebrachten Raum verteilt, einzig nach dem Gesetz seines augenblicklichen Wunsches.

Auf diese Weise kann er in einer Winternacht in den Straßen von Prag spazierengehen (es ist Kafkas einzige Erzählung, in der die Prager Straßen und Denkmäler namentlich genannt werden, im Augenblick freilich rächt sich der Autor an ihnen, indem er sie durcheinanderwirbelt) und gleichzeitig einen ganz anderen Spaziergang in einer Landschaft unternehmen, deren Elemente er jeweils erfindet. Hier läßt er die Steine durch seinen Willen verschwinden, »den Weg immer flacher werden«, auf dem er gerade geht, hier läßt er einen »massig hohen Berg aufstehn, dessen Plateau mit Buschwerk bewachsen an den Himmel grenzt«; da er »Fichtenwälder« liebt, fabriziert er sich auf der Stelle einen solchen Wald, und da er gern »stumm zu den Sternen« schaut, bevölkert er den Himmel mit so vielen Sternen, wie er aufgehen sehen möchte.

Es ist die Welt der Allmacht des Gedankens, in welcher der Wunsch noch magischer in Erfüllung geht als in der Magie, nämlich noch bevor er ausgesprochen ist; aber es ist auch eine rein sprachliche Welt, in der ein gutgebauter Satz sofort seinen Inhalt verwirklicht und, dem Wunsch vorauseilend, der ihn diktiert hat, das Ereignis *hervorruft*, statt es darzustellen. Hier besitzt selbst die schwache und wehrlose Person gerade wegen ihrer Schwäche eine unerhörte Kraft, die sie zwingt, nichts als Geist zu sein. Ganz und gar eins mit ihrem Autor kann sie gleich ihm nicht nur Flüsse und Berge versetzen, sondern aufgrund ihres verbalen Charismas bisher noch nicht gedachte Ereignisse nacheinander eintreten lassen.

Ausgerüstet mit dem gebieterischen Wort, dessen Privileg Kafka ihm überläßt, nutzt der Ich-Erzähler seine Macht weidlich aus, sobald seine eigenen Phantasmagorien an Anziehungskraft zu verlieren beginnen; nun will er »diese Gegend verlassen«, die ihn zunächst belustigt hat, und dazu bedarf es keiner sonderlichen Zauberei, ein einziger Satz genügt: »Wie merkwürdig ist es, daß noch in unserer Zeit vornehme Personen in dieser schwierigen Weise über einen Fluß befördert werden. Es gibt keine andere Erklärung dafür, als daß es ein alter Brauch ist.«[21] In dem Augenblick, da der Satz gesagt wird, entspricht er in nichts der Außenwelt, es gibt weder vornehme Personen noch ein unerklärliches Phänomen, auf die er sich stützen kann; doch sobald er gesagt ist, hat sich sein Inhalt materialisiert, und der Erzähler, der ihn ohne Veranlassung ausgesprochen hat, sieht nun, daß er Tatsache geworden ist: »Aus den Gebüschen des anderen Ufers traten gewaltig vier nackte Männer, die auf ihren Schultern eine hölzerne Tragbahre hielten. Auf dieser Tragbahre saß in orientalischer Haltung ein ungeheuerlich dicker Mann. Obwohl er durch Gebüsche auf ungebahntem Weg getragen wurde, schob er die dornigen Zweige doch nicht auseinander, sondern durchstieß sie ruhig mit seinem unbeweglichen Körper.«[22] Aus einem Satz entstanden, kann sich die neue Geschichte um ein neues Symbol entfalten, ein Symbol für die Unmöglichkeit zu leben: der Dicke, ein Wesen, dessen durch Fettmassen zerdehnte Konturen sich geradezu ins Unermeßliche ausbreiten, das jedoch gerade dank dieser sein Ich kennzeichnenden Schwäche die ebenfalls rein sprachliche Gabe besitzt, die festen Dinge in den flüssigen Zustand des Unbestimmten zu verwandeln. Sprechen, Sätze und Wörter anordnen, um die Dinge dieser Welt von ihrer vollständigen Zusammenhanglosigkeit und mithin dem Betrug zu überzeugen, den sie begehen, wenn sie sich für die Wirklichkeit ausgeben – etwas anderes kann er, so gesteht er, nicht tun, mehr noch, er rühmt sich dessen und liefert sich damit unwiderruflich der immanenten Justiz aus, deren Urteil die meisten Figuren Kafkas ereilt: Seine Macht, den Dingen »ihre feste Begrenzung« zu rauben, kehrt sich sogleich gegen ihn selbst, und kaum hat er seine Rede beendet, verliert er seine eigenen Grenzen, indem er in dem Fluß ertrinkt, der darauf gewartet hat, ihn zu verschlingen.

Der Erzähler, der Dicke, der Beter, der Betrunkene und alle diese kaum voneinander unterschiedenen »Ichs«, die eher beseelte Wortgebilde sind als Personen aus Fleisch und Blut – ihnen ist eine Art Mangel an Sein gemeinsam, der es erlaubt, von allen Seiten in sie einzudringen, als hätten sie dem keinen körperlichen Widerstand, keinerlei Eigenwicht entgegenzusetzen. Was ein junges Mädchen zu einem von ihnen sagt: »Sie sind Ihrer ganzen Länge nach aus Seidenpapier ausgeschnitten, aus gelbem Seidenpapier, so silhouettenartig, und wenn Sie gehen, so muß man Sie knittern hören«[23], das könnten sie alle auf sich münzen und hinzufügen, daß das Material, aus dem sie gemacht sind, nicht eigentlich gelbes Seidenpapier ist, sondern einfach bedrucktes Papier. Doch so lückenhaft und unvollständig diese dünnen Geschöpfe auch sind, sie beugen sich mitnichten der angeblichen Überlegenheit der Außenwelt, denn diese mag sie noch so sehr von hoch oben beherrschen, in Wirklichkeit ist sie selbst durch und durch rissig und hinter ihrem massiven Äußeren nichts anderes als eine schiefe Fassade, ein *trompe-l'oeil*, das augenblicklich einzustürzen droht.

Eben dieses beängstigende Gefühl drängt den Beter, seinen Hokuspokus zu treiben, denn ihm zufolge stellt er sich nicht zum Vergnügen in der Kirche zur Schau, sondern zuerst, um einen Körper zu erhalten, und sodann, um »zu erfahren, wie es sich mit den Dingen eigentlich verhält, die um mich wie ein Schneefall versinken, während vor anderen schon ein kleines Schnapsglas auf dem Tisch fest wie ein Denkmal steht«.[24] Ist das so, weil ihm ständig schwindlig ist, weil er in jedem Augenblick die Welt schwinden sieht? Und ist er der einzige, der an den Folgen einer dauernden Seekrankheit auf festem Lande zu leiden hat, oder ist die Unsicherheit der Welt ein Faktum, dessen schreckliche Erfahrung noch andere außer ihm machen? Über diesen Punkt will er Klarheit haben, wenn er dem Dicken die denkwürdige Gartenszene erzählt (»»Was machen Sie, meine Liebe?‹ [...] ›Ich jause so im Grünen‹«), eine direkte Erinnerung an diejenige, die Kafka soeben Brod berichtet hat[25], um seine Bestürzung angesichts der Evidenz des Alltäglichen zu veranschaulichen. Obwohl sich die in dem Brief erwähnte Szene auf einen Vorfall vom Vortag bezieht und nicht wie in der Erzählung auf eine ferne Kindheitserinnerung, sind auch hier der Autor und der Beter eins, beide sind sie schmerzlich verstört von dem Selbstverständlichen, dem Natürlichen, dem Vertrauten, kurz von allem, was die anderen unwissentlich akzeptieren, von allem, was sie mit geschlossenen Augen erleben, ohne daran denken zu können oder auch nur zu wollen. Sie kämpfen gemeinsam oder vielmehr sie sprechen gemeinsam über die Notwendigkeit, gegen die entsetzliche Ähnlichkeit zu kämpfen, die zwischen dem nicht-existenten Individuum und dem Betrug der Wirklichkeit eine verhängnisvolle Komplizenschaft herstellt.

Eine wesentlich theatralische Person übernimmt es der Beter, in eine sichtbare Erdumwälzung zu verwandeln, was bei Kafka wohlgemerkt nur ein starkes Schwindelgefühl ist, das Gefühl einer grundlegenden Unbeständigkeit, an der die Dinge, die ihn umgeben, teilzuhaben scheinen. Er tilgt das »als ob« der Affektivität, so daß die Welt, in die er gestellt ist, ihm augenblicks als ein Gefüge zufälliger Elemente vorkommt, die zudem so schlecht eingepaßt sind, daß ein Nichts, ein Windhauch genügt, sie zum Einsturz zu bringen. Für ihn ist es so, daß »bisweilen hohe Häuser einstürzen, ohne daß man einen äußeren Grund finden könnte«, doch wenn er die Passanten fragt: »Wie konnte das nur geschehen! In unserer Stadt – ein neues Haus – das wievielte ist es heute schon! – Bedenken Sie doch [...]«[26], dann will ihm keiner antworten. Vor seinen Augen fallen die Menschen auf der Straße tot um, und »Da öffnen alle Geschäftsleute ihre mit Waren verhangenen Türen, kommen gelenkig herbei [...], kehren zurück, Lächeln um Mund und Augen, und das Gerede fängt an: ›Guten Tag – der Himmel ist blaß – ich verkaufe viele Kopftücher – ja, der Krieg.‹«[27] So wie in dieser schwankenden, scheinbar festen Welt der unerklärliche Einsturz der Häuser unbemerkt bleibt, so wird auch der Tod geschickt vertuscht, er ist ein Skandal, von dem keiner reden will. Nur den Beter beunruhigt er, und wenn er um Aufschluß bittet (»›Guten Morgen‹, sage ich, ›mir ist, als wäre vor kurzem ein toter Mensch zu Ihnen gebracht worden. Wären Sie nicht so freundlich, mir ihn zu zeigen?‹«[28]), macht er sich sofort verdächtig. Die Anwesenden – Ladenbesitzer – läßt die Katastrophe, welche die Menschen trifft, ebenso gleichgültig wie diejenige, welche die Stadt immerfort erbeben läßt: »Die Spitze des Rathausturmes macht kleine Kreise. Alle Fensterscheiben lärmen und die Laternenpfähle biegen sich wie Bambus. Der Mantel der heiligen Maria auf der Säule windet sich und die Luft reißt an ihm. Sieht es denn niemand?«[29] Nein, niemand sieht es, in den Geschäften redet man vom Krieg, wie man vom schlechten Wetter redet, und niemand bemerkt, daß die Stadt bereits über dem Abgrund schwebt.

Zwischen dieser einstürzenden, obwohl in den Augen der Allgemeinheit unzweifelhaften Welt und den zu menschlicher Form ausgeschnittenen Figuren, die sich ohne Ziel und Sinn in ihr bewegen, kann der im Titel angekündigte Kampf natürlich nicht stattfinden. Die Gegner ähneln einander zu sehr in ihrer Unsicherheit, um jemals handgemein zu werden; daher zeigt die Novelle kein wirkliches Gefecht, sie beschränkt sich darauf, zu beschreiben, was es unmöglich macht und auf welche Weise es immerfort vermieden wird. Sie zeigt Gegner, die außerstande sind, einander entgegenzutreten, sowohl aufgrund ihrer gemeinsamen Schwäche wie der Ungleichartigkeit ihrer jeweiligen Kräfte, die es jedem von ihnen erlaubt, im eigenen Bereich ständig zu siegen und auf dem Feld des Feindes ständig geschlagen zu werden.

Die Welt hat nämlich für sich, daß sie da ist, und selbst wenn dieses Da-Sein nur die Folge einer geteilten Illusion sein sollte, würde ihr doch eine ungeheure Überlegenheit daraus erwachsen. Freilich ist auch das Individuum nicht so wehrlos, daß es sich von vornherein für besiegt halten müßte, denn als Herr über die Sprache übt es auf die stummen Dinge eine nicht minder untrügliche Macht aus, die sie wohl oder übel hinnehmen müssen. Die Welt, wie sie ist, bewahrt ihre Überlegenheit nur in dem Maße, wie das sprechende Individuum einwilligt, sie in Ruhe zu lassen; sonst ist sie unwiederbringlich verloren, allein die Kraft des schöpferischen Wortes verdirbt mit einem Schlag ihre schöne Ordnung und läßt sie in Stücke fallen. Sogar das Individuum, das allen Grund hat, an seiner Existenz zu zweifeln – der Beter, der sich seine Materialität durch den Blick der anderen bestätigen lassen muß –, sogar diese flüchtige Erscheinung des Unvollendeten siegt über den Himmel und die Erde, sobald sie zu sprechen beginnt.

Der Beter kann nicht aus dem Haustor treten, ohne »von dem Himmel mit Mond und Sternen und großer Wölbung und von dem Ringplatz mit Rathaus, Mariensäule und Kirche überfallen« zu werden[30], doch statt diesem vereinten Ansturm menschlicher und kosmischer Kräfte zu erliegen, greift er seinerseits mit der Zauberwaffe der Poesie an, die die sichtbaren Dinge nach Belieben zerstören, wiederaufbauen, umverteilen kann, allein dadurch, daß sie ihnen neue Namen aufzwingt, wie sie zu erschaffen dem inspirierten Dichter vergönnt ist. Der Mond mag sich noch so drohend gebärden in seiner unerreichbaren Höhe, er wird niedergeworfen von dem Sprachvirtuosen, dessen Kunst ja darin besteht, zu benennen und umzubenennen: »Gott sei Dank, Mond, du bist nicht mehr Mond, aber vielleicht ist es nachlässig von mir, daß ich dich Mondbenannten noch immer Mond nenne. Warum bist du nicht mehr so übermütig, wenn ich dich nenne ›vergessene Papierlaterne in merkwürdiger Farbe‹. Und warum ziehst du dich fast zurück, wenn ich dich ›Mariensäule‹ nenne, und ich erkenne deine drohende Haltung nicht mehr, Mariensäule, wenn ich dich nenne ›Mond, der gelbes Licht wirft.‹ Es scheint mir wirklich, daß es euch nicht gut tut, wenn man über euch nachdenkt; ihr nehmt ab an Mut und Gesundheit.«[31] Und so findet die Literatur, ohne selbst am allgemeinen Kampf ums Leben teilzunehmen – die verschiedenen »Ichs« der Erzählung haben keinerlei Konflikte miteinander, sie streifen einander nur und summieren einfach ihre Herausforderungen –, in ihrer Kunst der Benennung die sicherste Garantie ihrer Herrschaft: Sie braucht bloß den Sinnbezug, der die Dinge mit den Wörtern verbindet, zu verwirren oder gar zu zerstören, um sich ihrer Überlegenheit über alles zu versichern, was, ob lebendig oder unbeseelt, nicht zum inspirierten Wort gehört.

Obwohl mit unübersehbaren Mängeln behaftet, die sich der Hast und Naivität der Jugend verdanken und zudem von den literarischen Moden der Zeit gefördert sind[32], ist die *Beschreibung eines Kampfes* insofern bemerkenswert, als sie, wenngleich sie den Hauptthemen der Erzählungen und Romane vorgreift, genau das darstellt, was Kafka loswerden muß, bevor er der Autor des *Urteil* oder des *Prozeß* wird, der die *Dichtung* im weitesten Sinn des Wortes zwingt, auf Exaltation zu verzichten und Erfahrungsbericht, Chronik, Protokoll zu werden. Unmittelbar aus dem Romantiker hervorgegangen, den er in sich trägt und den er bald vor sein eigenes Gericht laden wird, ist die Novelle die Warnung, die er im Sinn behalten muß, sobald er sich in seiner realen Situation in der realen Welt, mit der seine Existenz verbunden ist, bewußt wird und entdeckt, daß auf dem Grund seines Glaubens an die Zauberkraft der Sprache Täuschung und kindliche Illusionen liegen. Zu der Zeit, da sein persönlicher Kampf in eine akute Phase eintritt – infolge der doppelten Prüfung, die damals, wie wir uns erinnern, seine Entdekkung des Judentums und die Krise seiner Verlobung bilden –, kann er die Probleme seiner menschlichen Beziehungen nicht mehr so schamlos lösen wie eine Figur seiner Novelle, die sich triumphierend für »verlobt« ausgibt, obwohl sich keine Frau in der Nähe befindet. Auch kann er sich nicht damit begnügen, die Welt für zuschanden, das heißt sowohl beschämt wie des Betrugs überführt zu erklären, einzig aufgrund eines wohlgeratenen Satzes oder einer neuen, ebenso poetischen wie ungehörigen Taufe. Das hieße, dem Betrug, den er entlarven will, eine weitere Täuschung hinzufügen und damit seinem persönlichen Unglück wie dem gemeinsamen Leid jede Würde zu nehmen.

Denn trotz seiner ungewissen und zerstückelten Existenz, sogar trotz seines Gefühls, nicht wirklich geboren zu sein, ist Kafka keine kunstvoll ausgeschnittene Silhouette, sondern ein Mann, der kämpfen muß, um Luft zu finden, einen Winkel, wo er unterkommen, einen konkreten Boden, auf dem er Fuß fassen kann. Und dieser Kampf ist zu dringlich, als daß er ihn vermeiden könnte, indem er Sätze arrangiert oder sich im Gefühl seiner Irrealität verschanzt. Es ist ihm dies um so weniger möglich, als auch die Prager Welt nicht die einstürzende Fassade ist, die der junge Aufrührer kraft seiner Inspiration zerschlagen zu können meint; so hinfällig sie dem mißtrauischen Beobachter erscheinen mag, sie ist keineswegs im Begriffe, in Stücke zu fallen, im Gegenteil, sie bleibt auf bemerkenswerte Weise stehen, und gerade diese allem Anschein zum Trotz aufrechterhaltene Stabilität trägt dazu bei, sie phantastisch zu machen.[33]

Um den wahren Kampf zu beschreiben, den er nun zu führen beabsichtigt, muß sich Kafka zunächst die Bequemlichkeiten verbieten, denen er in seinen ersten Schriften nachgab, und in jedem Gegner der Mischung aus Stärke und Schwäche Rechnung tragen, aus der er, wie jedermann, notwendig besteht. Vor allem muß er sich von jenem fordernden Helden lossagen, der schnell bereit ist, die Wunden und Risse seiner Existenz zur Schau zu stellen, und sich dennoch in seiner Überlegenheit sonnt, jenem Helden, der mit seiner geschwätzigen Romantik und seinem schlecht verhohlenen Hochmut der Literatur nicht weniger Unrecht zufügt als der Wirklichkeit. Da der Held hier das unmittelbare Ergebnis einer bestimmten ideologischen Haltung ist – des Glaubens in das »Gesagt, getan« des infantilen Narzißmus, dem der zeitgenössische Expressionismus im übrigen den Reiz der Modernität verleiht –, kann

Kafka sich von ihm nur trennen, indem er zunächst die mehr oder weniger unbewußten vorgefaßten Ideen ausreißt, die sein literarisches Denken behindern. Und um diesen Bruch in einem unnachsichtig gesäuberten Werk zu vollziehen, bei dem der Romantiker, der er im Grunde bleibt, und der unbestechliche Realist, der er ebenso gewiß ist, zusammenarbeiten müssen, ist er gezwungen, seine ganze Arbeitsauffassung oder, genauer, das Schreiben selbst aufs neue zu erfinden.

Als Kafka den Entschluß faßt, neutral zu bleiben gegenüber seinem chronischen Hang, sich seiner Herkunft wegen zu beklagen, zu trösten, zu rächen und folglich »zu retten«, greift er zu einem extremen Mittel – auf dem Gebiet des zeitgenössischen Romans ist es ein bislang unbekanntes Mittel –, die seinem in hohem Maße selbstsüchtigen Werk ein Maximum an Objektivität einpflanzt: Damit er nicht Gefahr läuft, seine Beschreibung mit Irritationen anzustecken, die seiner inneren Unsicherheit und Verstörung entspringen, trennt er den Menschen radikal vom Schriftsteller, das Geschriebene vom Erlebten (dieser vorsätzlich herbeigeführte Hiatus erklärt teilweise die Einstellung seiner ersten Exegeten, die wenig von seiner Biographie wußten oder das Wenige nicht zu benutzen verstanden und daher seine Texte meist in ontologische Begriffe übersetzten[34]). Jetzt steht das Geschriebene auch insofern über dem Leben, als es ihm für die Zeit, die ihm zuteil ist, sein Gesetz aufzwingt, was nicht heißt, daß Kafka fortan von etwas anderem als von sich selbst spricht, im Gegenteil, er ist mehr denn je sein einziges Thema, freilich stets nur in dem Maße, wie er sich zuvor auf ein Demonstrationsschema reduziert hat, inmitten einer abstrakten Geographie, in der alle körperlichen und seelischen Besonderheiten, seine soziale Situation sowie die Sachverhalte seiner Geschichte sorgsam getilgt sind (von wenigen Ausnahmen abgesehen, die, wie wir noch sehen werden, entlegene Details sind). Darin widerspricht er der herkömmlichen Meinung, die das Leben für das vorzügliche Kennzeichen des fiktiven Helden hält: Statt den lebendigen Menschen zu ergreifen, um ihn entweder treu wiederzugeben oder ihm in einer stilisierten Welt zu einem Mehr an Existenz zu verhelfen, bemächtigt er sich seiner allein zu dem Zweck, ihn als Individuum auszulöschen und in der Allgemeinheit zu ertränken, mit einem Wort, ihn zu töten.[35]

Diese Trennung von Geschriebenem und Erlebtem, die tatsächlich darauf hinausläuft, die Erfahrung zugunsten der Sätze zum Verschwinden zu bringen, gründet in der Notwendigkeit, den Schriftsteller vor den Verlockungen, den Schwächen, der unendlichen Fehlbarkeit des Menschen zu bewahren. Als Person nämlich hat Kafka keinerlei Vorzug vor seinesgleichen, soweit es die Reinheit der Absichten, die Schlüssigkeit des Verhaltens oder die Genauigkeit der Urteile betrifft. Wie bei jedermann sind seine Anschauungen von Wünschen und Affekten durchsetzt, die ihn gelegentlich, meist unbewußt, zu sonderbaren Ideen, tendenziösen Reaktionen, unverständlichen Verstocktheiten und voreiligen Schlußfolgerungen veranlassen. Wie jedermann widerfährt es ihm, daß er durch ein Ja oder ein kategorisches Nein Stellung bezieht, ohne seine Beweggründe rational darlegen zu können; wie jedermann schließlich hat er seinen Aberglauben, seine vorgefaßten Meinungen, seine Vorurteile und über die von den Ereignissen seiner Zeit aufgeworfenen Probleme Ansichten, die, trotz seiner in vieler Hinsicht fast prophetischen Hellsicht, schlicht borniert sind (wir sahen es in den vorherigen Kapiteln, als wir seine hartnäckige Weigerung erwähnten, sich behandeln zu lassen, nur weil er die offizielle Medizin haßte; oder als wir die Wandlungen seines jüdischen Gefühls nachzeichneten, die ihn veranlassen, bald radikal seine Überzeugung zu ändern, bald sich unwiderruflich an ein maßloses Urteil zu halten, wie er es insbesondere bei seiner Geringschätzung der Westjuden tut). Wenn nun aber sein Werk der sakralisierten Literatur, nach der er strebt, würdig sein soll, wenn es, wie er es will, ein phantastischer Hebel werden soll, der »die Welt ins Reine, Wahre, Unveränderliche heben kann«[36], dann darf er nicht zulassen, daß es mit dem infiziert wird, was er als eine endliche, aufgrund ihrer Bedingung zu Unreinheit, Flüchtigkeit und Falschheit verdammte Kreatur ist, hat, denkt und will. Er muß zwischen diesem und jenem eine unüberwindliche Schranke errichten, um seine irdischen Fesseln zu sprengen und in der Zeitspanne seiner Erzählung im Niemandsland der Schöpfung zu wohnen, wo es dem Denken vergönnt ist, sich außerhalb jeder Botschaft, ja geradezu gegen die Ideen auszudrücken.

Unter diesen Voraussetzungen darf man nicht erwarten, im Autor des *Prozeß* den gequälten, unentschlossenen, von Angst und Widersprüchen gelähmten Menschen wiederzufinden, dem wir im ersten

Teil dieses Essays begegnet sind; er kommt darin nicht vor, und das Werk selbst erzählt weder, was ihm zustößt, noch was er von den Ereignissen seines Lebens hat und hält. Verlobung, Trennung, Judentum, Konflikte, Krankheit – das alles fehlt augenscheinlich in der Erzählung und spielt dennoch eine entscheidende Rolle darin, freilich im Schutz einer doppelten Transponierung. Die eine führt das Erlebte auf seinen Kern zurück, läßt es in Bilder, Themen, Situationen einfließen, allesamt eigens zu dem Zweck hervorgehoben, seine Bedeutung aufzuzeigen; die andere besteht darin, aus dem Erlebten nicht moralische, sondern technische Schlüsse zu ziehen und sie ausschließlich auf den formalen Apparat der Komposition anzuwenden. Kafka kann die Nebenumstände seiner Unmöglichkeit zu leben deshalb nicht erzählen, weil er sie nicht genau kennt und weil diejenigen, die er kennt, sich nicht ohne Mogelei beschreiben lassen. Dagegen kann er von dieser Unmöglichkeit zu leben und zu benennen Zeugnis ablegen, indem er in seinen Ausdrucksmitteln selbst sichtbar macht, welchen Einschränkungen er sich unterwerfen muß, um seiner wahren Bedingung gerecht zu werden. Mit anderen Worten, er setzt den Inhalt unmittelbar in Form um, was noch dem kleinsten seiner unvollendeten Texte die stärkste Einheit sichert, welche die Prosa sich erträumen kann.

Erinnert man sich an die Prager Lebensverhältnisse, die wir in den vorherigen Kapiteln ausführlich erläutert haben, so versteht man ohne weiteres, wie Kafka zu der für einen Romanschriftsteller befremdlichen Weigerung gelangt ist (aber ist er wirklich ein Romanschriftsteller? Gerade wegen dieser Weigerung darf man es bezweifeln), seine Person in sein Werk einzuflechten und sie dort von sich erzählen zu lassen. Seit er denken kann, leidet er ja an dem mangelnden Ernst, den die meisten Juden seiner Umgebung bei ihren Parteinahmen und Urteilen an den Tag legen. Doch so ärgerlich, so unerträglich der gesellschaftliche und politische Opportunismus der Prager für jeden einigermaßen anspruchsvollen Geist sein mag, er ist kein bloßer Charakterfehler, sie werden dazu gebracht in Reaktion auf die Absurdität ihrer abgeschotteten Gesellschaft, und man kann ihn nicht anprangern, ohne die komplexen historischen Ursachen zu beachten, die ihn gefördert haben. Für Kafka ist also die Unverantwortlichkeit des Urteils, welche die Gesamtsituation seiner Glaubensgenossen mit sich bringt, keine jener Verschrobenheiten, über die man spotten oder sich entrüsten kann, zumal er, wohlwissend, welch geringen Spielraum Erziehung und

Umwelt dem Individuum lassen, sich nicht rühmen kann, selbst davon frei zu sein. Andererseits kann er diese Besonderheit der Sprache seiner Umgebung nicht verschweigen, denn trotz allem ist sie ihm unerträglich, nicht zuletzt aufgrund der dunklen Bedrohung, die sie für sein eigenes Denken bedeutet.

Natürlich würde etwas so Banales – Unverantwortlichkeit des Urteils ist gewiß nicht das Privileg der Prager Juden – den meisten Romanschriftstellern kaum Probleme stellen; viele würden sogar ein wahres Glück für ihre Kunst darin sehen und sie kurzerhand reproduzieren, indem sie ihre Geschichten mit haltlosen Geschöpfen, zynischen oder langweiligen Schwätzern bevölkern, die geeignet sind, die Vorzüge des intelligenten Autors herauszustreichen und insbesondere ihn für alles zu rächen, was ihre lebendigen Vorbilder ihm angetan haben. Einige haben das übrigens erfolgreich getan, in Situationen, die in mancher Hinsicht an die von Kafka gegenüber dem »Mütterchen« Prag erinnerten (zum Beispiel Musil in bezug auf Wien, oder Gogol in bezug auf Rußland). Doch diesen Weg, den der Romanschriftsteller sozusagen fix und fertig vorfindet, muß Kafka sich versagen (was nicht heißt, daß er ihn bei anderen verurteilt), weil der in seinem persönlichen Kampf hartnäckigste Feind auch in ihm selbst nistet, in einer Tiefe, aus der ihn nur erbarmungsloses Licht zu vertreiben vermag.

In Anbetracht der ganz allgemeinen Aufgabe, die er seiner Literatur zuweist – ihm zu enthüllen, was er jenseits aller Äußerlichkeiten ist, *und* die Welt ihres falschen Scheins zu entkleiden –, steht es Kafka nicht frei, den Prager Fluch zum Thema zu nehmen, er kann von ihm nicht sprechen, weder um ihn anzuprangern noch um ihn lächerlich zu machen, nicht einmal um die Erinnerung an ihn festzuhalten. Er zieht lediglich eine Lehre aus ihm und hört nicht mehr auf, ihn sich zunutze zu machen: Statt eine imaginäre Gesellschaft von inkonsequenten Menschen zu schildern, die aufs Geratewohl urteilen, *enthält er sich jeden Urteils*. Aus diesem Grunde löscht er aus seinen Geschichten zunächst den mit Ideen vollgestopften Erzähler aus, der das Verhalten der Personen interpretiert und die Ereignisse kommentiert; sodann tilgt er aus den Reden seiner Helden jede Behauptung, jede allgemeine Idee, jede Spekulation, die sich nicht aus den konkreten Gegebenheiten der Handlung ergibt (zwar grübelt K. unentwegt über das Wesen des Schlosses, aber weder er noch sonst jemand erwähnt je ein äußeres Ereignis, keinem kommt auch nur die geringste Idee über die Lippen, die auf die

Weltgeschichte oder das Schicksal der Menschheit Bezug nähme).

An das Prinzip der Nichteinmischung gebunden, gestattet es sich Kafka auch nicht, den Charakter seines Helden mit irgend etwas einzufärben, das unmittelbar an seine eigenen Neigungen, Phobien oder merkwürdigen Verhaltensweisen gemahnte, zu denen seine Sehnsucht nach dem verlorenen Gesetz ihn verleitet. Keiner ist Vegetarier, keiner handelt nach seinen Überzeugungen oder Vorurteilen, was beispielsweise die Medizin, die Hygiene, die Erziehung, die Wohltaten des Landlebens und die Gefahren der Stadt angeht; und obwohl manche von ihnen mit dem Problem ihrer Berufung zu tun haben, kennt keiner das Glück und die Qual des Schreibens, und Leidenschaft für die Literatur, durch die der Autor sich am ehesten verraten würde, ist sicherlich das Allerletzte, was ihnen nachgesagt werden kann.

Die seltenen Verstöße, die Kafka sich in dieser Hinsicht erlaubt, bestätigen nur seinen unbedingten Gehorsam gegenüber der Regel; sie bestehen in episodischen Anmerkungen und Details, die auf den ersten Blick ganz belanglos erscheinen, sich aber derart logisch in das Raster der Erzählung einfügen, daß man mit dem Leben des Schriftstellers schon vertraut sein muß, um darin irgendeine Anspielung zu erkennen. Hier hat ausnahmsweise der unfehlbare Mechanismus doch ein wenig Spiel, Kafka gestattet es sich, in einen abgelegenen Winkel seiner Geschichte zu schlüpfen, wo der unkundige Leser um so weniger Grund hat, ihn zu suchen, als dort wohl nichts Wichtiges geschieht. So hängt er an die Wand von Gregor Samsas Zimmer ein Bild, das eine in Pelz gehüllte Dame darstellt, was offensichtlich auf die besondere Beziehung hinweist, die er selbst zu dieser Art Schmuck hat[37]; er läßt den Landvermesser Klamms Kognak stehlen und trinken, ein Getränk, das ihm zunächst wie göttlicher Likör vorkommt und sich dann als ein ordinäres »kutschermäßiges Getränk« herausstellt, womit er an seine eigene Abstinenz erinnert, samt dem Ekel und der schändlichen Begehrlichkeit, die dabei mitspielen; er legt Josef K., als von Frau Grubach und dem außergewöhnlichen Geschick von »Frauenhänden« die Rede ist, eine Bemerkung in den Mund, die durchaus in seinen *Tagebüchern* stehen könnte, neben der Stelle, wo er von der Energie und dem Mut seiner Mutter schwärmt, weil sie, wenn sie am Abend müde heimkommt, noch so stark ist, daß sie »den schon späten Tag noch einmal anfangen läßt«; er läßt Josef K. beschließen, sein Italienisch zu verbessern, ein Entschluß, den er selbst seit seinen Reisen mit Max Brod nach Italien immer wieder faßt und, wie er sagt, nie sehr weit vorantreibt (das Detail ist nicht unwichtig, da K., der einem italienischen Geschäftsfreund den Dom zeigen will, seine Anwesenheit in der heiligen Stätte dazu nutzt, seinen Wortschatz aufzufrischen, was ihn wehrlos dem Anruf des Geistlichen aussetzt). Das sind die wenigen empirischen Elemente, die Kafka gleichsam heimlich einfügt, abgesehen natürlich von denen, die in seine beständigste, zudem kompromittierendste Thematik einfließen und viel zu kunstvoll entstellt sind, als daß man sie noch identifizieren könnte. Doch ob er sich nun phantastischen Verwandlungen unterzieht, um sicher zu sein, nicht in die Angelegenheiten seines Helden einzugreifen, oder ob er sich allenfalls gestattet, in seiner Geschichte ein ebenso flüchtiges wie ironisches Gastspiel zu geben, feststeht, daß nichts, was ihn betrifft, jemals bewertet wird, niemals versieht er es mit einem positiven oder negativen Zeichen, das den Leser veranlassen würde, seine Ansichten zu teilen und seine persönliche Hierarchie zu akzeptieren. Was immer er über sich selbst sagt, wenn er sich in irgendeinem Winkel seiner fiktiven Welt versteckt, man kann nicht wissen, wie er darüber denkt, ob er es für erfreulich oder ärgerlich, hausbacken oder verschroben, vernünftig oder verrückt hält, so daß man auch nicht wissen kann, wie er verstanden und beurteilt werden möchte (dieser Weigerung zu *orientieren* entspringt ganz offenbar die Deutungssucht, der seine Kritiker und in ihrem Gefolge sein Publikum oft verfallen). Es ist unmöglich zu wissen, weil der Erzähler, der wirklich ein anderer ist als er, nicht den kleinsten Vorsprung, nicht den geringsten Vorteil vor dem nicht informierten Leser hat: Er schreibt nicht, um eine festgelegte Weltanschauung zu vermitteln, sondern um von seinen Helden – die ebenso unwissend sind wie er und dennoch Aufschluß geben durch die Art und Weise, wie sie auf die experimentelle Situation reagieren, die sie auf die Probe stellen soll – zu lernen, wo sich in der Welt das Oben und das Unten befindet, das Wahre und das Falsche, das Gerechte und das Ungerechte, Gesundheit und Krankheit.[38]

Der Erzähler sieht nur das, was sich nach Maßgabe der Ereignisse vor seinen Augen abspielt, und er beurteilt es nach seinen eigenen Kriterien, *ohne zu berücksichtigen, was Kafka möglicherweise anderswo zu demselben Thema gesagt hat.* So weiß er zum Beispiel nichts von den Ideen, die wir in den *Tagebüchern* über das Landleben und die Bauern finden, zur Zeit, als sich Kafka bei seiner Schwester in Zürau aufhält: »Allgemeiner Eindruck der Bauern: Edelmänner, die sich in die Landwirtschaft gerettet haben, wo sie ihre Arbeit so weise und demütig eingerichtet haben, daß sie sich lückenlos ins Ganze einfügt und sie vor jeder Schwankung und Seekrankheit bewahrt werden, bis zu ihrem seligen Sterben. Wirkliche Erdenbürger.«[39] Der Erzähler, der von K.s Abenteuern berichtet, erwähnt diesen »allgemeinen Eindruck« nicht nur nicht, sondern stellt sich, ohne ihn zu kennen, sogar gegen den Idealismus, von dem er geprägt ist: Für ihn sind die »Edelmänner, die sich in die Landwirtschaft gerettet haben«, Rohlinge, die K. blöde anschauen »mit ihren wulstigen Lippen« und ihren »förmlich gequälten Gesichtern – der Schädel sah aus, als sei er oben platt geschlagen worden, und die Gesichtszüge hatten sich im Schmerz des Geschlagenwerdens gebildet«[40]; natürlich erwähnt er im Laufe der Geschichte immer wieder ihre Borniertheit, die Unterwürfigkeit, mit der sie das Joch des Schlosses tragen, ihren würdelosen Gehorsam gegenüber den Launen und der Willkür der Herren, schließlich die Brutalität und den Mangel an Gastfreundschaft, mit denen sie K. begegnen, aus dem einzigen Grunde, weil dieser ein Fremder ist. Im übrigen fällt er darüber kein Urteil, er beschränkt sich darauf, die Dinge so zu schildern, wie sie in den Peripetien des Romans ineinandergreifen, was ihm erlaubt, durch *Beobachtung* die idyllische *Vorstellung* zu widerlegen, die Kafka sich privat aufgrund seiner Vorurteile gegen Prag und die großen Städte macht.

Zu diesem Prinzip der Nichteinmischung, in das Kafka sozusagen stillschweigend seine Reaktion auf ein typisch pragerisches Phänomen einfließen läßt, zunächst um es kundzutun, sodann um sich von ihm zu distanzieren, ist er wohlgemerkt vor allem durch den sprachlichen Zwiespalt gezwungen – eine zwar ebenfalls typisch jüdische und pragerische Situation, die jedoch um so schmerzhafter ist, als sie seine Arbeit schwer belastet und er sie lange ignorieren zu können glaubte. Zu der Zeit, da er seinen Helden losschickt, die Welt zu erstürmen, ohne ihm andere Waffen zu geben als eine allmächtige poetische Sichel, ist es das *Sprechen* im allgemeinen und nicht nur die *Sprache*, was ihm fragwürdig erscheint; er schreibt das Deutsche, wie er es spricht, weil man es ihm beigebracht und er keine andere Möglichkeit hat, sich auszudrükken, ohne sich darum zu kümmern, ob er im Recht ist, es zu benutzen, oder nicht. Das Unbehagen, die Zweifel, jene Art von

Lähmung, die er auf den allerersten Seiten seiner *Tagebücher* bitter beklagt, scheinen ihm eher einer unglücklichen Veranlagung zu entspringen als dem Instrument, mit dem er arbeiten muß. Abgesehen von einigen Erzählungsfragmenten, in denen man noch den unmittelbaren Einfluß der *Beschreibung eines Kampfes* erkennt, erschöpfen sich seine Aufzeichnungen aus dem Jahre 1910 in Klagen über das, was er damals für eine entsetzliche Unfähigkeit ansieht: »Kein Wort fast, das ich schreibe, paßt zum anderen, ich höre, wie sich die Konsonanten blechern aneinanderreiben, und die Vokale singen dazu wie Ausstellungsneger. Meine Zweifel stehn um jedes Wort im Kreis herum, ich sehe sie früher als das Wort, aber was denn! ich sehe das Wort überhaupt nicht, das erfinde ich. [...] Wenn ich mich zum Schreibtisch setze, ist mir nicht wohler als einem, der mitten im Verkehr der Place de l'Opéra fällt und beide Beine bricht.«[41] Und um die Ursachen dieses Unvermögens herauszufinden, beginnt er im übrigen sein Tagebuch, hier soll jeden Tag »zumindest eine Zeile gegen mich gerichtet werden, wie man Fernrohre jetzt gegen den Kometen richtet«[42]; er will jeden Satz zu einem Tribunal machen – jetzt schon –, vor das er zitiert werden wird, und jeder Satz urteilt in der Tat über ihn, was ihn veranlaßt, die Aufzeichnungen dieses Jahres mit einem Eingeständnis der Niederlage zu beschließen: »Meine Kraft reicht zu keinem Satz mehr aus. Ja, wenn es sich um Worte handeln würde, wenn es genügte, ein Wort hinzusetzen und man sich wegwenden könnte im ruhigen Bewußtsein, dieses Wort ganz mit sich erfüllt zu haben.«[43] Doch inmitten dieser unvorhersehbaren Höhen und Tiefen – denn es gibt durchaus auch Höhen, das Leiden setzt manchmal aus – kommt es Kafka nicht in den Sinn, seinen Besitz der deutschen Sprache in Zweifel zu ziehen, sie ist sogar eine Zeitlang der einzige Besitz, den zu rechtfertigen er kein Bedürfnis verspürt.

Das Problem der Sprache beginnt ihn erst 1911 zu beschäftigen, ganz offensichtlich – wir sagten es schon – im Zusammenhang mit seiner kürzlichen Entdeckung des Jiddischen, einer bloßen Redeweise, eines Jargons, der den Namen Sprache nicht verdient, dessen Spontaneität und Emotionskraft ihn jedoch plötzlich spüren lassen, wie kalt, trocken und künstlich sein Deutsch, das eines gebildeten Juden, ist. Als er notierte: »Ich bin ja wie aus Stein, wie mein eigenes Grabdenkmal [...]«[44], schien ihm diese tödliche Kälte aus ihm selbst zu kommen; jetzt aber schreibt er sie dem zu, was das Wort *Mutter*, auf seine jüdische Mutter angewandt, die es ihm doch beigebracht hat, an wahren Gefühlen und affektiven Impulsen in ihm erstickt hat.[45] An dem Tag, da Kafka begreift, daß er nur deshalb seine Mutter nicht immer so geliebt hat, wie er es könnte und wie sie es verdiente, weil ihn die deutsche Sprache daran gehindert hat, verliert er endgültig das ruhige Bewußtsein von der Stichhaltigkeit des Hauptwerkzeugs seiner schriftstellerischen Tätigkeit: Das Deutsche ist nicht mehr die Heimat, in der er sich ohne weiteres zu Hause fühlte, sondern ein Aufnahmeland, in dem er nur noch ein geduldeter Gast sein will – und sowohl in der Form wie im Inhalt, freilich läßt sich auch hier das eine nicht vom anderen trennen, wird davon die Richtung seines Werks radikal verändert.

Der bedeutungsvolle und anspielungsreiche Abstand, den Kafka jetzt gegenüber seiner Sprache einnimmt, ist nicht eigentlich durch die Furcht motiviert, gegen die Regeln des Lexikons und der Grammatik zu verstoßen; er hat vielfache Ursachen – historische, ethnische, psychologische –, die tiefer reichen als die Unsicherheit in der Wortwahl und der Syntax, selbst in den Augen des unbestechlichen Puristen. Für einen Juden heißt deutsch schreiben, ob gut oder schlecht, »Anmaßung eines fremden Besitzes, den man nicht erworben, sondern durch einen (verhältnismäßig) flüchtigen Griff gestohlen hat und der fremder Besitz bleibt, auch nicht der einzigste Sprachfehler nachgewiesen werden könnte, denn hier kann ja alles nachgewiesen werden durch den leisesten Anruf des Gewissens in einer reuigen Stunde«.[46] Natürlich macht eine fehlerhafte Sprache die Sache nicht besser, sie verstärkt vielmehr die an sich schon unvermeidlichen Gewissensbisse; in dieser Hinsicht ist Kafka nicht ganz unschuldig, und obwohl seine Sprache nahezu frei ist von den Dialektwendungen und Unreinheiten, die das Prager Deutsch unter dem Einfluß des Tschechischen und Jiddischen leicht aufnimmt, ist er häufig unsicher in einem Wort oder einem Satzbau (einer dieser Fehler ist Anlaß zu einem Streit zwischen ihm und Felice, in dem sie entschieden recht hat); er zweifelt sogar aus Prinzip, denn er liegt unentwegt auf der Lauer und ist ständig bereit, das »Deutsch, das wir von unsern undeutschen Müttern noch im Ohre haben«[47], für verdächtig zu halten. Wie dem auch sei, das Wesentliche ist hier keine Angelegenheit der Grammatik, »der leiseste Anruf des Gewissens« kann sogar nicht vorhandene Fehler ankreiden, weil zwischen dem deutschen Juden und seiner Sprache keine wirkliche Vertrautheit besteht, sondern einzig die fragwürdige Beziehung, die den Dieb mit dem Diebesgut verbindet.

Diebe sind sie also, sollten sie im übrigen noch so ehrlich und begabt sein, die deutsch-jüdischen Schriftsteller, zu denen Kafka sich zwangsläufig zählt, aber sie profitieren nicht von dem Raub, zu dem ihr Verleugnungswunsch sie angestachelt hat. Da sie nur zu dem Zweck deutsch zu schreiben anfingen, um mit ihrer Herkunft zu brechen, blieb ihre Befreiung auf halbem Wege stecken, denn »mit den Hinterbeinchen klebten sie noch am Judentum des Vaters und mit den Vorderbeinchen fanden sie keinen neuen Boden«. So führten alle Bemühungen, ihrem »Hunde«dasein zu entrinnen, nur dazu, sie dahin zurückzuwerfen; sie sind zerrissene, zur Ohnmacht und Verzweiflung verdammte Geschöpfe, und ihre einzige Inspiration ist das Unglück, in das sie sich selbst gestürzt haben.

»Eine Inspiration, ehrenwert wie irgendeine andere«, fährt Kafka in seiner Anklagerede fort, »aber bei näherem Zusehn doch mit einigen traurigen Besonderheiten. Zunächst konnte das, worin sich ihre Verzweiflung entlud, nicht deutsche Literatur sein, die es äußerlich zu sein schien. Sie lebten zwischen drei Unmöglichkeiten, (die ich nur zufällig sprachliche Unmöglichkeiten nenne, es ist das Einfachste, sie so zu nennen, sie könnten aber auch ganz anders genannt werden): der Unmöglichkeit, nicht zu schreiben, der Unmöglichkeit, deutsch zu schreiben, der Unmöglichkeit, anders zu schreiben, fast könnte man eine vierte Unmöglichkeit hinzufügen, die Unmöglichkeit zu schreiben (denn die Verzweiflung war ja nicht etwas durch Schreiben zu Beruhigendes, war ein Feind des Lebens *und* des Schreibens, das Schreiben war hier nur ein Provisorium, wie für einen, der sein Testament schreibt, knapp bevor er sich erhängt –, ein Provisorium, das ja recht gut ein Leben lang dauern kann), also war es eine von allen Seiten unmögliche Literatur, eine Zigeunerliteratur, die das deutsche Kind aus der Wiege gestohlen und in großer Eile irgendwie zugerichtet hatte, weil doch irgendjemand auf dem Seil tanzen muß. (Aber es war ja nicht einmal das deutsche Kind, es war nichts, man sagte bloß, es tanze jemand).«[48] Nach dem bei ihm ungewöhnlich harten Tonfall zu schließen, ist die Verzweiflung, von der Kafka hier ein ganz und gar düsteres Bild malt, viel mehr seine eigene als die der jüdischen Schriftsteller seiner Generation, die sich, da sie von der Katastrophe, die über sie hereinbrechen sollte, nichts wußten – wer hätte sie mitsamt ihrem Grauen im Jahre 1921 vorhersehen oder auch nur ahnen können? –, alles in allem recht gut damit abfanden, eine »von allen Seiten unmögliche Literatur« zu machen, zumal sie viele von ihnen berühmt werden ließ. Über seine jüdischen Glaubensgenossen, die sich ihres Unglücks nicht bewußt sind, verwickelt sich Kafka selbst in diese dunkle Familiengeschichte, deren Hintergründe er nur allzu genau kennt. Und selbst wenn sein offenbar unwiderrufliches Urteil in den Augen der Geschichte ungerecht erscheint – im Absoluten, in dem der Prozeß stattfindet, ist es das nicht –, so darf er es doch mit Gründen aufrechterhalten, zum einen, weil er der erste ist, den es in ganzer Härte trifft, zum anderen, weil die deutsch-jüdische Literatur, als Ausfluß des »als ob«, das er verabscheut, in seinen Augen geradezu die Verkörperung der falschen Sicherheit und Lüge ist, gegen die sein Werk aufgerichtet werden muß.

Diese kategorische Verurteilung eines so vielseitigen und so bedeutsamen Phänomens mag für uns eine durchaus prekäre Seite haben, vor allem wenn man bedenkt, welcher Ideologie sie Nahrung gab und bei welchen intellektuellen und politischen Gruppierungen sie hätte Beifall finden können. Dazu ist jedoch zu sagen, daß Kafka sie nie veröffentlicht hat (übrigens hat er nie irgend etwas Polemisches veröffentlicht); was er über ein für ihn absolut entscheidendes Thema denkt, sagt er privat zu einem seiner engsten Freunde, der seine Beweggründe nicht falsch verstehen kann. Doch wie seine Haltung auch bewertet werden mag, Tatsache bleibt, daß sie mit dem, was er ist, was er tut, mit jedem Wort und Bild, das er zu Papier bringt, unverkennbar verbunden ist. Für den Schriftsteller, der sich des elementaren Guts beraubt weiß, das jedem Menschen zuteil wird, ist sie der Widerschein der Not, aus der er keine Tugend machen will; gerade das soll sein Werk wiedergeben oder, genauer, mit äußerster Ehrlichkeit *sein*.

Das einzige Mittel, das Kafka ins Auge fassen kann, um seine von allen Seiten unmögliche Literatur möglich zu machen, ist, die Stelle der Behinderung klar zu bezeichnen, indem er sich eine Sprache ohne besondere Klangfarben, ohne Lokalkolorit, gewissermaßen ohne Eigenschaften erfindet. In der Anklagerede gegen seine jüdischen Brüder räumt er durchaus ein, daß das *Mauscheln*, dessen unangefochtener Meister Karl Kraus ist – nach seiner eigenen Definition »eine organische Verbindung von Papierdeutsch und Gebärdensprache«[49] –, insofern eine gewisse Berechtigung hat, als »im Deutschen nur die Dialekte und außer ihnen nur das allerpersönlichste Hochdeutsch wirklich lebt, während das übrige, der sprachliche Mittelstand, nichts als Asche ist, die zu einem Scheinleben nur dadurch gebracht werden kann, daß überlebendige Judenhände sie durchwühlen«.⁵⁰ Von diesen drei Schichten, aus denen das zeitgenössische Deutsch tatsächlich besteht, wäre ihm allein die dritte erreichbar, da die Dialekte und das persönlichste Hochdeutsch ja gerade das sind, was er sich am wenigsten aneignen kann; diese dritte ist nun freilich tot – sie ist es in der Tat, hier sieht Kafka mit seinem furchtbar geschärften Sprachgefühl sehr viel klarer als die Schriftsteller seiner Zeit –, und er weigert sich, ihre Asche aufzuwühlen, um sie wiederzuerwecken. Da er sowohl auf das autochthone Deutsch wie auf das der literarischen Aristokratie verzichten muß und zugleich außerstande ist, sich mit jenem »sprachlichen Mittelstand« zu begnügen, dessen Agonie die jüdischen Schriftsteller ausbeuten, kann er sein Werkzeug nur im Diesseits der geschriebenen und gesprochenen Sprache suchen, in einer Zone am Rande von Raum und Zeit, wo das Deutsche, als reines System, seinen Wurzeln und seiner Wahrheit noch nahe ist. Um eine Schreibweise zu gewinnen, die seinem Vorhaben entspricht und gleichzeitig die Enteignung korrekt konnotiert, als deren Urheber *und* Opfer er sich fühlt, umgeht Kafka das Gesprochene und knüpft unmittelbar an die Sprache an. Er arbeitet am Nullpunkt der Synchronie, auf einer Ebene, auf der die Sprache, unbehelligt von allem, was das Gesprochene seinen Idiomen sowie der großen historischen Literatur verdankt, nichts anderes zu bieten hat als ihre Unmittelbarkeit und den Reichtum ihrer Kombinationen.

Infolge des Abstands, den er zu der entliehenen Sprache wahren will, verzichtet Kafka darauf, sie mit Neologismen, Archaismen, spitzfindigen Redewendungen und syntaktischen Umwälzungen anzureichern, womit der moderne Schriftsteller, besonders der deutsche, sich ganz natürlich das Recht auf Innovation gibt. Er verschanzt sich in einem sprachlichen Bereich, in dem die Vokabeln, bar jeden Hinweises auf ihr Alter, ihren gesellschaftlichen und literarischen Gebrauch oder ihre Heimat, unbeschwert mit ihrer Zweideutigkeit spielen. Daher der sowohl kristallklare als auch unergründliche Charakter seiner Prosa: Von der Schlacke befreit, in die ein jahrhundertealter Gebrauch sie eingeschlossen hat, enthüllen die bis auf den Kern entblößten Wörter den verworrenen und doppelten Sinn, der ihre ursprüngliche Bedeutung durchzieht.

So funktionieren tatsächlich die Schlüsselwörter – Prozeß, Schloß, Herren, Hund, Bau usw. –, die Kafkas Erzählung die Dynamik verleihen, die ihre Bewegung in Schwung zu bringen und zu erhalten vermag. Stets im absoluten grammatischen Sinn verwendet, das heißt: ohne nähere Bestimmung oder Attribut, drängen diese meist doppeldeutigen Wörter die Handlung in zwei Richtungen gleichzeitig, eine sichtbare und eine mehr oder weniger versteckte, zwischen denen sie unaufhörlich spielen müssen (auf dieser Ebene ist das *Wortspiel* tatsächlich die Triebfeder der Geschichte, und zwar eine um so mächtigere, als man sie nie arbeiten sieht). Der *Prozeß*-Roman hat seine Quelle in dem Wort »Prozeß«, das im Deutschen sowohl ein gerichtliches Verfahren wie einen Krankheitsverlauf beschreibt, zwei Bedeutungen, die normalerweise nicht zu Verwirrung Anlaß geben, sich hier jedoch mit einer solch strengen Logik gemeinsam entwickeln, daß es niemandem in den Sinn kommt, sie zu trennen. Josef K.s Sache untersteht also sowohl der Justiz wie der Pathologie (»Sie haben einen Prozeß, nicht wahr?«, fragt jemand K. und klopft dabei »mit dem Fingerknöchel leicht an seine Brust«, das heißt, er macht die typische Geste des einen Patienten abhorchenden Arztes); und da überdies keine der beiden Bedeutungen eine bestimmte Sache betrifft, kann man nicht wissen, ob K. schuldig oder krank ist – im ersten Fall, welches Verbrechens oder Delikts, im zweiten, welche körperliche oder seelische Krankheit er hat. Schuldig, weil er an irgendeinem Punkt seines Körpers oder seines Geistes leidet, oder krank als Buße für irgendein unsühnbares Vergehen – schuldig vor Krankheit oder krank vor Schuld, das ist in den Abenteuern von Josef K. die schwere Frage, die sich dem Wort »Prozeß« selbst stellt, einem doppeldeutigen und dennoch absoluten Wort, in dem der alte Glaube an eine immanente, jeder Prüfung und jeder Wissenschaft entzogene Gerechtigkeit eines unserer furchtbarsten Vorurteile zum Gesetz macht.

Die grundlegende Zweideutigkeit von Kafkas Erzählung entspringt der Verdichtungsfähigkeit, welche die Urworte besitzen, sowie der Doppelzüngigkeit, die sich hinter ihrer äußeren Gestalt einfacher Ideen verbirgt.[51] Was zum Beispiel ist unschuldiger als das Wort »Schloß«? Und in Wahrheit tendenziöser, wenn man an das ausgedehnte Netz von Bildern denkt – Reichtum, Alter, Macht, Adel, Privilegien –, das sich seit den frühesten Zeiten um es herumspinnt? Diesem blendenden Gebäude, in dem sich Luxus und Schönheit mit der Erinnerung an absolute Macht und zerfallene Bräuche paaren, fügt das deutsche »Schloß« noch ein wichtiges Merkmal hinzu, das im französischen »château« nicht mehr zu erkennen ist; es evoziert nicht nur das Bauwerk, sondern auch seine Lage in einem abgeschlossenen Raum (woraus sich mehrere Verben herleiten, die die Idee des Verschließens ausdrücken), so daß sämtliche moralischen, gesellschaftlichen, geistigen und ästhetischen Eigenschaften, die in dem Bild anklingen, sogleich als von innen her verteidigte, buchstäblich eingemauerte Güter erscheinen.[52] Angesichts dieser vielfältigen Bedeutungen, die von der Macht überholter Dinge in unseren Träumen und Hoffnungen zeugen, braucht Kafka dem Wort keinerlei Gewalt anzutun, um einen ganzen Roman aus ihm zu machen; der Roman ist potentiell im Wort enthalten, und das Wort bestimmt den Verlauf seiner Peripetien bis hinein in ihre scheinbare Absurdität, Unwahrscheinlichkeit oder Unstimmigkeit. Er stellt fest, daß der »Schloß« genannte Wohnsitz für alle – und natürlich insbesondere für ihn – in ein System impliziter Werte eingebunden bleibt, denen in der heutigen Welt nichts mehr entspricht und die um so tyrannischer sind, als ihre Unzeitgemäßheit sie der Notwendigkeit enthebt, sich zu beweisen. Daher die Aufgabe, mit der er seinen Landvermesser betraut – dessen Beruf gewiß gut gewählt ist, obwohl er ihn ja gerade nicht ausüben kann – und die ganz einfach darin besteht, zu lernen, was das »Schloß« sagen will, wenn die kindlichen Träume, die Bucherinnerungen und die an das Wort geknüpften Verlockungen plötzlich ins Leben projiziert werden (er lernt auch zu seinem Schaden, was »Herren« bedeutet, denn die *Herren*, mit denen er es zu tun hat, sind nicht nur, was wir heute darunter verstehen, wichtige Leute, hohe Persönlichkeiten, Potentate der Verwaltung; es sind auch im archaischen Sinn des Wortes »Herren« für die Dorfbewohner und für die Frauen dominierende Männer, die sie sexuell versklaven). Bei dieser Prüfung, die ihn dazu führt, es über das Schloß und seine Bürokratie mit allen gesellschaftlichen, intellektuellen und affektiven Institutionen aufzunehmen, die unsere Kultur errichtet hat, ist nicht zu erkennen, wie K. je die Oberhand gewinnen können sollte, so groß sein Mut und seine Hartnäckigkeit immer sein mögen. Doch solange seine unglückliche Irrfahrt dauert, hört er nicht auf, den sprachlichen Apparat auseinanderzunehmen, der dem Schloß die Möglichkeit gibt, seine Herrschaft zu stützen und zu verewigen; er zwingt die Wörter und die Dinge, ihre Komplizenschaft bei der Knechtung des Denkens zu bekennen, und darin könnte er sich, trotz aller vorübergehenden Verblendung und der schrecklichen Müdigkeit, die ihn am Ende überwältigt, mit Recht rühmen – er tut es beinahe –, den Hauptteil seiner Aufgabe erfüllt zu haben.

Auch wenn die Zurückhaltung, die Kafka in seinen Beziehungen zur eigenen Sprache übt, ihm durch einen schweren Gewissenkonflikt aufgezwungen wurde, so entspringt sie doch nicht allein der Weigerung, sich einen fremden Besitz anzueignen; sie ist ebensosehr die Antwort eines besonders wachen Bewußtseins, das fest entschlossen ist, sich nicht mehr zu besänftigen, auf den Betrug der Welt und der Sprache, die sich insgeheim verbündet haben. Der Zurückhaltung dieses Komplotts nachgezeichnet, dessen Raster nie sichtbar wird, verdeckt sie in Wirklichkeit einen heftigen Angriff auf die Grenzen dessen, was ist, den Krieg eines Einzelnen, unerbittlich, obwohl ohne Getöse, gegen alle, die sich der Wörter bedienen, um zu herrschen. Denn zwar stimmt es, daß Kafka sich selbst das Recht abspricht, sich des Deutschen zu bemächtigen und dessen Reichtum voll zu nutzen. Aber wie ist er dazu gekommen, sein Werk auf einer solch radikalen Beschränkung aufzubauen, auf die Gefahr hin, es zu lähmen und der Austrocknung preiszugeben? Wie kann er sich wirklich eines so schweren sprachlichen Vergehens für schuldig halten – das deutsche Kind aus der Wiege zu stehlen – auf einem Gebiet, das immerhin das seine ist und auf dem der Delinquent überdies, sofern er überhaupt gefaßt wird, nie eine Strafe verwirken kann? Welche neurotischen Impulse Kafka auch immer nötigen, sich zu verstümmeln – sicherlich zum großen Glück seines Werkes, aber auch zum Preis welcher Qualen und welch furchtbaren Gefühls des Mißlingens, wenn alles gesagt ist –, sie könnten keine solche Macht über ihn haben, würden sie nicht fortwährend von außen bestätigt und damit ein unleugbares Realitätsgewicht erhalten.

Selbstverständlich verbietet ihm kein mündliches oder geschriebenes Gesetz, seine Adoptivsprache zu sprechen; man läßt ihn jedoch spüren, daß sein Anspruch, sie mit der Natürlichkeit und Freiheit zu sprechen, die der angestammte Deutsche von Geburt an besitzt, anstößig, aufreizend, unangebracht ist; daß es eben bloß ein Anspruch ist, das heißt der schlagende Beweis für den Unterschied, den zu verwischen er sich bemüht. Das Deutsche klingt im Mund all derer richtig, die im großen und ganzen die gleiche Geschichte und die gleichen Interessen haben und daher keine besondere Anordnung ihrer Worte und ihres Schweigens brauchen, um miteinander zu kommunizieren. In seinem Munde mag es vollkommen sein, es ist dennoch falsch, weil, was immer er tut, seine wahren Interessen anderswo liegen und es seiner Kunst, die er darauf verwendet, das Gegenteil zu heucheln, lediglich gelingt, ihn erst recht verdächtig zu machen. Die anderen billigen ihm nicht nur kein wahres Wort in den Angelegenheiten des gesellschaftlichen und nationalen Lebens zu, er hat auch keinen Zugang zu den Tiefenschichten der Sprache, wo, wie er selber gesteht, die ersten Wörter, die das Kind stammelt, sogar die Wörter »Vater« und »Mutter« für sein jüdisches Empfinden bloß lächerliche Annäherungen sind. Es ist also für alle besser, wenn er sich stillschweigend an die Regel hält und vom Deutschen nur das aufnimmt, was ihm einzig im Bereich des öffentlichen Gebrauchs gnädig gewährt wird (der Landvermesser, der dieselbe Sprache spricht wie die Dorfbewohner und diese gleichwohl ebensowenig versteht, wie er sich ihnen verständlich macht, bringt die Forderung, die seine unermüdlichen Schritte motiviert, gut zum Ausdruck: Er will vom Schloß kein Gnadengeschenk, sondern sein Recht, das heißt das Allerletzte, was die »Behörde« ihm gewähren will und kann[53]).

Kafka kann sich um so weniger gegen die Regel auflehnen – er empört sich allein gegen das heuchlerische Schweigen, das ihn umgibt, gegen das »Unklare« –, als er genau weiß, worin sein Deutsch von Grund auf verdächtig ist, selbst dort, wo ihm kein Fehler nachgewiesen werden kann. Von einer Mutter übermittelt, die keine *Mutter* ist und selber weit davon entfernt, es zu beherrschen[54], bleibt es trotz aller Vertrautheit ein Instrument, dem es an Treffsicherheit fehlt und dessen Mängel zudem schwer zu lokalisieren sind (Kafka erkennt intuitiv die Fehler, die Brod in seiner Übersetzung des Librettos von Janáčeks Oper *Jenufa* gemacht hat, aber er sagt nur: »Ist das nicht das Deutsch, das wir von unsern undeutschen Müttern noch im Ohre haben?«, weil das im Grunde sein einziges Argument ist). In Prag fällt diese Unsicherheit wohl kaum auf, da jeder sie teilt; doch für den dem lebendigen Wort verhafteten und nach Authentizität strebenden Schriftsteller ist Prag das verkörperte Böse, denn auf seinem Boden gibt es kein volkstümliches Deutsch, mit dem die Buchsprache der Eliten ihre kargen Bestände erneuern und anreichern könnte, das Volk spricht tschechisch oder jiddisch, und wenn es die Prager Sprechweise beeinflußt, dann verdirbt es sie mehr, als daß es ihr zu neuer Kraft verhülfe. Kein volkstümliches Deutsch, kein deutsches Volk, weder Bauern noch Arbeiter – dem damaligen Proletariat in den großen Industriestädten des Reichs ist Kafka gewiß nie begegnet, er macht sich notgedrungen ein abstraktes Bild von ihm, aus Büchern und Zeitungen (übrigens weiß er auch über die Arbeiter der Asbestfabrik nicht sehr viel mehr, die ihm zusammen mit seinem Schwager zur Hälfte gehört[55]); und die Bauern in Zürau, unter denen er eine Weile lebt und die im übrigen Deutschböhmen, keine Deutschen sind, betrachtet er mit einer Art fassungsloser Bewunderung, aus der unüberwindlichen Entfernung, zu der das Fehlen einer gemeinsamen Sprache ihn zwingt (aus dieser in den *Tagebüchern* reichlich bezeugten Fassungslosigkeit entstehen die Bauern im *Schloß*, des menschlichen Wortes kaum mächtige und völlig undifferenzierte Wesen: Für K. sehen sie alle gleich aus, so wie die Schwarzen oder die Chinesen in den Augen des seßhaften Europäers alle gleich aussahen). Das Leid, das ihm die Sprache zufügt, hat also konkretere Ursachen als nur das Raffinement eines Intellektuellen oder ein hochempfindliches Gewissen, denn es stimmt, daß sein Deutsch, das aus den Klassen, aus dem Gesellschaftsspiel herausfällt, ihn in ein abstraktes Ghetto verbannt, in dem die menschlichen Beziehungen zwangsläufig eintönig und verkümmert sind. Es stimmt, daß er mit einem Arbeiter oder einem Bauern keinerlei Kontakt haben kann, es gelingt ihm mit knapper Not, sich Kindern verständlich zu machen[56], und für ihn, der in seiner Auffassung der menschlichen Einheit das Volk so hoch stellt, gibt es gewiß keinen schlimmeren Fluch.

Seine Sprache, der es an Weite und Wärme fehlt, durch ihre Entwurzelung auf einen förmlichen Gebrauch beschränkt, läßt der Kommunikation nur geringen Spielraum, auch ihr mangelt es an »Boden, Luft, Gebot«, es mangelt ihr an Blut, und es gibt kein Mittel gegen ihre Anämie, da sie zur Volkssprache, der einzigen Quelle, in der sie sich verjüngen könnte, erst recht keinen Zugang hat. Daher gestattet sich Kafka, der die Regel der Zurückhaltung, die die anderen aufgestellt haben, stillschweigend akzeptiert, nur dort eine gewisse Freiheit, wo sie ihm wirklich eingeräumt ist: im streng privaten Bereich des Traumes und auf dem neutralen Gebiet der offiziellen Sprache, wo seine rechtliche Stellung ihn unangefochten zu sprechen befugt (zwar sind die Dinge nicht ganz so einfach, der Landvermesser muß diese Erfahrung zu seinem Schaden machen, als er entdeckt, daß dieser strenge Gegensatz zwischen *Privatem* und *Offiziellem* wiederum eine Täuschung ist, dazu bestimmt, ihn noch mehr zu desorientieren, denn in Wirklichkeit greift das Offizielle unablässig ins Private ein und umgekehrt, so daß es keinen noch so stillen Winkel seines Lebens gibt, in dem das Schloß nicht gegenwärtig wäre und seine Tyrannei ausübte).

Rechtlich ist Kafka seinen österreichischen Mitbürgern völlig gleichgestellt, ob sie nun zur deutschen Mehrheit oder zu den verschiedenen ethnischen Minderheiten gehören, die der Doppeladler vereint. Wie sie verfügt er über die offizielle Sprache – das sogenannte Kanzleideutsch –, die jahrhundertelang den Zusammenhalt der Doppelmonarchie gewährleistet hat. Während ihn im Alltag sein durch die stumme Mißbilligung der anderen verstärktes Schuldgefühl daran hindert, das Deutsche als sein Eigentum zu betrachten, kann ihm im öffentlichen Leben niemand die Amtssprache des Kaiserreichs streitig machen, zum einen, weil sie universell ist, zum anderen, weil seine sonst so zweifelhafte Identität hier förmlich bezeugt ist. Auf dem Papier ein österreichischer Staatsbürger, besitzt Kafka das Deutsch seines Zivilstandes nicht mehr und nicht weniger als jeder andere Staatsangehörige des Landes, und da dieses unpersönliche Werkzeug der Bürokratie das einzige ist, über das er voll und ganz verfügt, darf er sich seiner mit Recht bemächtigen, um aus ihm eine ebenso unpersönliche und anonyme Literatur zu machen, nach dem Bild der Enteignung, mit der er zurechtkommen muß.

Das Kanzleideutsch wird damit zur größten Chance seines Genies, insofern diese Sprache es ihm erlaubt, die dreifache Unmöglichkeit, die ihn so schwer belastet, zwar nicht zu beseitigen, aber immerhin zu umgehen: Statt in den Spuren Goethes und Schillers zu wandeln und sich davon zu überzeugen, daß sein Talent ihm das Recht dazu gibt, schreibt Kafka einfach – ein »einfach«, in dem freilich viel Groll und knirschende Ironie liegt – wie der unbedeutende Beamte, dessen Papiere er besitzt (und der er übrigens gegen seinen Willen zum Teil auch ist). Von nun an weit, sehr weit vom poetischen Grund der Sprache entfernt, aus dem er in seiner Jugend mit vollen Händen glaubte schöpfen zu können, verfaßt er Gerichtschroniken, Rechenschaftsberichte, Protokolle, in der gleichen eisigen Gleichgültigkeit, der gleichen Unbeteiligtheit, wenn auch mit unendlich mehr Humor, das versteht sich von selbst, mit denen die universelle Bürokratie ihren Untergebenen begegnet.

So betraut Kafka also von nun an den mit seiner Neutralität und seiner Logik gewappneten Beamten damit, die Wort-Bilder zu organisieren, die unmittelbar seinem eigenen Traumleben entspringen. Aber der Träumer verzichtet deswegen nicht auf seine Privilegien, im Gegenteil, das Bild, das sich in die offizielle Rede einfügen muß, eine Rede, die keinesfalls dazu geschaffen ist, es zu erhöhen, erfährt bei seiner scheinbaren Unterordnung einen Zuwachs an Dynamik und Wahrheit. Ja, es erlangt dabei eine solche Intensität, daß die Beweisführung davon geradezu verhext wird, während es zugleich dank seiner rationalen Organisation noch in seiner zügellosesten Phantastik das ganze Gewicht annimmt, das sonst der Realität zukommt. In der Erzählung, die Kafka der Unmöglichkeit zu schreiben abringt, indem er zwei heterogene Elemente miteinander verschmilzt, die die kühnste Imagination nicht versöhnen zu können glaubt, verbündet sich die Beweisführung des Amtlichen überall mit den Bezauberungen der Subjektivität.[57] Man sieht hier, wie der mit mathematischer Präzision verschlüsselte Traum in die Welt eingeht, um sie aus den Angeln zu heben, und das Medusenhaupt erbarmungslos widerlegt wird, zur selben Zeit, da die spröde Wirklichkeit sich in einen Ort der Metamorphosen und Verzauberungen verwandelt. Daher die seltsame Schönheit dieser paradoxen Kunst, die, indem sie die Logik zum Beweis des Phantastischen und das Phantastische zu einem bloßen Vorfall der Normalität macht, alle Kategorien so harmonisch durcheinanderbringt, daß man nicht sagen kann, was in ihr den Sieg davonträgt: die Grausamkeit des realistischen Beobachters oder die Reize der Magie.

Kapitel VII
Fiktion und Wirklichkeit

Indem Kafka die strengen technischen Maßnahmen ergreift, die es ihm ermöglichen, die Anomalien seiner Situation in die Textur seines Werks selbst einzuflechten – Trennung der realen Person und des Schriftstellers, Verwendung des Wort-Bildes außerhalb jeder historischen und gesellschaftlichen Bedeutung, auf die Höhe einer universellen Sprache erhobene Amtssprache –, hat er den unschätzbaren Vorteil, dem traditionellen Erzähler zu ähneln, für den die Regel gilt, niemals in die Abenteuer seines Helden einzugreifen, und der somit, im Gegensatz zum modernen Romanschriftsteller, gänzlich uninteressant ist und der deshalb keinen Anspruch auf Originalität erhebt. Mag der traditionelle Erzähler nun epische Gedichte, Fabeln, Memoiren, Parabeln oder Chroniken verfassen, als Wortführer der Allgemeinheit bleibt er in seiner Geschichte notwendig abwesend; schon die Tatsache, daß er für alle spricht, verbietet es ihm, von sich zu sprechen, und er versucht nicht nur, sich nicht in Szene zu setzen, er bemüht sich überdies, sich vergessen zu machen, indem er den Stil und manchmal sogar den Namen der von der Tradition verehrten Meister übernimmt. Aus seiner eigenen Sicht wie aus der seines Publikums könnten die leiseste Anspielung auf sein persönliches Leben, die kleinste eigene Idee, das beiläufigste mit seiner Zeit verbundene Geschehen die Reichweite seiner universellen Botschaft nur verringern; daher lehnt er die Originalität ab, um in der Gemeinschaft der jahrhundertealten Genies aufzugehen, die für seine Zeitgenossen die einzigen Autoritäten sind.

Dank seiner »universellen« Sprache und der technischen Anonymität, die seine Situation ihm auferlegt, ist Kafka in der Lage, sich dieser Hauptregel der alten Erzählung zu beugen, die verlangt, daß der Autor hinter die Tradition zurücktritt, nicht unbedingt aus Bescheidenheit, sondern damit nichts Persönliches, nichts Zeitliches die Ewigkeit der fiktiven Ereignisse Lügen strafe. Ganz rechtmäßig also, obwohl auf seine Art und Weise und aus Gründen, die seine Vorbilder sich nicht hätten ausmalen können, schreibt er Fabeln – alle seine Geschichten von sprechenden Tieren sind Fabeln; Märchen – auch *Die Verwandlung*, wiewohl der Fabel zugehörig, hat in gewisser Hinsicht etwas vom Märchen, oder die Episode aus *Der Verschollene*, in welcher der Held dem Mitternachtsverbot unterliegt wie Aschenputtel; Legenden – *Vor dem Gesetz*, eine Legende, die im *Prozeß* erzählt und gedeutet wird und die die Form eines Midrasch hat; Gleichnisse, die fast überall im Werk verstreut sind, besonders in dem Text *Von den Gleichnissen*, der ausdrücklich die Gattung als solche zum Gegenstand hat; Chroniken – *Beim Bau der Chinesischen Mauer, Josefine, die Sängerin* und andere Fragmente, die von kollektiven Begebenheiten berichten; Mythen – *Prometheus, Poseidon, Das Schweigen der Sirenen*, die Geschichte des Naturtheaters von Oklahoma in *Der Verschollene*; und schließlich einen epischen Roman, *Das Schloß*, der nach der uralten, an dieses Gebäude geknüpften Tradition von einer arbeitsreichen Suchbewegung und von Arbeiten erzählt. Meistens freilich entsteht die Geschichte aus der Verbindung mehrerer Gattungen, die nach klassischer Auffassung nicht vermischt werden dürften (obwohl die Grenzen zwischen Mythos, Legende, Fabel und Märchen nie so unüberwindlich sind, als daß sie nicht überschritten werden könnten). Denn Kafka, der sich seines historischen Platzes und Zeitpunkts bewußt ist, will mit der Vermischung der Traditionen an die Verwirrung erinnern, die sowohl in der Literatur wie in jeder anderen instituierten Struktur inzwischen eingetreten ist.

So gehört die Geschichte von Gregor Samsa, wenn man sie unter dem Blickwinkel des sprechenden Tiers liest, offenkundig in den Bereich der Fabel; doch eines ihrer Hauptthemen – Die Schöne und das Tier – verweist sie zugleich in die Kategorie des Märchens. Das Volk der sprechenden Mäuse verbindet Josefine mit dem Reich der Fabel, während die Erzählung als Bericht denkwürdiger Begebenheiten der Chronik verwandt ist. *Der Verschollene* ist ein Abenteuerroman, der ein Stück Märchen enthält – die Bestrafung des Helden beim zwölften Schlag der Mitternacht –, einen Mythos – Das verlorene Paradies und das Naturtheater von Oklahoma, das das wiedergefundene Paradies darstellt – und obendrein eine Robinsonade, in der die einsame Insel durch ein übervölkertes Amerika ersetzt ist. Was *Das Schloß* betrifft, so steckt darin auf verschiedenen Ebenen nicht nur die Gralsdichtung und eine neue Odyssee, sondern auch ein Fortsetzungsroman sowie ein »Bildungsroman« im Goetheschen Sinn des Wortes, Zeugnisse der degenerierten epischen Formen, mit denen die moderne Literatur sich wohl oder übel begnügen muß. Denn als Spätling, der er ist, schöpft Kafka nicht nur aus den erhabenen Formen der Vergangenheit, er nimmt auch die mehr oder weniger vergänglichen Produktionen von gestern und heute in Anspruch. Da er jedoch auch hier nicht *a priori* weiß, wo sich das Oben und das Unten, das Erhabene und das Triviale, das Wahre und das Falsche befinden, gesteht er vorläufig dem bereits in seinen Konventionen erstarrten Neuen dieselbe Würde zu wie dem von der Tradition kanonisierten Alten. So daß er den Kriminalroman (*Der Prozeß*, *Ein Brudermord*, die Ermordung des Advokaten Monderry[1]), den Fortsetzungsroman (die Geschichte von Amalia, die einen großen Teil des *Schloß* bildet), die Gerichtschronik (noch einmal *Der Prozeß*, *Der Unterstaatsanwalt*[2], *In der Strafkolonie*), das Kindermärchen (die Geschichten von Indianern und Pionieren, für die man viele Beispiele in den Entwürfen der *Tagebücher* und *Hochzeitsvorbereitungen auf dem Lande* findet) mit derselben Ernsthaftigkeit aufgreift wie die antiken Gattungen, die höchstes Ansehen genießen. Doch während er von der universellen Mythologie fordert, daß sie seinen Schriften zumindest einen Widerschein der Ewigkeit sichere, um die die Moderne betrogen ist, gebraucht er jene Form der degradierten Mythologie, aus der letzten Endes jede Imaginationsliteratur besteht, um herauszufinden, wie es um die Wahrheit der Mythen und vor allem der Ideen bestellt ist, welche die Literatur selbst über das Verhältnis der Bücher zur Wirklichkeit ausstreut.[3]

Wenngleich Kafka die Alten nachahmt, prahlt er doch nicht damit, ihrer Ordnung und seligen Gewißheit teilhaftig zu sein; er begründet sein Recht, es zu tun, im Gegenteil mit seiner eigenen gesellschaftlichen und geistigen Unordnung, indem er unablässig auf das Nirgendwo verweist, in das seine haltlose Existenz ihn verbannt. Er imitiert aus dem paradoxen Grund, weil er nichts, aber auch gar nichts besitzt, was ihn dazu zu berechtigen scheinen könnte. Die traditionellen Gattungen waren es sich schuldig, das »Ich« in eben dem Maße zu ächten, wie sie entsprechend den Bedürfnissen einer Gemeinschaft von Individuen, die sich ihres Platzes in einem festen Universum bewußt waren, sich nicht an den Einzelnen und seine Irritationen, sondern direkt an die Allgemeinheit wandten. Kafka dagegen, weit davon entfernt, im Namen von irgend jemandem zu sprechen, stellt nicht einmal die ganze Fülle der Individualität dar. Was er zu sagen hat, betrifft nur ihn und das »Wer bin ich?« seiner unauffindbaren Identität. Während die Alten sich fest in einen unwandelbaren und begreifbaren Kosmos einfügen, schwebt er ungebunden und von Skrupeln geplagt an der Peripherie einer stürmischen, undurchsichtigen, aus dem Gleichgewicht geratenen Welt. Ihrer absoluten Gewißheit hinsichtlich der Beziehungen des Menschen zum Universum und dessen, was unter allen Umständen getan werden muß, um mit der Natur und den Göttern in Einklang zu kommen, hat er nichts als seine absoluten Zweifel und die endlosen Fragen entgegenzusetzen, die in der Schwebe zu lassen seine Unkenntnis des Gesetzes ihn ständig zwingt. In Wahrheit ist er, am anderen Ende der Zeit, dasjenige Geschöpf, das am wenigsten befugt ist, sich auf solche Vorbilder zu stützen; doch in einer logischen Umkehr seines auf die Spitze getriebenen Falles findet seine Nachahmung gerade darin ihre beste Rechtfertigung; denn aufgrund seiner Dezentriertheit in einer an sich schon desorientierten menschlichen Lebenswelt steht er *diesseits* jeder Individualität, so wie seine Vorbilder auf ganz natürliche Weise *jenseits* davon stehen, so daß er, als separate Person in seinem Werk abwesend und anonym, wie es die Tradition will, zu einer Art Allgemeinheit gelangt, die, wenngleich negativ, ihn den Alten sehr viel näherbringt als dem Subjektivismus seiner Zeitgenossen.

Wohlgemerkt, Kafka läßt sich nicht von der Antike inspirieren, um sich mit geringen Kosten das Positive nutzbar zu machen, das ihren ewigen Ruf begründet (unnötig hinzuzufügen, daß er auch nicht zu denen gehört, die in den antiken Themen Stoff zur Parodie suchen oder sie dadurch verjüngen wollen, daß sie sie mit neuen Ideen und modernen Gewändern herausputzen); er bedient sich der Vorbilder, um das Vergängliche, das Vorübergehende, das Nichts seiner unvollendeten Existenz auszudrücken – all das, was ihm fehlt, um ihnen ähnlich zu sein. Als Nachfahre, wie es dem in einer schon erschaffenen, schon gesagten und geschriebenen Welt zu spät Gekommenen ansteht, eignet er sich die antike Harmonie an, um den Mißklang seiner inneren Verfassung sowie den Betrug dessen aufzuzeigen, was ihm im Namen der bestehenden Ordnung vorgeschlagen wird. Indem er sein krankes und unentschlossenes Ich in die ewige Jugend des Epos hüllt, verwurzelt er das Nebensächliche und Vergängliche in den Jahrhunderten, das Aktuelle in der zeitlosen Literatur der Vergangenheit und sein eigenes Schwanken in der unwandelbaren, sakrosankten Tradition. Doch wenn er auf diese Weise den mit einem unerschütterlichen Glauben an seine Helden und Götter gewappneten Griechen spielt[4], so gewiß nicht, um seine Liebe zu einem Humanismus zu verkünden, den seine mitteleuropäische Bildung sich stets zum Vorbild nimmt[5], sondern vielmehr um *a contrario* den ewigen Juden sichtbar zu machen, der er im endlosen Elend seiner Illegalität selber ist.

Als gebildeter Mitteleuropäer oder, was in seinem Fall auf dasselbe hinausläuft, als assimilierter Jude kennt Kafka die Griechen natürlich sehr gut, er hat sie im Gymnasium eingehend studiert, und ihre Welt ist ihm vertraut – vertraut und gleichzeitig gänzlich fremd, wie alles, was von der anderen Seite kommt.[6] Er kennt ihre Mythen und Sagen genausogut, ja sogar besser als irgendeiner seiner intellektuellen Klasse; nur sind das für ihn lediglich Verzierungen des Geistes, die ihm wieder einmal nur geliehen sind und deren Weisheit, falls er sie erkennt, ihm im Leben überhaupt nichts nützt. Daher der Doppelcharakter, von dem seine Übertragung antiker Themen gründlich geprägt ist: Von der Achtung diktiert, die man solch ehrwürdigen Geschichten allemal schuldet, hat sie zuerst den Ton der Evidenz, die mit einem unangefochtenen Glauben einhergeht; sodann belädt sie sich nach und nach mit verfänglichen, logischen und im Hinblick auf das Originalthema völlig ungehörigen Fragen, unter denen das legendäre Gebäude schließlich zusammenbrechen muß. So erzählt uns Kafka zum Beispiel die Sage von Prometheus oder zerstört sie vielmehr, indem er plötzlich Argwohn in den Respekt und lästerliche Fragen in den Tonfall der Leichtgläubigkeit einfließen läßt.

Wie der Verfasser des Mythos und viele Generationen nach ihm hält es Kafka für eine Tatsache, daß Prometheus von Zeus wegen eines schweren Frevels bestraft wurde (der so bekannt ist, daß er es nicht einmal für nötig erachtet, ihn in Erinnerung zu rufen). Seitdem ist der Held für immer am Kaukasus festgeschmiedet, wo ein Geier von seiner immer wieder nachwachsenden Leber frißt. So weit ist die Sage klar und ihre Lehre liegt auf der Hand: Die Ewigkeit der Strafe entspricht der Unsühnbarkeit des ursprünglichen Verbrechens, und dem uralten Gesetz zufolge, das Vergehen und körperliche Strafe miteinander verbindet, signalisiert der endlose Prozeß des Prometheus eine organische Wunde, die für alle Zukunft offen bleiben soll. Doch von da an – dem Augenblick, da die Erzählung wirklich beginnt, das Vorausgegangene wird durch die

Tonalität und die Wahl des Themas selbst bloß angedeutet – nehmen die Dinge sofort eine unvorhergesehene Wendung, denn, so sagt Kafka: »Von Prometheus berichten vier Sagen«[7] – vier statt einer, vier Varianten statt einer maßgeblichen Version[8], vier Deutungen unterschiedlichen Alters, die die Zufälle der Zeit in die Ewigkeit des Ereignisses einführen. Allein dadurch, daß er die Sage in ihrer ersten und authentischen Form nicht kennt, gesteht der Verfasser, daß er nicht zur Zeit ihrer Geschichte lebt, ja nicht einmal in der späten Epoche, in der man noch wie an eine einzige Wahrheit an sie glaubt, sondern in einem Zeitalter, in dem, da jede Wahrheit vier Gesichter hat, der bloße Glaube nicht mehr zählt und einem wohlbegründeten Kommentar weichen muß. So braucht Kafka lediglich einen Satz, um an die Jahrtausende zu erinnern, die ihn von seinem Helden trennen, und von einer allgemeingültigen Wahrheit abzurücken – der Erbsünde, Obsession seines ganzen Lebens und Mittelpunkt seines Werkes –, die gerade weil sie ihm nahegeht, dringend überprüft werden muß.

Kafka, der also weiterhin an dem Mythos festhält, äußert Zweifel nicht an der Realität der Fakten – die Erbsünde ist seine Angelegenheit, und ihre Realität läßt sich nicht durch bloße Verneinung beiseite schieben –, sondern einzig an den verschiedenen Deutungen, die er zuläßt. Welche der Versionen der Prometheustragödie muß man für authentisch oder für am wenigsten verfälscht halten? Die erste, wo nicht die älteste, entspricht nicht dem Urtext, sie ist bereits eine Variante, die weder das Feuer des Himmels noch Zeus, noch den Geier erwähnt, sondern einen *Verrat*, mehrere *Adler* und *Götter*. Der Frevel, an den sie erinnert, bleibt ganz allgemein, anscheinend weiß sie nichts Genaues darüber, zudem ersetzt sie das, was die Einheit des Dramas ausmacht – ein einziger schuldiger Held, ein einziger Richtergott, ein einziger Geier, der als Henker fungiert – durch eine Vielfältigkeit, deren Teilnehmer im Unbestimmten dämmern. Und so hat sie mit ihren vielen, zum Teil anonymen Protagonisten – einer Menge, statt dreien, die ursprünglich in die Handlung verwickelt sind – den folgenden Versionen nur eine verworrene Situation vorzulegen, in der das Subjekt des Dramas endgültig versunken zu sein scheint.

Nach der zweiten Variante, die sicherlich eine lange Etappe der Geschichte kennzeichnet, »drückte sich Prometheus im Schmerz vor den zuhackenden Schnäbeln immer tiefer in den Felsen, bis er mit ihm eins wurde«.[9] Hier taucht ein Element auf, das in bezug auf die Tradition zwar nebensächlich ist, in Kafkas Sage jedoch zum Kern des Rätsels wird: der Felsen, dieser Block lebloser Materie, der, so fremd er dem Verbrechen und seiner Sühne auch ist, sich plötzlich öffnet, um den Körper des geschundenen Verbrechers aufzunehmen. Barmherziger als die Götter, die die Strafe beschlossen haben, und als die Menschen, die ihre Vollstreckung zuließen, vollzieht der Felsen die ungeheuerliche Verschmelzung von Leblosem und Lebendigem und zeigt damit das Ende des Leidens an, in einer Zeit, in der niemand mehr sagen kann, aus welch übernatürlichem oder natürlichem Gesetz es seine Notwendigkeit herleitet.

Versteinert identifiziert sich Prometheus mit der äußeren Welt, deren kältester und abgestorbener Teil der Felsen ist, während der Stein selbst zum Leben erwacht – zu einem von Schuld vergifteten Leben, darauf beschränkt, das Behältnis des Schmerzes zu sein, der es erzeugt hat (wollte man wagen, diesen einzigartigen Text mit einer datierbaren philosophischen Quelle in Beziehung zu bringen – aber es ist klar, daß man es nicht wagen darf –, so könnte man in der Vertauschung der Eigenschaften, die hier zwischen dem leidenden Menschen und dem Stein stattfindet, gleichsam ein Gegenstück oder eine Veranschaulichung der These des jungen Marx über die Entfremdung sehen[10]). Abgesehen davon, daß die Versteinerung die einzige Strafmilderung darstellt, die Prometheus dem Verhängnis abzuringen vermag, hat sie den Vorteil, die grundlegende Einheit wiederherzustellen oder, genauer gesagt, nachzuäffen, deren Zusammenbruch die erste Version bereits verkündete. Denn obwohl Prometheus, indem er sich in das »unerklärliche Felsgebirge« eindrückt, zwischen sich und den Dingen der Welt wieder einen Schein von Einheit herstellt, so geht er doch nicht in der universellen Harmonie auf, sondern verliert den letzten Rest seiner Menschlichkeit, ohne dem von seinem Leiden betroffenen Stein anderes mitteilen zu können als sein eigenes absurdes Pendeln zwischen Tod und Leben.

Die beiden Versionen geben dem Prometheus-Drama nicht einen Abschluß – es hat keinen, da es ja gerade das Drama des ewigen Neubeginns ist –, sondern jene Art von Ende, durch das es den nicht vollendeten Dingen trotz allem gelingt, zu verwittern. Zwar sind die Qualen des Prometheus nicht durch Beschluß gemildert worden, doch »in den Jahrtausenden [wurde] sein Verrat vergessen, die Götter vergaßen, der Adler, er selbst«. Schließlich »[...] wurde man des grundlos Gewordenen müde. Die Götter wurden müde, die

Adler wurden müde, die Wunde schloß sich müde«. Die Wahrheit, welche die Strafe rechtfertigte, ist, weil vergessen, schon seit langer Zeit unwirksam geworden, ihre Schwäche und ihre Ferne machen sowohl den Beschluß der Richter, die Auflehnung des Opfers wie den furchtbaren Eifer der Henker zunichte. Die Wunde schließt sich, verheilt jedoch nicht, alles geht weiter oder, besser gesagt, alles vegetiert dahin im Namen einer alten Gewohnheit, die inmitten der allgemeinen Amnesie vergeblich um die Bruchstücke ihrer Vergangenheit kreist. Doch in dieser fortwährenden Wiederholung, die nur ein Nachäffen der verlorenen Ewigkeit ist, verschiebt sich der Akzent des Dramas endgültig – er liegt nun auf dem Felsen, dem »unerklärlichen Felsengebirge«, halb Mensch, halb Stein, der zum großen Rätsel dieser der Anarchie preisgegebenen Welt wird, weil in dieser Anhäufung von Leid, Müdigkeit und Vergessen nicht einmal mehr das Sterben möglich ist.

In wenigen Zeilen, in wenigen kargen und dennoch unerschöpflichen Worten projiziert Kafka die unpassenden Fragen des Neuen in die Welt der Alten, so daß der eng mit dem Text verwobene Kommentar sowohl die Gegenwart als auch die Vergangenheit ins Spiel bringt – die Vergangenheit, deren unerschrockenen Heroismus Prometheus im höchsten Grade verkörpert, und die Gegenwart, in die der Autor selbst schmerzhaft verstrickt ist. Auf eine Idee von Eroberung und Macht gegründet, enthält die prometheische Zivilisation im Keim die Übertretung, den Verrat, den Frevel; sie bringt den Unruhestifter hervor und bestraft ihn um so härter, als er ihre eigenen Prinzipien bis zur äußersten logischen Grenze treibt. Für Kafka, der aus einem ganz anderen Ideenkreis kommt, setzt sie zwischen dem Übertreter und seinen Richtern eine Gleichheit voraus, die sie unverständlich macht, denn schließlich gehört der Titan zum Geschlecht der Götter (deshalb spricht Kafka nicht vom Raub des Feuers, sondern nur von *Verrat*); letztlich wird er von einer Art Familienrat verurteilt und bestraft, nicht von einem unerreichbaren und transzendenten Gott. Nach ihrem Verhalten in dieser Geschichte zu urteilen, sind die Götter nichts anderes als der vergöttlichte Ausdruck des menschlichen Willens zur Macht, und Prometheus, der genau dieselben Absichten hegt, hat nur insofern unrecht, als er zu ungeduldig ist und in einem Interessenkonflikt, der in jedem Punkt dem menschlichen gleicht, den kürzeren zieht; daher gibt es kein gemeinsames Maß zwischen der Ewigkeit seiner Strafe und der Zeitlichkeit, in der die ganze Sache steckenbleibt.

Hinsichtlich des jüdischen Glaubens, der, obwohl in ihm verblaßt und getrübt, weiterhin sein Denken ausrichtet, kann sich Kafka von der Sage nicht persönlich betroffen fühlen: Prometheus bedeutet ihm nichts, er ist nur eine bekannte und gleichzeitig fremde Kulturerscheinung, vor der er vollständige Freiheit bewahrt.

Gerade diese Fremdheit des griechischen Glaubens in bezug auf den jüdischen drückt Kafka in den Mißklängen seiner imitierten Sagen aus[11]; doch im Unterschied zu vielen Juden seiner Generation, die ihre Assimilation abgelehnt oder verfehlt haben, erblickt er darin weniger einen Gegensatz, der zu einer Wahl führt – Griechentum gegen Judentum oder umgekehrt –, als vielmehr ein Thema des Nachdenkens über zwei gleich starke und gleich veraltete »nationale Erziehungsmittel«. Dazu äußert er sich in einem Brief an Max Brod, als Antwort auf den polemischen Essay seines Freundes über die jeweiligen Verdienste des Heidentums und der beiden ihm folgenden Monotheismen[12]: »Die Griechen z. B. kannten doch einen gewissen Dualismus sehr gut, was hätte sonst die Moira und vieles andere für einen Sinn gehabt? Nur waren es eben ganz besonders demütige Menschen – in religiöser Hinsicht –, eine Art lutheranischer Sekte. Sie konnten das entscheidend Göttliche gar nicht weit genug von sich entfernt denken, die ganze Götterwelt war nur ein Mittel, das Entscheidende sich vom irdischen Leib zu halten, Luft zum menschlichen Atem zu haben. Ein großes nationales Erziehungsmittel, das die Blicke der Menschen festhielt, weniger tief war als das jüdische Gesetz, aber vielleicht demokratischer (hier waren kaum Führer und Religionsbegründer), vielleicht freier (es hielt fest, aber ich weiß nicht, womit es hielt), vielleicht demütiger (denn der Anblick der Götterwelt brachte nur zum Bewußtsein: also nicht einmal, nicht einmal Götter sind wir und wären wir Götter, was wären wir?).«[13] Somit unterscheiden sich diese Olympier, absichtlich erfunden, um die Drohung des Transzendenten von den Griechen abzuwenden, von den Menschen lediglich durch ihre Übergröße, und die ewige Verdammnis, zu der sie Prometheus verurteilen, ist bloß das Verdikt eines deutlich erweiterten menschlichen Gerichts, das heißt aus der Sicht jenes anderen »großen Erziehungsmittels«, des Judentums, der unfaßbarste Hohn.[14]

Doch sobald er das »entscheidend Göttliche« beiseite geschoben hat, vor dem sich die Griechen, wie er sagt, nach Möglichkeit dadurch zu schützen suchten, daß sie die Götter erfanden, versteht er Prometheus nur allzu gut, aus vielerlei Gründen, die alle mehr oder weniger mit seinem unzerstörbaren Schuldgefühl zusammenhängen. Der Held, ursprünglich ein Titan, ein Halbgott, hat die Seinen verraten, um zum Wohltäter der Menschheit zu werden. Dafür wird eine lebenslängliche Strafe über ihn verhängt, die das Organ ihrer Vollstreckung selber erzeugt (die nachwachsende Leber). Wie Kafka also trägt er die Wunde dieses Verrats an seinem Leib, und zwar bis zum Ende der Zeiten, trotz der Ermüdung aller Beteiligten und trotz des Vergessens, dem das Vergehen selbst anheimgefallen ist (über diese Wunde, die er unbestreitbar vorausgesehen hat – er verleiht sie einer Person in seinem *Landarzt*, mehrere Monate bevor seine Tuberkulose ausbricht –, schreibt er in sein Tagebuch: »Es ist das Alter der Wunde, mehr als ihre Tiefe und Wucherung, was ihre Schmerzhaftigkeit ausmacht. Immer wieder im gleichen Wundkanal aufgerissen werden, die zahllos operierte Wunde wieder in Behandlung genommen sehn, das ist das Arge.«[15]). Mit einer unheilbaren, immer wieder im gleichen Wundkanal aufgerissenen Wunde behaftet, hat Prometheus noch dies mit Kafka oder genauer mit Josef K. gemeinsam, daß seine Angelegenheit auf einem gänzlich in Vergessenheit geratenen Anklagegrund beruht, so daß, für ein fortan unkenntliches Vergehen bestraft, niemand in der Lage ist, seinen Fall zu vertreten oder auch nur vorzutragen. Sogar die Ermüdung, ein modernes Phänomen *par excellence* und eine der leidvollsten Nachwirkungen der »Wunde«, unterstreicht den wahren Gegenstand des Nachdenkens über die Helden und die Götter: Nachdem Kafka Jahrtausende der Kultur und des Denkens durchmessen hat, nimmt er allmählich den Platz des Griechen ein, und am Ende dient ihm der gefesselte Prometheus einzig dazu, seinen eigenen Prozeß wiederaufzurollen.

Wenngleich der *Prometheus* durch seine bewundernswerte Schlüssigkeit und die innere Logik seiner Entwicklung besonders beweiskräftig ist, so ist er doch gewiß nicht das einzige Beispiel für das, was Kafka erreicht, indem er die äußerste Subjektivität des Inhalts mit der neutralen Gattung verquickt, die von der Tradition überliefert ist (oder von der Konvention, wenn er weitgehend abgewertete epische Formen aufgreift). Hier fällt die Wahl schwer, denn ein und dieselbe Technik hat überall, ob nun in der fragmentarischsten oder der kürzesten Erzählung, die gleichen Auswirkungen, und wollte man ihre außergewöhnliche Effizienz nachweisen, so müßte man sein gesamtes Werk anführen. In diesem Sinne kann man sagen, daß Kafkas Kunst ab dem *Urteil* keine weitere Entwicklung mehr zuläßt; unwandelbar in der Form, läßt sie sich nur noch in den *Themen* beeinflussen, durch die Schwankungen der Innenwelt, die festzuhalten ihre Aufgabe ist.

Die Themen dieser unpersönlichen Literatur, im Gegensatz zum formalen Apparat variabel und empfänglich für die Ereignisse des Lebens, folgen genauestens der biographischen Wirklichkeit; manchmal greifen sie ihr sogar vor. So beschreibt Kafka zum Beispiel 1916, ein Jahr vor seinem ersten Blutspeien, die Wunde in der Hüftgegend, die sein Landarzt zu heilen gerufen wird, und verleiht der Spule Odradek das »Lachen ohne Lunge«, das erst dann das seine wird, wenn seine Tuberkulose sich endgültig festgesetzt hat. In der Gestalt einer wunderbaren und zugleich lächerlichen Utopie macht der *Verschollene* dagegen die Vergangenheit rückgängig. Kafka materialisiert hier den alten Auswanderungstraum, der ihn in seiner Jugend beschäftigt hat und ihn im Grunde nie loslassen wird. *Das Urteil* entsteht gleich nach seiner Begegnung mit Felice und zieht die Konsequenzen aus einer Verlobung, die in Wirklichkeit noch gar nicht stattgefunden hat. *Die Verwandlung* ist die Antwort auf die heftigen Auseinandersetzungen Kafkas mit seinem Vater, der in bösartiger Weise über Löwy hergefallen ist. *Der Prozeß* folgt unmittelbar auf die Lösung seiner ersten Verlobung und beschreibt die Folgen der Schuld, in der er mit Recht den geheimen Faktor sieht, der zu dem Drama entscheidend beigetragen hat. Schließlich folgt *Das Schloß* auf den Bruch mit Milena und erzählt, in einem dem Gegenstand durchaus angemessenen parodistischen Stil, die »ewige« Geschichte der Assimilation, die seine Liebe zu einer Christin plötzlich wieder aktualisiert. Im Grunde gibt es keinen wichtigen Text Kafkas, der sich nicht an Wirklichkeitsbeständen entzündete; doch da das gesamte Werk, von der Unpersönlichkeit der Gattung gewissermaßen überdeckt, das Anekdotische und Zufällige kategorisch ausschließt, gibt es auch keinen Text, der nicht eine »universelle« Botschaft zu übermitteln scheint.

Man versteht nun, warum so viele Interpreten dazu neigen, Kafkas *Themen* – Einsamkeit, Verdoppelung, Gnade, Gerechtigkeit, Exil – mit Großbuchstaben zu schreiben, was sie geradewegs in die Sphäre der Metaphysik hebt: Kafka selbst scheint sie dazu aufzufordern, sowohl durch das, was er zu erkennen gibt und was nie er selbst ist, als auch durch das, was er sorgfältig verbirgt. Feststeht, daß man, wenn man diesem Universellen den Wert eines Inhalts gibt, ohne zu ahnen, daß es nur der Behälter eines biographischen Romans ist, berechtigt ist, Kafkas Bildern eine rein symbolische Funktion zuzuschreiben und sie infolgedessen mit Hilfe eines geeigneten Schlüssels zu entziffern. Die symbolische Entschlüsselung scheint sich in diesem Fall um so mehr aufzudrängen, als der Text sich ihr in keiner Weise widersetzt; im Gegenteil, er läßt alle Deutungen zu, die man ihm zu geben beabsichtigt, was nicht wundernimmt, da Kafka sie tatsächlich einpflanzt, um sie nacheinander zu erproben und schließlich allesamt als trügerische Bequemlichkeiten, als ebenso viele Filter zwischen ihm und seiner Wahrheit zu verwerfen. Kurz, er bietet seinen Exegeten die gleichen falschen Schlüssel an, die sein Held ausprobiert, um sich zu retten, und wenn sie so naiv sind, sie zu ergreifen, läßt er sie in die Irre gehen auf ihren allzu genau vorgezeichneten Wegen, wo sie keinerlei Chance haben, ihm zu begegnen (genau in diesem Sinne mystifiziert er seine Kritiker und seine Leser, so wie K. durch die Komplizenschaft seines Unbewußten mit der betrügerischen Welt mystifiziert wird).

Die metaphysische oder religiöse Kritik, unangebracht und eher dazu angetan, die Lektüre auf Abwege zu bringen als zu leiten, ist auch insofern ärgerlich, als sie, fasziniert von der Ewigkeit der Modelle, deren Apparat Kafka kopiert, an der inneren Entwicklung vorbeigeht, von der die allgemeine Thematik eindeutig beeinflußt ist. Von *Beschreibung eines Kampfes* und *Der Verschollene* bis zum *Prozeß* und zum *Schloß* sind die Themen zwar eng miteinander verflochten, so daß man glauben könnte, sie stünden außerhalb der Zeit; dennoch spiegeln sie bedeutsame Veränderungen im Verhalten des Helden gegenüber den anderen und sich selbst wider; sie zeigen, wie er trotz seines unvermeidlichen Mißerfolgs im Leben unter erheblicher Anstrengung zu immer größerer Hellsicht fortschreitet, bis er sowohl von den Illusionen seiner Träume als auch von den Meinungen fast ganz abkommt, deren das Kollektiv sich bedient, um zu herrschen. Da die Helden der Romane ungefähr so alt sind wie Kafka zu der Zeit, da er sie erfindet – abgesehen von Karl Roßmann, der erst sechzehn Jahre alt ist –, sind die Fortschritte der Selbsterkenntnis, die sich von einem zum andern bemerkbar machen, auch Fortschritte des Alters und der Erfahrung, zwei Vorzüge, die freilich von den Folgen des Alterns weitgehend aufgewogen werden (Josef K. ist noch so vital wie ein Dreißigjähriger, doch der Landvermesser, der auf die Vierzig zugeht, ist schon ziemlich müde, als er sich aufmacht, das Schloß zu erstürmen). So fällt Karl Roßmann, ein naiver und unerfahrener Junge, auf die Elternautoritäten, Onkel, Direktoren usw. herein, die ihn hartnäckig verfolgen. Georg Bendemann stürzt sich ins Wasser, sobald das väterliche Urteil gesprochen ist, und als gehorsamer Sohn, der unfähig ist, sich aufzulehnen, ruft er noch im letzten Moment: »Liebe Eltern, ich habe euch doch immer geliebt.« Gregor Samsa nimmt seine Verwandlung passiv hin, er bleibt bis zuletzt abhängig von den Autoritäten – die, wie stets, in den Eltern und den hierarchischen Vorgesetzten verkörpert sind –, und genau das ist einer der Gründe seiner Verhexung. In dieser Hinsicht ist Josef K. schon sehr viel weiter; obwohl das Gericht und seine korrupten Richter ihn weiterhin unterjochen, nimmt er den Kampf mutig auf und erkennt allmählich den riesigen Abstand, der die *Symbole* der Justiz von den Dingen trennt, die in der Wirklichkeit geschehen. Er macht einen weiteren großen Schritt vorwärts – leider zu spät –, als er begreift, daß der Mechanismus der Justiz ihm so lange unverständlich bleiben wird, wie er sich selbst nicht kennt, und daher beschließt, den Verlauf seines Prozesses zu verändern, indem er seine Selbstbiographie schreibt (so wie Kafka sie zeit seines Leben zu schreiben träumt und es letzten Endes unter dem Schleier seiner Romane tut).

In diesem doppelten Bereich der Selbsterkenntnis und der kritischen Prüfung der Welt macht der Landvermesser abermals Fortschritte, denn so schwach er gegenüber der Zaubermacht der »Herren« sein mag, er ist ihnen doch nicht so sehr ergeben, daß er den Legenden und abergläubischen Reden, die über sie umlaufen, blindlings Glauben schenkte; er beweist hier sogar eine bemerkenswerte Hellsicht, und wäre da nicht die ungeheure Müdigkeit, die ihn am Ende niederstreckt, so wäre er von ihrer Herrschaft vielleicht genügend befreit, um sich der letzten Vorurteile entledigen zu können. Was die innere Befreiung betrifft, die den anderen Aspekt seiner Aufgabe bildet, so arbeitet er aktiv daran und lernt, verführerischen Personen zu mißtrauen – Barnabas, seinem Boten, und der Frau mit dem Säugling, die man ihm als »das Mädchen aus dem Schloß« vorstellt –, in denen er aufgrund seiner kulturellen Reminiszenzen und seiner unzerstörbaren Heilserwartungen seine persönlichen Retter erblickt. Es ist sicherlich kein Zufall, daß einer dieser vermeintlichen Retter durch seinen Namen auf den Mitarbeiter des Paulus und der andere, die Frau mit ihrem Säugling auf den Knien und dem ihre Stirn verhüllenden Schleier, auf die traditionelle Ikonographie der Heiligen Jungfrau verweist.

Zweifellos ist dieses Mißtrauen weder stark noch beständig genug, um die Dämonen auszutreiben; doch im großen und ganzen hält er sich daran, und am Ende seines dornenvollen Weges sieht er alle Dinge seiner Umgebung mit einem so klaren und durchdringenden Blick, daß sogar die Herren genötigt sind, sich ihm zu entziehen. Völlig erschöpft, doch wenigstens von seinen ärgsten Hirngespinsten befreit, genießt er immerhin die Befriedigung, Stück für Stück, Symbol für Symbol, Zeichen für Zeichen das allmächtige Gebäude demontiert zu haben, das nur dank der Willkür seiner Herren stehen bleibt, wozu die Denkfaulheit und Leichtgläubigkeit verblendeter Menschen das ihre beitragen. Im Hinblick auf diesen beschwerlichen Weg des Helden zur Rückeroberung seines Ich von der Tyrannei des »Amtlichen« ist Kafkas Werk also nicht nur der Fluchtversuch, auf den er es zu einem bestimmten Zeitpunkt beschränkt, es spielt in seinem Leben auch die Rolle einer wahren therapeutischen Kur, die, wenngleich unvollendet, ihn ziemlich weit auf den Weg der Heilung bringt.

Da Kafkas Darstellung seines »traumhaften innern Lebens«, das hauptsächlich auf die Flucht, die Heilung, die Rettung ausgerichtet ist – alle drei sind für ihn ein und dasselbe –, hat sie natürlich nicht das Ziel, den Autor und seine Leser in die wunderbaren Gefilde des Traums und der Verantwortungslosigkeit zu entführen; es soll im Gegenteil dem Träumenden erwachen helfen und ihn veranlassen, aus den ständig in ihm pulsierenden dunklen Kräften die gründliche Selbsterkenntnis und aktive Energie zu schöpfen, ohne die er auf Erden nur ein Halbtoter, ein Halblebendiger, ein Gespenst ist. Denn anders als die Surrealisten, mit denen man ihn häufig verglichen hat und die ihn gern zitierten, arbeitet Kafka nicht daran, sich der Wirklichkeit zu entreißen, um im Traum zur unbändigen Freiheit des Irrationalen zu gelangen. Er macht den Traum nicht zum Ziel seiner Mühen – er ist und lebt in ihm, der Traum ist sogar der einzige Ort, wo er wirklich zu Hause ist –, im Gegenteil, er ist unablässig auf der Suche nach dem Wirklichen, das für ihn gerade der Bereich des Unmöglichen und Verbotenen ist. Er träumt von der Wirklichkeit als von etwas, das ein magisches Objekt von ihm fernhält, und er verlangt vom Traum – in dem er nicht das Land ohne Gesetze und Grenzen sieht, in dem die romantische Seele sich verlieren möchte, sondern die *bestimmte Phantasie*, die Freud zu analysieren verstand –, er möge ihm das Geheimnis dieses ungeheuerlichen Aufenthaltsverbots und, wenn möglich, das Mittel enthüllen, es aufzuheben.

Daher rührt ein krasser Widerspruch, der die Kritik seit jeher verwundert hat: Obwohl Kafkas Personen regelmäßig in der verkehrten Welt der Traumphantasie leben, kommen in seinen Erzählungen keine Träume vor (in seinen *Tagebüchern* und Heften dagegen finden wir sie in Hülle und Fülle), ein Prinzip, gegen das er nie verstößt, von ein paar Ausnahmen abgesehen, die die Regel bestätigen, denn sie erscheinen in unveröffentlichten Texten oder in Romanstellen, die er sorgfältig gestrichen hat. *Die Verwandlung* beginnt mit einem Erwachen »aus unruhigen Träumen«, der Traum, der die Verwandlung möglicherweise verursacht hat, ist also schon vorbei, und nichts wird mehr an ihn erinnern. Josef K. wird eines Morgens verhaftet, als er gerade aufgewacht ist, und was ihm dann zustößt, ist vielleicht die Fortsetzung eines nächtlichen Alptraums, er erlebt ihn schlicht und einfach im Wachzustand und am hellichten Tag. Den einzigen Traum, den Josef K. während seines Prozesses einmal träumte – er sah, wie jemand die Buchstaben seines Namens langsam auf einen Grabstein schrieb –, hat Kafka aus dem Roman herausgenommen und in einem gesonderten Band veröffentlicht[16], so wie er auch die Stelle gestrichen hat, wo Josef K. in einem Wachtraum sah, wie der Maler Titorelli, der sein Retter geworden war, blendendes Licht auf ihn strömen ließ.[17] Was das Verhältnis zwischen Traum und Wirklichkeit angeht, so gibt noch eine andere gestrichene Stelle des *Prozeß* bemerkenswerte Aufschlüsse – sie gibt zweifellos zu viele, was durchaus zu ihrer Tilgung beigetragen haben könnte: »Jemand sagte mir – ich kann mich nicht mehr erinnern, wer es gewesen ist –, daß es doch wunderbar sei, daß man, wenn man früh aufwacht, wenigstens im allgemeinen alles unverrückt an der gleichen Stelle findet, wie es am Abend gewesen ist. Man ist doch im Schlaf und im Traum wenigstens scheinbar in einem vom Wachen wesentlich verschiedenen Zustand gewesen, und es gehört, wie jener Mann ganz richtig sagte, eine unendliche Geistesgegenwart oder besser Schlagfertigkeit dazu, um mit dem Augenöffnen alles, was da ist, gewissermaßen an der gleichen Stelle zu fassen, an der man es am Abend losgelassen hat. Darum sei auch der Augenblick des Erwachens der riskanteste Augenblick am Tag; sei er einmal überstanden, ohne daß man irgendwohin von seinem Platze fortgezogen wurde, so könne man den ganzen Tag über getrost sein.«[18]

Der geheimnisvolle Jemand, der Josef K. so deutlich über die wahren Umstände seiner Verhaftung unterrichtet – offensichtlich Kafka selbst, der sich, unerlaubterweise einmal in seiner Geschichte auftretend, zensieren muß –, dieser Eindringling hat jedenfalls das Verdienst, den besonderen Raum und den besonderen Augenblick zu umreißen, welche die Einleitung des Prozesses auf ärgerliche Weise erleichtern: zwischen Traum und Wachen, dem heikelsten Augenblick des Tages, von dem sich der aus seinem Traum schlecht erwachte und an seine beiden Zustände letztlich schlecht angepaßte Held vergeblich zu befreien sucht (auch der von der Nachtglocke aufgeschreckte Landarzt ist Gefangener dieser verzauberten Zwischenwelt: Sein mit unirdischen Pferden bespannter irdischer Wagen erlaubt ihm weder eine wirkliche Flucht aus der Welt noch eine Rückkehr zur Wirklichkeit).

Der Traum, der als solcher in der Erzählung fehlt und trotzdem durch die Art, wie er die Tatsachen insgeheim durcheinanderbringt, sehr aktiv ist, hat bei Kafka also nichts mit den faszinierenden Phantasmagorien zu tun, die man unter diesem Namen mehr oder weniger immer erwartet; er macht sich nur seine besondere Funktionsweise nutzbar, die, der wachen Welt übergestülpt, in jedem Augenblick Mißtöne, schwer lokalisierbare Störungen, unschickliche Verschiebungen verursacht. Mit einer Kenntnis des Phänomens, wie sie allein ein Gewohnheitsträumer haben kann, und zwangsläufig mit seiner eigenen Finsternis vertraut, greift Kafka ganz bewußt nur solche psychischen Mechanismen des Traums auf, die zu seiner Verarbeitung beitragen, und läßt sie auf die Organisation seiner Erzählungen dergestalt wirken, daß die Grenze zwischen Traum und Wirklichkeit, und sei es im wildesten literarischen Traum, verwischt erscheint. Aufgrund dieser Mechanismen der Identifizierung, Projektion, Verschiebung und Verdichtung, die er nicht nur kennt, als habe er Freud gelesen – und wir wissen, daß er es getan hat –, sondern als habe er sie selbst neuerfunden[19], bevölkert er seine Bücher mit Leuten, die niemals das sind, was sie dort zu sein scheinen, wo man sie zu sehen glaubt, und die nie sagen oder tun, was man in ihrer Situation von ihnen erwartet. Man weiß nicht, woran man ist mit den handelnden Personen der Geschichte, denn einmal verteilt Kafka auf mehrere Gestalten Elemente, die zu einer einzigen Person gehören, ihr jedoch fremd bleiben, weil sie sie, als Teile von ihr, die mit ihren bewußten oder unbewußten Wünschen unvereinbar sind, seit langem buchstäblich ausgetrieben hat;

ein andermal verdichtet er in ein und derselben Figur heterogene Elemente, die, da nicht erkannt, den Helden in dem trügerischen Gefühl seiner Einheit bestärken. Indem er die Traumtechnik in ihrer produktivsten Seite nachahmt, trennt er, was zusammengehören sollte, vermengt, was getrennt bleiben müßte, veräußerlicht das Unsichtbare und verinnerlicht das Äußere – und zwar deshalb, um die Unordnung seines Seelenlebens klarer zu durchschauen und zu versuchen, es neu einzurichten, indem er die ungeheure Energie zurückgewinnt, die seine Neurose zu verschwenden ihn zwingt. Aber obwohl er vom Traum vor allem verlangt, er möge ihm zeigen, was ihm fehlt, um seine Kräfte besser nutzen zu können, zieht er daraus für seine Kunst einen unschätzbaren ästhetischen Vorteil; denn indem er das Grundprinzip der Traumgrammatik befolgt, das die Beziehungen der *Kausalität* und der *Zugehörigkeit* durch einfache Beziehungen der *Kontiguität* ersetzt, ist er in der Lage, die psychologischen Erklärungen und inneren Monologe wegzulassen, die der »tiefe« Roman nicht entbehren zu können meint. Statt über den Charakter und das Verhalten seines Helden subtile Bemerkungen zu machen, läßt er ihn entweder in einer unüberbrückbaren Entfernung oder aber in einer beunruhigenden Nähe der Wünsche leben und handeln, die sich, in unbekannter Tiefe in ihm vorhanden, für ihn in Form fremder Wesen materialisieren. Und dank dieser Ersetzung der Rede durch das Bild, was ja eine der auffallendsten Eigenschaften des Traums ist, bewahrt er seine Geschichten vor der Pedanterie und der Trivialität, die mit dem banalen Gebrauch der Psychologie stets verbunden sind.

Nicht aus Vergnügen, sondern aus Notwendigkeit hält sich Kafka anhand parzellierter und verdoppelter Gestalten unaufhörlich seine eigene Zerstückelung vor Augen. Zerstückelt, gespalten, mit der beschwerlichen Fähigkeit begabt, sich mit jedem beliebigen äußeren Gegenstand zu identifizieren[20] und umgekehrt, der Fähigkeit, die dunklen Kräfte, die sich in ihm regen, auf die Außenwelt zu projizieren – das ist er in der Wirklichkeit in viel höherem Grade als in der Imagination; die intensive Traumtätigkeit, die sein Innenleben affiziert, würde ausreichen zu beweisen, daß sie für ihn unmittelbare Realität ist, eben jene, die ihn zwar unwiderstehlich zur Literatur drängt, ihn jedoch von Beginn an den schwersten Gefahren aussetzt. In einem der Aphorismen, die man gewöhnlich unter dem Titel *Er* zusammenfaßt, weil er hier in der dritten Person von sich spricht, gerade aufgrund seiner starken Neigung, sich zu entpersönlichen, schreibt er zu diesem Thema: »Er lebt in der Diaspora. Seine Elemente, eine frei lebende Horde, umschweifen die Welt. Und nur, weil auch sein Zimmer zur Welt gehört, sieht er sie manchmal in der Ferne. Wie soll er für sie die Verantwortung tragen? Heißt das noch Verantwortung?«[21] Man sieht, daß Kafka sich hier nicht nur mit dem zerstreuten jüdischen Individuum identifiziert, sondern mit der Diaspora insgesamt, er ist sowohl das jüdische Volk, das aufgrund seiner historischen Zerstreuung vogelfrei geworden ist, als auch der innerlich zerrissene Jude, der ›er‹, der seine verwilderten Elemente nicht zusammenzufassen, nicht zu beherrschen, ja nicht einmal zu erkennen vermag. Denn für ihn hat das verlorene Gesetz im psychischen Bereich die gleichen Auswirkungen wie im Felde der Geschichte und der Gesellschaft: Es verwandelt das Volk in eine Horde und den vereinzelten Juden in eine kleine Diaspora von verstümmelten, unregierbaren Ichs.

Die berühmten Doppelgestalten, die Kafka seinen Helden zur Seite stellt, sind also keine phantastischen Personen, sie entsprechen in allen Punkten der schweren Störung, die K. daran hindern, mit sich selbst in Frieden zu leben und sich einen gerechten Platz in der Gemeinschaft zu erobern. Die beiden Wächter – Wächter, nicht Polizisten –, die Josef K. in seinem Schlafzimmer verhaften, sehen zwar so aus, als existierten sie für sich selbst und kämen von draußen; doch bei näherem Zusehen geben sie einige Besonderheiten zu erkennen, die zu bemerken der Held des *Prozeß* großes Interesse haben sollte (aber er ist ja gerade so beschaffen, daß er sie übersehen muß). Zunächst einmal heißt einer von ihnen Franz, aus einem Grund, den Kafka natürlich genau kennt, auch wenn er Josef unbekannt ist (ironischerweise tragen beide zusammen den Vornamen des Kaisers Franz-Joseph, in dem die Juden der Doppelmonarchie ihren traditionellen Beschützer verehren und den man zu Kafkas Zeiten für unvergänglich zu halten pflegte). Die beiden Wächter – der andere trägt den sehr germanischen Namen Willem – erzeugen zwischen sich und dem Verhafteten sofort eine körperliche Promiskuität, was ein weiterer Beweis für ihren Herkunftsort ist: Sie dringen in Josefs Zimmer ein, verzehren sein Frühstück und nehmen ihm seine Wäsche weg, wofür er sie übrigens hart bestrafen lassen wird. Franz und Willem geben sich für niedere Angestellte aus, die, obwohl in die Sache nicht eingeweiht, zu großem Wohlwollen für den Verdächtigen neigen. Sie sind, wie Willem sagt, Leute, »die Ihnen jetzt von allen Ihren Mitmenschen am nächsten stehen«. Und Franz fügt hinzu: »›Es ist so, glauben Sie es doch‹ [...], [er] führte die Kaffeetasse, die er in der Hand hielt, nicht zum Mund, sondern sah K. mit einem langen, wahrscheinlich bedeutungsvollen, aber unverständlichen Blick an.«[22] Wie könnte er, entrüstet über die Art, wie die beiden Schergen bei ihm eingedrungen sind, denn glauben, daß sie ihm tatsächlich wohlgesonnen sind? Wie könnte er verstehen, daß Franz' langer Blick dem Kernpunkt seines Prozesses gilt? Wie könnte er zugeben, daß diese groben, gierigen, borniertenBurschen, für die er nur Ekel und Verachtung übrig hat, Repräsentanten der niederen Schichten seiner eigenen Psyche sind, Elemente der entfesselten Horde, die er selber ist und von der er um keinen Preis etwas hören will? Die beiden Wächter sind ausgestoßen, buchstäblich verdrängt aus der Persönlichkeit, die er sich nach dem Bild seiner geistigen Hierarchie geschaffen hat und in der Gelüste jeglicher Art, an erster Stelle die geschlechtliche Begierde, unwiderruflich verdammt sind. Ausgestoßen, jedoch nicht vernichtet – im Unbewußten, aus dem sie kommen, stirbt niemals etwas, alles wiederholt sich nur –, kehren sie am Tag seines dreißigsten Geburtstages zurück und suchen ihn heim (es sind wirklich Gespenster, die verschwinden, wie sie gekommen sind, in einem Augenblick), um zu versuchen, ihren Platz in ihm wiedereinzunehmen und ihm damit zu helfen, seine Einheit wiederzufinden. Sie haben also recht, wenn sie K. sagen, sie handelten zu seinem Besten, so wie Frau Grubach in ihrer mütterlichen Weisheit recht hat, wenn sie seinen Prozeß nicht für einen Fluch, sondern für eine Sache hält, die über sein Glück entscheidet.[23] Freilich bleibt K., Gefangener einer psychischen Organisation, in der das Oben und das Unten, Herzensliebe und Sexualität für immer auseinanderklaffen, notgedrungen taub für diese Sprache des gesunden Menschenverstandes; die Sache, die seine Zimmervermieterin mit seinem Glück verbindet, hält er »überhaupt für nichts«, und was die Wächter sein Bestes nennen, ist für ihn das Böse, das Unreine, der übelste Verrat an seinem Ideal. Deshalb stößt er sie brutal zurück und nimmt damit seiner Verhaftung die tatsächliche Hilfe, die sie ihm doch gewähren soll. Kaum hat sein Prozeß begonnen, ist er schon verloren: Da er ihn vom ersten Augenblick an schief aufgefaßt hat, verwandelt er ihn in jenen irreversiblen Krankheitsprozeß, der ihn allmählich von allen isolieren und schließlich aus dem Leben entfernen wird.

Für die Verachtung, mit der er seinen Wächtern begegnet – und für seine Brutalität, vergessen wir nicht, daß er ihren Diebstahl den Behörden meldet, was ihn für ihre furchtbare Bestrafung verantwortlich macht –, wird er von zwei anderen »Herren« bestraft, die stumm sind, »alte, untergeordnete Schauspieler«, »bleich und fett«, mit ekelhaft sauberen Gesichtern, die er natürlich ebenfalls nicht als die seinen erkennt. Allerdings belästigen ihn diese Schmierenkomödianten auf ganz andere Weise als die Wächter; sie kommen nicht, um ihm die Notwendigkeit, den Trieb wieder in sein Gefühlsleben einzubeziehen, vor Augen zu führen, sondern etwas viel Schrecklicheres, das ihr Auftreten ihn sofort ahnen läßt: nämlich die jämmerliche Schmierenkomödie, die in seinem Wesen liegt und, für Kafka selbst, die Verurteilung seiner zweifelhaften und ungenügenden Kunst ist, unterhöhlt von der doppelten Wirkung einer krankhaften Neigung zum Schweigen und einer übertriebenen Theatralik. Josef K., der sich, seit er seine Selbstbiographie zu schreiben gedenkt, mehr und mehr seinem Autor annähert, ist nicht bereit, die triviale Theatralik, die jener vor allem anderen aus seinem Werk verbannen will, wieder einzugliedern; doch diesmal wird er dazu gezwungen, die beiden Herren in Schwarz bedeuten es ihm, als sie ihn so eng zwischen sich nehmen, daß sie mit ihm zusammenwachsen: »Gleich aber vor dem Tor hängten sie sich in ihn in einer Weise, wie K. noch niemals mit einem Menschen gegangen war. Sie hielten die Schultern eng hinter den seinen, knickten die Arme nicht ein, sondern benützten sie, um K.s Arme in ihrer ganzen Länge zu umschlingen, unten erfaßten sie K.s Hände mit einem schulmäßigen, eingeübten, unwiderstehlichen Griff. K. ging straff gestreckt zwischen ihnen, sie bildeten jetzt alle drei eine solche Einheit, daß, wenn man einen von ihnen zerschlagen hätte, alle zerschlagen gewesen wären. Es war eine Einheit, wie sie fast nur Lebloses bilden kann.«[24] Weil er nicht verstanden hat, seine Wächter und seine Komödianten frei in sich leben zu lassen, findet er im letzten Augenblick nur die ganz materielle Einheit seines künftigen Leichnams wieder; und als einer der Herren »ein langes dünnes […] Fleischermesser« zückt, das für seine Hinrichtung bestimmt ist, weiß K. zwar, daß er selbst es fassen und sich ins Herz bohren müßte; aber er tut es nicht, so wie Kafka den langsamen Tod erleidet, den sein inneres Verhängnis ihm bringt, ohne daß er etwas unternähme, um ihn zu beschleunigen.

Wenn die spezifisch sexuelle Bestimmung der Wächter im *Prozeß* nur in Anspielungen erwähnt wird – ihr Eindringen in Fräulein Bürstners Zimmer, wo K.s erstes Verhör stattfindet –, so zeigen sie die anderen Geschichten von verdoppelten Dingen oder Wesen mit solch komischer Grausamkeit, daß es hier kaum noch etwas zu deuten gibt (doch ist hier wie in vielen anderen Punkten das Offensichtliche bei Kafka gerade das, was man am wenigsten sieht). Nehmen wir zum Beispiel Blumfeld – seinem Namen nach Jude und seinem Stand nach Junggeselle –, der mühsam sechs Stockwerke hinaufsteigt und dabei über die Nachteile seines einsamen Lebens stöhnt. Niemand erwartet ihn, keine Frau, kein Kind, nicht einmal ein Hund. Ein Hund! Er erwägt oft, sich einen anzuschaffen, welche Freude wäre es, ein kleines Tier zu haben, das ihn bei seiner Heimkehr aus dem Büro mit freudigem Bellen empfangen würde. Ja, aber ein Hund verunreinigt alles, es ist gar nicht zu vermeiden, und das kann Blumfeld bei seiner Ordnungsliebe und Reinlichkeit natürlich nicht ertragen. Und während er weiter hinaufsteigt, faßt der alte Knabe alle Störungen ins Auge, die die Anwesenheit eines Hundes in sein geregeltes Leben bringen würde, und bevor er im sechsten Stock ankommt, hat das Tier seiner Phantasie bereits alle möglichen Krankheiten gehabt, »[...] man umwickelt es mit einer Decke, pfeift ihm etwas vor, schiebt ihm Milch hin, kurz, pflegt es in der Hoffnung, daß es sich, wie es ja auch möglich ist, um ein vorübergehendes Leiden handelt, indessen aber kann es eine ernsthafte, widerliche und ansteckende Krankheit sein«; schließlich ist der Hund alt geworden, »und es kommt dann die Zeit, wo einen das eigene Alter aus den tränenden Hundeaugen anschaut. Dann muß man sich aber mit dem halbblinden, lungenschwachen, vor Fett fast unbeweglichen Tier quälen und damit die Freuden, die der Hund früher gemacht hat, teuer bezahlen. So gern Blumfeld einen Hund jetzt hätte, so will er doch lieber noch dreißig Jahre allein die Treppe hinaufsteigen, statt später von einem solchen alten Hund belästigt zu werden, der, noch lauter seufzend als er selbst, sich neben ihm von Stufe zu Stufe hinaufschleppt«.[25] Blumfeld hat seine Haustür noch nicht erreicht, als die Sache erledigt ist; er wird allein bleiben, und nichts Lebendiges droht ihn mehr zu belästigen.

Egoistisch, kleinlich, knauserig, berechnend, furchtsam und unfähig zu lieben, hat Blumfeld auf das Lebendige verzichtet, um sein Inneres vor Krankheit, Unordnung und Unreinlichkeit zu bewahren. Er hat sich der Freuden der Liebe und des Geschlechts entschlagen, um sich die Verwirrung und Sorgen zu ersparen, die eine Frau, noch weit mehr als der Hund, von dem er weiterhin träumt, notgedrungen in sein Leben gebracht hätte. Wie alle Helden Kafkas wird er dafür bestraft, daß *neben ihm* auftaucht, was *in ihm* eine Quelle des Glücks und der Harmonie sein müßte. In seinem Zimmer erwartet ihn nämlich ein überraschender Anblick. »Das ist ja Zauberei, zwei kleine, weiße blaugestreifte Zelluloidbälle springen auf dem Parkett nebeneinander auf und ab; schlägt der eine auf den Boden, ist der andere in der Höhe, und unermüdlich führen sie ihr Spiel aus.«[26] Blumfeld versteht nichts, zuerst vermutet er, daß die Bälle an unsichtbaren Fäden hängen, doch bald muß er feststellen, daß sie sich selbständig bewegen, ihre leblose Materie hat sich für ihn beseelt, und sie hören nun nicht mehr auf, ihn zu plagen. Sie heften sich an seine Fersen, begleiten ihn rhythmisch hüpfend, drehen sich um, wenn er kehrtmacht, und damit man genau weiß, welchen Platz sie einnehmen müßten, aber nicht können, bleiben sie stets hinter ihm, sie haben nur gewagt, sich vor ihm zu zeigen, um sich vorzustellen, nun aber ist ihnen das offenbar untersagt. Nachdem er ihretwegen eine schlaflose Nacht verbracht hat, beschließt Blumfeld endlich, da er immerhin gute Gründe hat, sie nicht zu zerstören, sie in seinen Kleiderschrank einzusperren. Und um ihr lästiges Hüpfen nicht mehr hören zu müssen, stopft er sich Watte in die Ohren, in der Tat das beste Mittel, nicht zu erfahren, worauf sie hinauswollen und aus welchem Grunde sie ihn plagen müssen.

Aus Abscheu vor Unordnung, Schmutz und Ansteckung[27] hat Blumfeld die Frauen, Kinder und Hunde, die er hätte lieben können, aus seinem Leben verbannt. Doch wenn er glaubte, insoweit seine Ruhe zu bewahren, hat er sich arg getäuscht; er hat sich damit nicht des Geschlechts entledigt, das er in sich abtöten wollte, es wird im Gegenteil, aus seinem Körper herausgedrängt und wie eine Karikatur des Lebens sich regend, ihn mehr denn je behelligen. Indem er es in einen Schrank sperrt und seine Ohren verstopft, damit er seinen Ruf nicht mehr höre, wird er den Schikanen bestimmt kein Ende setzen, und was er dabei gewinnt, ist lediglich, daß sein Unglück zur Komödie gerät.

Nachdem Blumfeld die ärgerlichen zwei Bälle unter Verschluß gebracht hat und von dem, woran sie ihn erinnern, scheinbar befreit ist, begibt er sich in sein Büro, als ob nichts geschehen wäre. Und dieses »Als ob« des halb unbewußten, halb gewollten Vergessens setzt ihn auf der Stelle neuen Widrigkeiten aus. Denn im Büro haben die zwei Bälle ihre Vertreter in Gestalt zweier kleiner Praktikanten – faule, ängstliche, ungeschickte, naschhafte Kinder, zu nichts nütze, die ihm der Direktor als Gehilfen zugeteilt hat, damit sie ihm einen Teil seiner harten Arbeit abnehmen. Da die Geschichte plötzlich abbricht, wissen wir nicht, welchen Verdruß die beiden Strolche ihrem Vorgesetzten noch bereiten sollten; die Personen selbst jedoch sind uns wohlvertraut; an ihrer Faulheit, ihrer Sorglosigkeit, ihrer Ängstlichkeit und Kindlichkeit – Zeichen für den Infantilismus, in dem Blumfeld und seinesgleichen verharren – erkennen wir sie sofort als die Zwillingsbrüder der beiden Gehilfen vom *Schloß*, das zudringlichste und demonstrativste aller Paare von Quälgeistern, die Kafka seinem Helden schickt, um ihn zur Erde zurückzuholen und von seiner Ernsthaftigkeit zu kurieren.

Schon zu Beginn des Romans kündigt K., der behauptet, er sei als Landvermesser ins Dorf gerufen worden, die unmittelbar bevorstehende Ankunft seiner Gehilfen mit den Apparaten an. Kurz darauf begegnet er zwei jungen Männern »von mittlerer Größe, beide sehr schlank, in engen Kleidern«, die ihn durch ihre Ähnlichkeit und die außergewöhnliche Schnelligkeit in Erstaunen setzen, mit der sie sich im Schnee vorwärtsbewegen. Da er selbst verzweifelt mit der dicken Schneeschicht kämpft, in der er versinkt, hat er großes Verlangen, von ihnen mitgenommen zu werden, anders gesagt, sie zu Gehilfen zu nehmen; doch kaum hat er sie gerufen, verliert er sie aus den Augen. Als er wieder im Gasthaus ist, bemerkt er dieselben beiden Knaben, jeden an eine Seite der Tür gelehnt, die ihn offensichtlich erwarten. »›Wer seid ihr?‹ fragte er und sah von einem zum anderen. ›Eure Gehilfen‹, antworteten sie. ›Es sind die Gehilfen‹, bestätigte leise der Wirt. ›Wie?‹ fragte K. ›Ihr seid meine alten Gehilfen, die ich nachkommen ließ, die ich erwarte?‹«[28] K. kennt also seine eigenen Angestellten nicht oder, genauer gesagt, er erkennt sie nicht wieder, obwohl er in irgendeinem dunklen Winkel seines Bewußtseins weiß, daß diese Leute ihm gehören und seit langem in seinen Diensten stehen (»meine alten Gehilfen«). Natürlich ist es absurd; bei Tageslicht und sogar in dem Halbdunkel, in dem die Geschichte sich abspielen wird, kann eine derartige Vermengung von Wissen und Nichtwissen keine vernünftige Erklärung haben, es sei denn, K. ist verrückt oder lügt vorsätzlich; doch je weiter man in seine Beziehungen zu den beiden sonderbaren Helfern eindringt, läßt sich nicht mehr daran zweifeln, daß allein diese scheinbar unauflösliche Absurdität die Logik des Romans ausmacht.

K. behandelt die Gehilfen, die gekommen sind, ihn bei seiner hypothetischen Landvermessung zu unterstützen – ohne ihre Apparate mitgebracht zu haben und, das versteht sich von selbst, ohne von dieser Arbeit das geringste zu verstehen – mit einer Rücksichtslosigkeit, die um so unerklärlicher ist, als er gleichzeitig zuläßt, daß sie seine Privatsphäre völlig dominieren. Freilich taugen die beiden Knaben nicht mehr als Blumfelds Praktikanten; obwohl sie eine dunkle Gesichtsfarbe haben und einen durchaus männlichen Bart tragen, sind sie ungemein kindlich, folgsam und übertrieben ängstlich, faul, verlogen, unzüchtig, entwaffnend in ihrer Unschuld und Ungeschicklichkeit (wie die beiden Personen im Kaftan aus dem *Meschumed* von Lateiner, die Kafka früher nachhaltig beeindruckt haben). Aber wenngleich K. sich ihnen gegenüber als unbarmherziger Dienstherr aufführt, der sich seiner Rechte und seiner Überlegenheit bewußt ist, so ist er doch außerstande, sich ihrer ständigen Einmischung in seine privatesten Angelegenheiten zu erwehren. Ihre wahre Aufgabe hat nämlich nichts mit der Landvermesserei zu tun, von der K. so viel Aufhebens macht; für sie besteht sie einfach darin, Tag und Nacht an seiner Seite zu sein, und sie von dieser Aufgabe abzubringen, hat ihr zu ihrem Sklaven gewordener Herr nicht die Macht.

Am Morgen nach der ersten Liebesnacht, die K. mit Frieda im Herrenhof verbracht hat, in dem Unrat und den Bierpfützen des Ausschanks rollend, ist er kaum erwacht, als er seine beiden Gehilfen schon auf der Theke sitzen sieht, »ein wenig übernächtigt, aber fröhlich; es war die Fröhlichkeit, welche treue Pflichterfüllung gibt«.[29] In Anbetracht dessen, was in der Nacht geschehen ist, kann sich die »Pflicht«, welche die Gehilfen zu ihrer Zufriedenheit erfüllt haben, nur auf die Umarmung der beiden Liebenden und auf den aktiven Anteil beziehen, den sie selber am Erfolg ihres Herrn hatten. Von diesem Moment an jedenfalls sind K. und Frieda keinen Augenblick mehr allein, jede Sekunde der Intimität teilt das unzertrennliche Paar mit ihnen, mehr noch, es sieht so aus, als könne K. die Frau nur in Gegenwart der beiden Gehilfen besitzen, denn an dem Tag, an dem von ihnen, der schlechten Behandlung, die er von ihm erdulden muß, überdrüssig, sich im Schloß beschwert, um seiner Aufgabe enthoben zu werden, verläßt ihn Frieda auf der Stelle, ohne Hoffnung auf Rückkehr.

Noch einmal erweckt Kafka in diesem letzten Roman *neben* seinem Helden, jedoch in sehr bezeichnender Nähe und Promiskuität, die Triebkräfte, die normalerweise *in ihm* tätig sein müßten, in voller Übereinstimmung mit den höheren Instanzen seines Geistes. So wie Josef K. für diese elementaren Gestalten des Triebs, die seine beiden Wächter darstellen, nur Abscheu und Verachtung übrig hat, so verweist der Landvermesser seine Gehilfen, die es, so wie er sie sieht, gewiß zu verdienen scheinen, auf die unterste Stufe der Menschheit. Obwohl er ihre Namen genau kennt – jeder im Dorf nennt sie Artur und Jeremias, und niemand verwechselt sie –, beruft er sich auf ihre große Ähnlichkeit, die es ihm angeblich unmöglich macht, sie zu unterscheiden, was sie mit Recht als eine grausame Verleugnung empfinden.[30] Er versteht nicht – oder versteht vielmehr nur allzu gut, und daß er die Gehilfen mit *Schlangen* vergleicht, beweist es zur Genüge –, daß die beiden Nichtsnutze wirklich geschickt wurden, ihm zu helfen, und daß er, wenn er aus dem Zustand der Unfähigkeit herauskommen will, in den er sich selbst verrannt hat, sich nicht nur mit ihnen aussöhnen, sondern sie wieder in sein Leben einbeziehen muß. Dieses halb gewollte, halb erzwungene Unverständnis hat um so schlimmere Folgen, als er sich darauf versteift, die Gestalt des Barnabas zu idealisieren, nur weil er meint, sein junger Bote stehe mit den mächtigsten Herren in Verbindung, die er trotz seiner Hellsicht, die er nach und nach in bezug auf sie erwirbt, fast bis zuletzt an der Spitze seiner persönlichen Hierarchie beläßt. So täuscht er sich auf beiden Seiten: indem er seine wahren Gehilfen ablehnt, und indem er sein Heil an dem hohen Ort sucht, wo die »Schriften« der Bürokratie hergestellt werden, was nicht nur seine Heiratspläne, sondern auch die Assimilation an die Welt des Grafen West-West vereitelt, für die er alles aufgegeben hatte.

Neben ihrer Rolle als Abgesandte des herabgewürdigten, verdammten, verdrängten Triebs haben die Doppelgänger nämlich noch eine ganz bestimmte soziale Funktion, die ihrer Beziehung zu K. eine zusätzliche Note von Unverständnis und Verachtung hinzufügt. Schon Subalterne auf der erotischen Ebene, die die ihre ist, stehen sie auch in K.s realer Umgebung auf der untersten Sprosse der gesellschaftlichen Leiter – in *Der Verschollene* sind es schmarotzende Landstreicher, im *Prozeß* hungerleidende Wächter und verkrachte Schauspieler, im *Schloß* Arme im Geiste –, und obwohl er selbst von den hohen Behörden verfolgt wird, hat er für sie bloß den verächtlichen Blick des allmächtigen Herrn (einzig Karl Roßmann ist frei von dieser Arroganz, allerdings ist er erst sechzehn Jahre alt, und seine Doppelgänger beuten seine Jugend schamlos aus). Josef K., immer im Bewußtsein seines guten Rechts, zeigt den Wäschediebstahl an, den Franz und Willem bei seiner Verhaftung begangen haben, und obwohl er über die schrecklichen Prügel, mit der sie dafür bestraft werden, entsetzt ist, unternimmt er wenig, sie zu verhindern (er wirft hastig die Tür der Rumpelkammer zu, in der die Szene sich abspielt, so wie Blumfeld die Tür des Kleiderschranks über den hüpfenden kleinen Bällen verschließt). Von der Wichtigkeit durchdrungen, die seine privilegierte Lage ihm verleiht, sieht er um sich herum fast nur Untergebene, nichtswürdige Leute, die, abgesehen von den Auskünften, die er ihnen über seine Angelegenheit entlockt, von ihm persönlich nie ein Zeichen der Wertschätzung empfangen. Er genießt die Frauen, liebt sie jedoch nicht, in Wahrheit kümmert er sich nur um sich selbst, was seinen Unschuldsbeteuerungen viel von ihrer Bedeutung nimmt.

Wenngleich der Landvermesser die bürgerlichen Vorurteile seines Vorgängers nicht teilt – er hat sie mit dem Rest seines menschlichen Gepäcks über Bord geworfen, so daß er, der nun keine Anstellung, keinen Platz und keine Habe mehr hat, gleichsam am Rande der Kasten und Klassen steht –, behandelt er die arglosen jungen Bauern, die auch seine Gehilfen sind, dennoch mit unnötiger Brutalität, ohne für ihr persönliches Leben je das geringste Interesse zu bekunden, ohne auf ihre Würde Rücksicht zu nehmen. Er behauptet, Frieda zu lieben, aber kein einziges Mal fragt er sie nach ihrer Kindheit, nach ihren Wünschen oder Gedanken, sie sagt es ihm übrigens traurig: »Du hast keine Zärtlichkeit, ja nicht einmal Zeit mehr für mich, du überläßt mich den Gehilfen, Eifersucht kennst du nicht, mein einziger Wert für dich ist, daß ich Klamms Geliebte war [...]«[31] Das stimmt, Frieda ist für ihn nur ein Tauschmittel, ein Unterpfand, das er gegen Klamm in Händen hat und umzumünzen hofft. Und so wie er an Frieda nie um ihrer selbst willen denkt, so empfindet er für alles, was um ihn herum geschieht, nichts als Gleichgültigkeit, in seinen Augen sind die Bauern eine gesichtslose Masse, in der die Individuen völlig verschmelzen; er versteht nichts von ihren Bräuchen, ihren Bedürfnissen, von der Art, wie sie mit der Welt zurechtkommen, in die ihre Geburt sie gestellt hat. Doch obwohl sie ihm alle unterschiedslos fremd – und unsympathisch – bleiben, möchte er sie trotzdem bessern, ihre Irrtümer korrigieren, ihr Urteil berichtigen, kurz, er will sie zivilisieren. Und er treibt seine Unbedachtheit sogar so weit, diesen Leuten, die er anschaut, als kämen sie von einem anderen Planeten, seine eigenen Argumentationsweisen eintrichtern und sie ihm ähnlich machen zu wollen, während er sich weiterhin einredet, es komme ihm vor allem darauf an, ihnen ähnlich zu werden (wie Gerstäcker und Lasemann zu werden, das erscheint ihm allemal das Dringlichste). Erstaunlich unter diesen Umständen ist wirklich nicht das Mißlingen, das ihn nach acht Tagen aufreibender Irrfahrt erwartet, sondern die Tatsache, daß er sich in das Abenteuer stürzte und auch nur einen Augenblick hoffte, es bestehen zu können.

Auf diese Weise überlagert Kafka die Krankheit des Triebes, deren Zeugen die »Doppelgänger« sind, mit der sozialen Krankheit, die den ganzen jüdischen Organismus in der historischen Diaspora befällt; in Gestalt seiner Gehilfen, seiner Wächter und jener ungelegenen Paare, mit denen er seine Erzählungen bevölkert, evoziert er auf dem Schirm einer scheinbaren Phantastik sowohl die psychische Unfähigkeit des Neurotikers als auch das schlechte soziale Gewissen des zerstreuten Juden – zwei Sachverhalte, die er nie voneinander scheidet und die in seinen Büchern quälend präsent sind, eben weil das Leben ihm nicht erlaubt, sich entweder mit ihnen abzufinden oder sie abzustreifen, oder die volle Verantwortung für sie zu übernehmen.

Neben dieser Zersplitterung des Helden in zwei oder mehrere nicht wiederzuvereinende Ichs bedient sich Kafka ausgiebig noch eines anderen Mechanismus des Traums, der umgekehrt funktioniert und ihm die Möglichkeit gibt, verschiedene Aspekte seiner selbst zu einer einzigen Gestalt zu verdichten. Die Doppelgänger sind nun nicht mehr von dem »Ich« abgelöst, das sie ignorieren will, sondern das »Ich« trägt sie, ohne es zu wissen, in sich, in Form zweier heterokliter, meist radikal entgegengesetzter Naturen. Im ersten Fall wird der Verlust der Einheit durch die Veräußerlichung der verlorenen Elemente dargestellt; im zweiten durch ihre Verdichtung zu einem monströsen Zwitterwesen, Zeichen und Ergebnis des letzten Grades der Auflösung, der das Individuum anheimfallen kann. Mensch und Insekt in *Die Verwandlung*; Mensch und Hund in *Forschungen eines Hundes*; Mensch und Maus in *Josefine*; Mensch und Affe in *Bericht für eine Akademie*; Mensch und Stein in *Prometheus* und *Die Brücke*; schließlich Toter und Lebender in *Bei den Toten zu Gast* und

Der Jäger Gracchus – auf welche Weise der Held dieser Kategorie von Geschichten auch verwandelt wird, er hat eine doppelte Natur, eine tierische oder unbelebte und eine menschliche, insofern sie noch die Fähigkeit hat, zu denken und zu sprechen. Da sich keine dieser beiden Naturen nach ihrem eigenen Gesetz entwickelt und sich nicht um die anderen und deren Belange kümmert, kommt es zu einem logischen Konflikt, dem das Zwitterwesen nur durch Verkümmerung und manchmal den Tod entrinnen kann (Gregor Samsa verhungert, weil er selbst zwar weiterhin als Mensch denkt, sein verwandelter Körper aber vor der menschlichen Nahrung nur noch Widerwillen empfindet, der einzigen, die ihm anzubieten seiner Umgebung in den Sinn kommt).

Auch hier ist Kafkas vermeintliche Phantastik lediglich das Instrument, mit dem er ein Höchstmaß an realistischer Genauigkeit erzielt – die Verwandlungen geben die extremen Folgen eines bestimmten psychischen Prozesses nur *visuell* wieder, übrigens mit erstaunlichem klinischen Gespür.[32] Doch selbst wenn der Zwitter einen Zustand inneren Zerfalls materialisiert, so ist er lediglich das verdoppelte Geschöpf, der bloße Dolmetscher der Klagen und Phantasien seines Autors; er lebt in einer Geschichte, die ihr solider formaler Apparat sowohl von der persönlichen Anekdote wie von jeder Art Psychologie fernhält. An dieser Stelle sei darauf hingewiesen, daß Kafka die beiden Techniken, die er dem Traum entlehnt, nicht überall auf die gleiche Weise verwendet: Die *Verdoppelung* erscheint vor allem in den Romanen, die *Zwitter* tauchen ausschließlich in den Erzählungen auf, was sich durch die Besonderheiten der jeweiligen Gattung erklärt – die kurze Erzählung wird leicht mit der Fabel und der Legende in Zusammenhang gebracht, wo sich Verwandlungen von selbst verstehen, während der Roman, eine rationalere Gattung, das Schauspiel anhaltender Verwandlungen schwerlich verkraften würde. Hier wie überall berichtet der Erzähler das Unwahrscheinliche im Ton eines banalen Protokolls; was er sagt, erscheint in der kalten Gleichgültigkeit des unbeteiligten Beobachters (was im Kontrast zu dem Entsetzlichen, das dem Inhalt anhaftet, im übrigen nicht nur humoristisch, sondern wirklich komisch wirkt); allenfalls läßt er zuweilen hinter seiner Neutralität den Schatten der Schwermut erkennen, wie in der Geschichte von Prometheus oder, ausgeprägter, in der von dem namenlosen Tier, das aufgrund einer monströsen Kreuzung von sämtlichen Tieren der Schöpfung isoliert worden ist.

Diese Kreuzung aus Katze und Lamm gehört dem Erzähler, der sofort sagt, daß es sich um ein Erbstück seines Vaters handelt. Von der Katze hat es Kopf und Krallen, anders gesagt: die aggressiven Organe; vom Lamm Größe und Gestalt, mit allem, was das Tier seiner Natur nach an sprichwörtlicher Folgsamkeit und Sanftmut evoziert. »Vor Katzen flieht es, Lämmer will es anfallen. In der Mondnacht ist die Dachtraufe sein liebster Weg. Miauen kann es nicht und vor Ratten hat es Abscheu. Neben dem Hühnerstall kann es stundenlang auf der Lauer liegen, doch hat es noch niemals eine Mordgelegenheit ausgenutzt.«[33] So wird die Aggressivität der Katze durch die Sanftmut des Lamms gehemmt, und das zwischen seinen beiden Naturen hin- und hergerissene Tier ist zu wirren Reaktionen verurteilt, die es bald zu Kampfgelüsten, bald zu schreckhafter Passivität treiben. Absurderweise fällt es seine artgemäßen Halbbrüder an und flieht nutzlos vor den anderen, die seiner zweiten Hälfte zuzurechnen sind. Da es weder miauen noch blöken kann, hat es keine eigene Sprache; aber es hat auch keine ihm angemessene Nahrung, denn trotz seinen Raubtierzähnen nährt es sich ausschließlich von süßer Milch. Es vereint in sich die jeder seiner beiden Rassen eigentümliche Angst, und sein Los ist die beispiellose Einsamkeit desjenigen, der »auf der Erde zwar unzählige Verschwägerte, aber vielleicht keinen einzigen Blutsverwandten hat«. Selbstverständlich hat es keinen Namen, und da ihm ein Weibchen fehlt, mit dem es sich paaren könnte, bleibt es zwangsläufig ohne Nachkommen. Daher spielt sein Herrchen, wenn er sich das Los dieses lebensuntüchtigen Geschöpfs vor Augen führt, das elendiglich zwischen zwei Rassen und zwei unvereinbaren Instinkten dahinvegetiert, zuweilen mit dem Gedanken, ihm mit dem Messer des Fleischers Erlösung zu bringen. Aber er kann es nicht opfern, obwohl es ihn darum zu bitten scheint, wenn es ihn »aus verständigen Menschenaugen ansieht, die zu verständigem Tun auffordern«. Er kann es nicht, aus dem einfachen Grunde, weil es ein väterliches Erbstück ist, so daß es weder erlaubt noch möglich ist, es zu töten.

Der Erzähler betont die Erbschaft so nachdrücklich, daß man sie nicht als ein nebensächliches Detail abtun kann, sondern für das Wesentliche der Fabel halten muß. Er erwähnt sie gleich zu Beginn und fügt der größeren Klarheit wegen hinzu, daß sich das zu seinem Erbe gehörende Tier erst in seiner Zeit zu seiner ungeheuren Gestalt entwickelt habe, in der Zeit des Vaters »war es viel mehr Lamm als

Kätzchen«, also einer normalen und in etwa klassifizierbaren Gattung weit näher. Eigentum des Sohnes geworden, unterhält es mit seinem Besitzer enge körperliche Kontakte (»an mich geschmiegt, fühlt es sich am wohlsten«), ja, sie sind so stark miteinander verbunden, daß der Mensch, als er von den »riesenhaften Barthaaren« des Tiers Tränen tropfen sieht, nicht weiß, ob nun das Tier oder er selbst weint. Am Schluß erscheint der Bastard, der, nicht genug damit, daß er Lamm und Katze ist, auch noch *Hund* sein will, als ein Wesen, das nicht nur ein Herz, sondern auch Intelligenz und Verstand besitzt – es fordert sein Herrchen zu »verständigem Tun« auf, das heißt, es zu töten. Schließlich wird es fast menschlich – so menschlich, daß in ihm das Erbstück und der Erbe ein einziges geballtes Unglück bilden, ebenso geheimnisvoll und unzerstörbar wie die Erblichkeit selbst in ihrer unerbittlichen Fatalität.

Um hinter der Fabel das reale Drama wiederzufinden, das sie inspiriert hat, bedarf es bestimmt keiner gelehrten Exegese, man braucht nur die präzisen Punkte zusammenzunehmen – das bei der Übertragung vom Vater auf den Sohn schlimmer gewordene Erbstück, die Zwitterhaftigkeit und Unfruchtbarkeit, die mit einer doppelt verhängnisvollen Zugehörigkeit verbundene Angst und Einsamkeit und, aus allen diesen Gründen, die Unmöglichkeit zu leben –, um die herum der Text sich gliedert, ohne zu verbergen, was an ihnen entscheidend ist, ja es sogar unterstreicht. Drama der jüdischen Herkunft, die Kafka seinem Vater verdankt, die er weder verändern noch zerstören kann und die ihn sogar daran hindert, sich selbst zu töten (das »verständige Tun«, welches das Tier als seine Erlösung ansieht, verlockt ihn unablässig, doch er wird es immer nur beschreiben); Drama einer schiefen Situation zwischen zwei Welten, zwei Kulturen, zwei unterschiedlich orientierten Sittenlehren, besonders in bezug auf das Geschlecht und die Aggression; schließlich Drama des Geschöpfs, das zwar »unzählige Verschwägerte« hat, aber in der Welt seiner Rasse einsam ist »wie Franz Kafka«, so lautet ganz zweifellos wo nicht die Botschaft der Fabel – der Bastard hat wirklich nichts anderes mitzuteilen als sich selbst, nichts über ihm und nichts jenseits von ihm –, so doch das lebendige Material, das sie zwingend hervorbringt, weil es außerhalb der Literatur keinerlei Möglichkeit hat, sich auszudrücken.

Halb Kätzchen, halb Lamm; halb Mensch, halb Stein; halb Mensch, halb Tier; halb Toter, halb Lebendiger – Kafka wird nicht müde, Formen zu erfinden, in die er sein ererbtes Leiden kleidet, um es zu beobachten und seine Grundlagen zusammenzufassen, geschützt vor dem Episodischen, das seine Wahrheit verfälschen oder verwässern würde. Ob erhabene oder entwertete Formen, ob Fabel, Legende, Folklore oder Epos – alles scheint ihm tauglich, seinen eigenen Fall zu durchschauen und, wenn möglich, zu versuchen, die Karten seines Schicksals neu zu verteilen. Und wenn er sich in dieser fortwährenden Rückeroberung seines Lebens mit Hilfe einer entpersönlichten Literatur immer nur zur Hälfte enthüllt, dann nicht vor allem aus Scham, sondern weil in diesem unsäglichen Fall auch die aufrichtigste Erläuterung die Hauptsache außer acht ließe: Sie verwiese nur auf das Geheimnis der Geburt und ihre Unwiderruflichkeit, das heißt auf das Unerklärliche, an dem jede Rede zerschellt.

Es gibt keine letzte Erklärung, kein letztes Wort über dieses einzigartige Werk, das gerade aufgrund seiner Vollkommenheit unvollendet und folglich in bezug auf den Platz, den es in unseren Bibliotheken einnimmt, ebenso begrenzt ist wie im Hinblick auf seine Wirkung.[34] Es gibt kein letztes Wort, aber vielleicht doch ein letztes Beispiel, das zu nennen wäre, einen insofern besonders beweiskräftigen Text, als er seine Wahrhaftigkeit gerade aus dem extrem Unwahrscheinlichen und Unerhörten bezieht. Provozierender als alle anderen infolge der Figur, der er Leben gibt (noch kein Schriftsteller ist je auf die Idee verfallen, eine alte zerbrochene Zwirnspule zum Helden zu wählen), ist er gleichzeitig einer jener Texte, in dem Kafkas in ihrer Komplexität überaus einfache Kunst die vollkommene Entsprechung ihrer Mittel und ihrer Zwecke eklatant zeigt.

Die Geschichte beginnt mit sprachlichen Überlegungen zu einem Namen, »Odradek«, von dem man zunächst nicht weiß, was er bedeuten soll. »Die einen sagen, das Wort Odradek stamme aus dem Slawischen und sie suchen auf Grund dessen die Bildung des Wortes nachzuweisen. Andere wieder meinen, es stamme aus dem Deutschen, vom Slawischen sei es nur beeinflußt. Die Unsicherheit beider Deutungen aber läßt wohl mit Recht darauf schließen, daß keine zutrifft, zumal man auch mit keiner von ihnen einen Sinn des Wortes finden kann.«[35] So stehen wir ein weiteres Mal vor einem zusammengesetzten Gebilde, einem Element, das von zwei Sprachen gleichzeitig abstammt, so daß sich weder sein Ursprung noch sein Sinn mit Gewißheit feststellen läßt. Ein weiteres Mal ist die Dualität ein Faktor der Ungewißheit und Verwirrung; denn in dem Maße, wie das verdoppelte Ding nicht mehr unmittelbar kenntlich ist, zwingt es dazu, das *Wissen* durch die *Deutung* zu ersetzen, das heißt durch eine ungeordnete Tätigkeit, deren Nutzen allein in ihr selbst liegt (auch wenn Kafkas Bemerkung über die Unsicherheit der Deutungen offenbar nicht seinen zahllosen Glossatoren gilt, hätten diese doch allen Grund, sich betroffen zu fühlen; auch sie drehen sich unermüdlich um Odradek, um ihm sein Geheimnis zu entreißen, auch sie geben eine Fülle mehr oder weniger plausibler Deutungen, von denen sich freilich keine rühmen kann, die wahre zu sein).

Mit dem Humor, der auch hier wieder aus einer ungeheuren Unstimmigkeit zwischen dem Ernst, ja der Pedanterie der Darstellung und der völligen Unkenntnis im Hinblick auf die Natur des Gegenstandes entsteht, räumt Kafka ein: »Natürlich würde sich niemand mit solchen Studien beschäftigen, wenn es nicht wirklich ein Wesen gäbe, das Odradek heißt.« Es gibt also einen Odradek, aber wer ist er? Ein buchstäblich undefinierbares Etwas, das man sich kaum anders als im Konditionalis vorzustellen vermag: »Es sieht zunächst aus wie eine flache sternartige Zwirnspule, und tatsächlich scheint es auch mit Zwirn bezogen; allerdings dürften es nur abgerissene, alte, aneinandergeknotete, aber auch ineinanderverfitzte Zwirnstücke von verschiedener Art und Farbe sein.« Nichts ist gewiß am Aussehen des ungewöhnlichen Gebildes, doch nach und nach wird immerhin einiges klarer; namentlich der Stern, der wirklich Odradeks Grundform bildet, er ist sogar das Lebenszentrum seiner Organisation, denn er ermöglicht es ihm, sich fortzubewegen – er kann gehen, indem er sich einerseits auf eine seiner Spitzen und andererseits auf ein System in seiner Mitte befestigter Stäbchen stützt –, so daß er wie ein Lebewesen aussieht. Ein Gegenstand, der einen vielleicht deutschen, vielleicht tschechischen Namen trägt und die geometrische Form aufweist, in der jeder Jude das Symbol seines Volkes wiedererkennt – wie sollte man einen solchen Gegenstand nicht mit der Person identifizieren, die ihn sich ausgedacht hat? Wie sollte man Odradek[36] nicht mit Kafka oder Kavka übersetzen, einem Namen, dessen Herkunft ebenso unsicher ist und über den sich ebenfalls endlos spekulieren läßt? Alles ermutigt dazu, zumal Odradek, der im übrigen über eine elementare Sprache verfügt – er kann seinen Namen sagen, und wenn man ihn fragt, wo er wohnt, antwortet er: »Unbestimmter Wohnsitz« –, mit seinem Autor nicht nur gemeinsam hat, daß er sowohl Deutscher, Tscheche wie Jude ist, was sein auf ewig unstetes Leben erklärt; er hat auch das »Lachen ohne Lungen«, von dem sich bedroht zu fühlen Kafka bald nur allzu berechtigt sein wird.[37] Das Band zwischen dem Autor und seiner Spule scheint, obwohl es nur angedeutet ist, freilich durch Züge, die alle demselben Ideenkreis zustreben, so eng zu sein, daß man versucht ist, es in vollkommene Identität zu verwandeln.

Doch wenn man andere Details ins Auge faßt, insbesondere das Sprachproblem, das der Erzähler schon mit den ersten Worten anzeigt, noch bevor er den Gegenstand selbst vorstellt, wird klar, daß Odradek nicht ohne weiteres mit Kafka gleichgestellt werden kann, sondern daß dieser, wenn er die Anomalien des Namens derart stark betont, offensichtlich an seinen eigenen Namen denkt und an all das Negative, das seine eigene anormale Sprachsituation für seine schriftstellerische Tätigkeit bedeutet. Mit dem problematischen Namen, der ihn sowohl von der Grammatik als auch von einem bestimmten geographischen Ort abschneidet, verweist Odradek unmittelbar auf die »von allen Seiten unmögliche« Literatur, deren Fluch der deutsch-jüdische Schriftsteller trägt.[38] Doch als Gegenstand ohne Nutzen und Zweck ist er in noch präziserem Sinne das Ergebnis der Unmöglichkeit zu schreiben, der jede Seite, die Kafka mit Wörtern füllt, mühsam abgetrotzt werden muß.

Denn indem Kafka diese Spule aus alten, abgerissenen, »aneinandergeknoteten und ineinander verfilzten Zwirnstücken von verschiedener Art und Farbe« herstellt, erinnert er ohne Umschweife an zwei auffallende Besonderheiten seiner Art zu schreiben: Er verflicht seine Themen von einer Erzählung zur anderen und zerreißt meistens ihren Faden, noch bevor sie sich voll entwickelt haben. Im April 1917 hat er erst wenige Texte veröffentlicht, die zusammengenommen einen sehr schmalen Band ergeben würden[39]; seine beiden großen Romane – *Der Verschollene* und *Der Prozeß* – hat er aufgeben müssen, und wie viele Erzählungen, wie viele Geschichten, die kaum begonnen oder weit vor oder manchmal kurz vor ihrem Ende plötzlich unterbrochen wurden ... Er ist sechsunddreißig Jahre alt, und obwohl er noch nicht das »Lachen ohne Lungen« hat, ein Lachen, das Odradek hervorbringt und das »wie das Rascheln in gefallenen Blättern« klingt, so weiß er doch, daß seine Krankheit schon weit fortgeschritten ist, so daß er befürchten muß, sie werde seiner üblichen Hemmung noch ein zusätzliches Hindernis hinzufügen, das diesmal schwerer wiegt und vielleicht endgültig ist. Daher seine »Sorge«, wenn er über das ungreifbare kleine Wesen, das sich bei ihm niedergelassen hat, nachdenkt, ohne daß es in seiner Macht stünde, es bei sich zu behalten.

Die Geschichte erzählt nämlich von der »Sorge des Hausvaters« um das unbegreifliche Ding, das sich flüchtig in seinem Haus eingenistet hat und das er wegen seiner Winzigkeit »wie ein Kind« behandelt. Schon der Titel gibt einen wertvollen Hinweis auf die Natur dieses sorgenvollen Hausvaters, zumal Kafka selbst sie in einer anderen Erzählung bestätigt, in der die »Elf Söhne« des Erzählers[40], wie er selbst sagt, einfach elf Geschichten sind, an denen er gleichzeitig arbeitet (es ist eine seiner gewohnten Mystifikationen: Er gibt vor, ein Thema zu gestalten, während er doch nur von seiner Literatur und den drängenden Problemen berichtet, mit denen sie ihn unaufhörlich überhäuft[41]). Der besorgte Vater ist demnach Kafka als Vater seines Werkes – eines Werkes, dessen sonderbare und überdies unvorhersehbare Inspiration ihn beunruhigt, enttäuscht, verwirrt, in Traurigkeit stürzt, die besonders die unvollendeten Dinge hervorrufen.

Mit seiner grotesken Gestalt, seiner Winzigkeit und der Flüchtigkeit seines Auftauchens ähnelt Odradek – mit Vorliebe hält er sich in den Gängen, auf dem Dachboden, im Treppenhaus auf – ganz offenkundig den Gnomen, Kobolden, guten oder bösen Zwergen, welche die Folklore überall zu Hausgeistern macht. Man kann ihn nicht fangen, er kommt und geht unangemeldet, läßt sich wochenlang nicht blicken, und obwohl er bisher immer wiedergekommen ist, kann man niemals fest mit seiner Rückkehr rechnen. Übrigens denkt niemand daran, ihn zurückzuhalten, denn die Unbeständigkeit ist sein Gesetz, sie verbindet ihn nicht nur mit dem bösen Geist der Folklore, sondern auch mit dem flüchtigen, ungleichmäßigen und ungleichmäßig verfügbaren Genie, das Kafka, seinen unvorhersehbaren Sprüngen wehrlos ausgesetzt, meist weniger als eine Gunst des Schicksals denn als Beweis der Bösartigkeit auffaßt.

Aus Bruchstücken zusammengesetzt – »das Ganze erscheint zwar sinnlos, aber in seiner Art abgeschlossen« –, dient Odradek schlechthin zu nichts, und gerade diese Nutzlosigkeit wirft die Frage nach seiner Zukunft auf: »Kann er denn sterben? Alles was stirbt, hat vorher eine Art Ziel, eine Art Tätigkeit gehabt und daran hat es sich zerrieben; das trifft bei Odradek nicht zu. Sollte er also einstmal etwa noch vor den Füßen meiner Kinder und Kindeskinder mit nachschleifendem Zwirnsfaden die Treppe hinunterkollern? Er schadet ja offenbar niemandem; aber die Vorstellung, daß er mich auch noch überleben sollte, ist mir eine fast schmerzliche.«[42] So ist Odradek dank seiner völligen Sinnlosigkeit und Ziellosigkeit imstande, unendlich lange zu leben oder, genauer gesagt, nicht zu sterben. Es erwartet ihn eine Unsterblichkeit ohne Hoffnung, ebenso leer, ebenso düster wie die Existenz, die er am Rande der Menschlichkeit nutzlos geführt hat. Daher die »Sorge« desjenigen, der ihn erschaffen hat und der, statt sich über sein mögliches Überleben zu freuen, jetzt feststellt, daß die Aussicht auf eine so lachhafte Ewigkeit ihm fast Schmerzen bereitet. Fast – nicht ganz, nicht ernstlich, jedenfalls nicht genug, um schon jetzt sein eigenes posthumes Leben brutal zu unterbrechen, indem er sein Werk der Vernichtung preisgibt. Im Augenblick scheint sich Kafka leidlich damit abzufinden, die Menge unvollkommener und unvollendeter Seiten hinter sich zu lassen, deren Absurdität Odradek darstellt. Doch bald wird ihm die Vorstellung, der Nachwelt ein Werk zu hinterlassen, das er in vieler Hinsicht für mißlungen hält, zur wirklichen Qual. Dann bittet er Max Brod, das heißt den einzigen Menschen, von dem er im Grunde genau weiß, daß er seinen Willen nie wird erfüllen können, alle literarischen Texte und persönlichen Notizen zu verbrennen, die er in seinen Papieren finden sollte, und sie außerdem weder zu lesen noch irgend jemandem zur Kenntnis zu bringen, und sei es zu rein privaten Zwecken. Doch was immer es mit diesem Testament und den Hintergedanken, die die Wahl des Vollstreckers zumindest erahnen läßt, auf sich haben mag, bis zum Ende fährt Kafka fort, den Faden seiner unvergleichlichen Geschichten auf den Stern Odradek aufzuspulen, er schreibt trotz allem weiter, und am Tag vor seinem Tod, am 2. Juni 1924, korrigiert er noch eigenhändig die Druckfahnen seiner letzten Erzählungen.

Anmerkungen

Kapitel I: Der zensierte Name

1 Das ist ein erster gemeinsamer Punkt zwischen den Samsa und den Kafka, deren Name, ebenfalls jüdisch oder christlich, an sich schon ein zweideutiges Zeichen ist.
2 *Der Prozeß* wurde 1914 begonnen, *Das Schloß* 1920; zwischen den beiden Werken löst Kafka seine Verlobung mit Felice Bauer, geht zwei Jahre später erneut eine enge Beziehung zu ihr ein und bricht 1917 endgültig mit ihr, verbringt einen Krankheitsurlaub auf dem Land, verlobt sich mit Julie Wohryzek, geht eine Beziehung mit Milena Jesenska ein, löst seine letzte Verlobung und verzichtet endgültig auf die Ehe. In der Zwischenzeit erlebt er den Ersten Weltkrieg, den Zusammenbruch von Österreich-Ungarn, die Entstehung der tschechoslowakischen Republik, das Wiederaufleben der antisemitischen Unruhen in Prag – Ereignisse, die, auch wenn sie in den Romanen kaum auftauchen, dennoch zu dem emotionalen und gesellschaftlichen Hintergrund gehören, aus dem sie ihre Substanz schöpfen.
3 Von Max Brod unter dem Titel *Amerika* herausgegeben.
4 In den etwa zwölf Zeilen, aus denen die Geschichte eines gewissen Herrn von Grusenhof besteht (*T*, 27. März 1914, 271), bringt Kafka es fertig, die fünf Pferde im Stall dieses Herrn zu benennen: Famos, Grasaffe, Tournemento, Rosina und Brabant. Sechs Namen in zwölf Zeilen, und zwar sechs »volltönende und sinnreiche« Namen, wie Don Quijote gesagt hätte – das ist allerdings viel, zuviel sogar, da uns die Geschichte dieser fünf Pferde nicht erzählt wird. Tatsächlich verzichtet Kafka nur dann auf eine Benennung, wenn er ein festgefügtes System menschlicher und sozialer Beziehungen beschreibt; überall sonst, wo die Situation es nicht erfordert, nimmt er sich das Recht, sein Privileg als Künstler zu nutzen, ein Recht, auf das er gewiß nicht verzichtet hätte, hätte er nicht besondere Ziele verfolgt.
5 *T*, 6. August 1914, 306. Vgl. auch die Eintragung vom 21. Juni 1913, 224: »Die ungeheure Welt, die ich im Kopf habe.«
6 Die Erzählung wurde in einer einzigen Nacht in einer Art Ekstase geschrieben, was erklärt, daß Kafka erst nachträglich die wahren Ursachen dafür begreift. Der besondere Zustand, in dem er sich damals befand, erlaubte ihm nicht, sich ihrer bewußt zu werden.

7 *T*, 11. Februar 1913, 217f. Kafka lernt Felice Bauer bei Max Brods Eltern am 12. August 1912 kennen. Am 20. September schreibt er ihr seinen ersten Brief, und in der Nacht vom 22. zum 23. schreibt er *Das Urteil*. Zu dieser Zeit ist er erst potentiell verlobt. Die Geschichte erzählt nicht sein Leben, sie greift den Ereignissen vor, bringt sie zum Abschluß und bezeichnet sie, bevor sie eingetreten sind.

8 *T*, 12. Februar 1913, 218. Offenbar erkannte die Familie Kafka ganz klar den autobiographischen Inhalt der Erzählung. Nun versteht man, daß Kafkas Vater von den Schriften seines Sohnes nicht entzückt war, und auch der berühmte Satz wird begreiflich, mit dem er das Geschenk eines seiner Bücher in Empfang zu nehmen pflegte: »Legs auf den Nachttisch!«

9 *T*, 14. August 1913, 231.

10 *Janouch*, 46. Bei diesem Dokument, das dreißig Jahre nach den darin wiedergegebenen Gesprächen abgefaßt und veröffentlicht wurde, ist eine gewisse Vorsicht geboten. Einige der Kafka zugeschriebenen Sätze sind sicherlich authentisch, andere wurden wahrscheinlich nicht in der wiedergegebenen Form gesagt, und wieder andere erscheinen zweifelhaft, weil sie fast wörtlich mit bestimmten Passagen aus Kafkas *Tagebüchern* übereinstimmen, die, da posthum erschienen, Janouch erst sehr viel später zur Kenntnis gelangt sein können.

11 *Brief an den Vater*, in *H*, 110–162, 143.

12 Daß »ich«, »er« und »K.« für Kafka austauschbare Personen sind, dafür liefert das *Schloß*-Manuskript einen materiellen Beweis: Hier findet man eine erste Version in der »Ich«Form, die ungefähr bis zur Hälfte des dritten Kapitels reicht; erst dann taucht K. auf, das heißt zu einem Zeitpunkt, da die Handlung schon in Gang ist. Da aber die beiden Personen in Wirklichkeit eins sind, kann Kafka die beiden Versionen mühelos vereinheitlichen – er braucht in der ersten nur das »ich« durch K. zu ersetzen und die Verben entsprechend zu ändern.

13 *O*, 10. Februar 1921, 107, und Brief an Max Brod, Ende Januar 1921, *Br*, 298. Um sich an dem tschechischen älteren Fräulein zu rächen, das die Tischrunde mit antisemitischen Äußerungen füttert, wäre »die hinterlistigste Methode [...] vielleicht, mit der Erklärung [daß er Jude ist] so lange zu warten, bis sie etwas sagt, was unmöglich zurückgenommen werden kann«. Erst einen Monat später erzählt er seiner Schwester den Vorfall, so als wolle er sich Zeit lassen, sich zu beruhigen. Ein Jahr zuvor, in Meran, hatte er in einem Brief an Max Brod und Felix Weltsch von einem ähnlichen Vorfall berichtet: »Ich hatte gebeten, mir im gemeinsamen Speisezimmer auf einem separierten Tischchen zu servieren. [...] Nun nötigte mich aber heute der Oberst [...] so herzlich zum gemeinsamen Tisch, daß ich nachgeben mußte. Nun ging die Sache ihren Gang. Nach den ersten Worten kam hervor, daß ich aus Prag bin; beide, der General (dem ich gegenüber saß) und der Oberst kannten Prag. Ein Tscheche? Nein. Erkläre nun in diesen treuen deutschen militärischen Augen, was du eigentlich bist. Irgendwer sagt: ›Deutschböhme‹, ein anderer ›Kleinseite‹. Dann legt sich das Ganze und man ißt weiter, aber der General [...] ist nicht zufrieden, nach dem Essen fängt er

wieder den Klang meines Deutsch zu bezweifeln an, vielleicht zweifelt übrigens mehr das Auge als das Ohr. Nun kann ich das mit meinem Judentum zu erklären versuchen. Wissenschaftlich ist er jetzt zwar zufriedengestellt, aber menschlich nicht. [...] Menschlich befriedigt mich ja das auch nicht sehr, warum muß ich sie quälen?« *Br*, 10. April 1920, 270f.

14 »[...] habe ich das Negative meiner Zeit, die mir ja sehr nahe ist, die ich nie zu bekämpfen, sondern gewissermaßen zu vertreten das Recht habe, kräftig aufgenommen.« Kafka schreibt diesen Satz, nachdem er erklärt hat, warum ihm »alles« mißlingt: »es ist der Mangel des Bodens, der Luft, des Gebotes«. *H*, Das vierte Oktavheft, 25. Februar [1918], 89.

15 *Brief an den Vater*, *H*, 144.

16 Ebd., 145.

17 Es ist wirklich sehr überraschend, daß man in seinen Jugendbriefen keinerlei Anspielung auf diese schlimmen Ereignisse findet, die nicht nur in Österreich, sondern in allen europäischen Hauptstädten großes Aufsehen erregt haben. 1901 zum Beispiel – in diesem Jahr beginnt Kafka sein Universitätsstudium – kommt es nach der berüchtigten Hilsner-Affäre, einer Ritualmord-Affäre, im ganzen Land zu einer Welle antisemitischer Raserei von unglaublicher, wahrhaft psychotischer Gewalttätigkeit. Vgl. zu diesem Thema Michael A. Riff, »Czech Antisemitism and the Jewish Response Before 1914« in: *Wiener Library Bulletin*, Bd. XXIX, Neue Reihe, Nr. 39–40, und Christoph Stölzl, *Kafkas böses Böhmen. Zur Sozialgeschichte eines Prager Juden*, edition text + kritik, München 1975. Doch weder zu jener Zeit noch später erwähnt Kafka diesen denkwürdigen Ausbruch, dessen Zeuge er gewesen sein muß, da die von den tschechischen Nationalisten im wesentlichen gegen die deutschen Juden geschürten Unruhen immer in der Altstadt stattfanden, sozusagen vor seiner Haustür. Stölzls Erklärung für dieses Schweigen – Kafka habe keinen Grund gehabt, diese Vorkommnisse in den Briefen an seine Freunde zu erwähnen, weil diese allesamt Juden waren – überzeugt mich nicht: Seine Freunde waren auch später noch Juden, und trotzdem nehmen ab einem bestimmten Zeitpunkt jüdische Themen einen wichtigen Platz in seinem Briefwechsel ein. (Ich komme im nächsten Kapitel auf dieses Vergessen und auf die Rolle zurück, die es in Kafkas seelischem Haushalt möglicherweise gespielt hat, bevor es zu einem zentralen Thema seiner Prosa wurde.)

18 Als einem Sozialisten, Darwinisten und Atheisten kommt es ihm natürlich nicht in den Sinn, der Bar-Kochba beizutreten, einer jüdischen Studentenvereinigung von Zionisten und strengen Orthodoxen, die in den Augen der fortschrittlichen jungen Leute eine groteske und rückschrittliche Institution ist. – Die *Lese- und Redehalle der deutschen Studenten*, deren Mitglied Kafka war und wo er Max Brod kennenlernte, stand Juden weit offen, sogar so weit, daß die Führer des Vereins alle möglichen Intrigen spannen, um zu verhindern, daß sie die Mehrheit bildeten. Zu Bar-Kochba schreibt Max Brod: »Daß es solche Studentenvereine in Prag gab, die ihr Judentum nicht verleugneten, war mir während meiner Studentenzeit unbekannt – oder richtiger gesagt, es erreichte mich nur in boshafter Spiegelung und Verzerrung, durch gelegentliche Spottreden der Assimilanten und der verkappten Antisemiten.« *Streit-*

bares Leben, Insel, Frankfurt 1979, 153. Für Kafkas Überzeugungen in jener Zeit vgl. *T*, 31. Dezember 1911, 162 f., und Hugo Bergmann, »Erinnerungen an Franz Kafka«, in: *Universitas*, 27. Juli 1972, Heft 7.

19 In: *B*, 180 ff. Ganz allgemein spielt das Thema des Hundes eine große Rolle in Kafkas Werk, man begegnet ihm fast überall, besonders in einer Notiz der *Tagebücher* (9. Februar 1915, 337) über eine Geschichte, die die von Blumfeld sein könnte oder eine andere, die uns nicht überliefert ist. Gewiß mochte Kafka Hunde, jedenfalls kommen entsprechende Metaphern sowie das Adjektiv »hündisch« in seinen Schriften häufig vor, übrigens stets auf sein eigenes Leben bezogen.

20 Am 11. September 1922 schreibt Kafka an Max Brod: »[…] ich habe die Schloßgeschichte offenbar für immer liegen lassen müssen, konnte sie seit dem ›Zusammenbruch‹, der eine Woche vor der Reise nach Prag begann, nicht wieder anknüpfen, obwohl das in Planá Geschriebene nicht ganz so schlecht ist wie das, was Du kennst.« *Br*, 413.

21 *H*, 281. Für die Chronologie von Kafkas Werken vgl *Symp.* und Chris Bezzel, *Kafka-Chronik*, Carl Hanser, München und Wien 1975.

22 *T*, 3. November 1911, 103: »Löwy. Mein Vater über ihn: ›Wer sich mit Hunden zu Bett legt, steht mit Wanzen auf.‹ Ich konnte mich nicht halten und sagte etwas Ungeordnetes.«

23 In einer Variante der *Strafkolonie* sagt der Reisende: »›Ich will ein Hundsfott sein, wenn ich das zulasse.‹ Aber dann nahm er das wörtlich und begann, auf allen Vieren umherzulaufen.« *T*, 6. August 1917, 383.

24 Über Samsas Schmarotzertum vgl. *Brief an den Vater*: »Ich gebe zu, daß wir miteinander kämpfen, aber es gibt zweierlei Kampf. Den ritterlichen Kampf. […] Und den Kampf des Ungeziefers, welches nicht nur sticht, sondern gleich auch zu seiner Lebenserhaltung das Blut saugt. […] Wenn ich nicht sehr irre, schmarotzest Du an mir auch noch mit diesem Brief als solchem.« *H*, 161 f.

25 *Forschungen …*, *BK*, 180.

26 Ein Beispiel für die absurden Schlußfolgerungen, zu denen diese Verallgemeinerung führt (zitiert in Hartmut Binder, *Kafka-Kommentar zu sämtlichen Erzählungen*, Winkler, München 1975, 263): Hugo Bergmann, der Kafkas Klassenkamerad war und sein Freund geblieben ist, hatte anläßlich einer hebräischen Übersetzung dieses Textes die Eigenarten der Erzählung im Sinne des Zionismus gedeutet und erhielt darauf von drei israelischen Schriftstellern Briefe, in denen sie ihr Befremden über das von Kafka gewählte herabsetzende Bild des Hundes als Demonstrationsobjekt zum Ausdruck brachten. Man fragt sich natürlich, wie ein ernsthafter Autor allein in der oben zitierten Stelle eine direkte oder indirekte Beziehung zum Zionismus sehen konnte, während sich doch alles, was hier überall dick unterstrichen ist, im großen wie im Detail, um die »unglückliche Anlage« dreht, die den Hund, ein Geschöpf, das »zurückgezogen, einsam, nur mit meinen hoffnungslosen, aber mir unentbehrlichen kleinen Untersuchungen beschäftigt« lebt, daran hindert, sich seinen Artgenossen anzuschließen und in ihrer Gemeinschaft aufzugehen. Denn Bergmann ist ohne Zweifel ein ernsthafter

Autor, er macht allerdings den Fehler, Hund mit Jude zu *übersetzen*, statt das Wort unausgesprochen und ihm damit die Freiheit zu lassen, seine Nuancen und Möglichkeiten auszuspielen. Da er aufgrund seiner persönlichen Beziehungen weiß, daß Kafka gegen Ende seines Lebens tatsächlich als überzeugter Zionist sprach und handelte, folgert er, daß auf die in der Fabel aufgeworfene Judenfrage notwendigerweise der Zionismus die richtige Antwort sei. Aber gerade das ist der Punkt: Kafkas zionistische Überzeugungen am Ende seines Lebens sind so eindeutig, daß sich nicht daran zweifeln läßt, doch zur gleichen Zeit schreibt er die *Forschungen eines Hundes*, und diese Figur, die unablässig ihre Isolierung betont, korrigiert seine öffentlich bekundete Meinung ganz entscheidend. Inwiefern und auf welche Weise, das werden wir im folgenden sehen.

27 *Forschungen ...*, 181.
28 Schon seit langem hat man bemerkt, daß diesem Hundevolk die Existenz menschlicher Herren völlig unbekannt ist, was einige Kommentatoren als Anspielung auf den Tod Gottes in einer säkularisierten modernen Gesellschaft verstehen zu müssen glaubten. Vgl. zu diesem Thema Marthe Robert, *Livre de lectures*, Grasset, Paris 1977, 23–30. Wie dem auch sei, die Hunde haben tatsächlich weder menschliche Herren über sich noch fremde Völker neben sich; sie haben viele Riten und abergläubische Vorstellungen, vor allem den Ursprung der Nahrung betreffend, aber bemerkenswerterweise keine wirkliche Religion.
29 *Forschungen ...*, 181.
30 Ebd., 181 f.
31 Der Hund sagt: »[...] aber [ich habe] dabei von der Ferne den Überblick über mein Volk nicht verloren, oft dringen Nachrichten zu mir und auch ich lasse hie und da von mir hören.« (Ebd., 180). Diese Nachrichten sind offensichtlich Kafkas Erzählungen, die in der Tat »hie und da« zum jüdischen Volk dringen, als ferne Nachrichten eines seiner Söhne. Man erkennt hier Kafkas übliches Verfahren wieder, nämlich das Thema der Kunst mit all seinen anderen Motiven zu vermischen, indem er entweder die Literatur im allgemeinen erörtert oder seine augenblickliche Arbeit in eine bestimmte Geschichte eingehen läßt. So sind seine *Elf Söhne*, wie er selbst sagt, nichts anderes als elf Erzählungen, an denen er gleichzeitig arbeitet. Vgl. Marthe Robert, *Livre de lectures*, a.a.O., 16–54, und unten, Kap. VII, »Fiktion und Wirklichkeit«.

Kapitel II: Die Krankheit der Identität

1 *F*, 7. Oktober 1916, 719.
2 *Die Neue Rundschau*, 1916, Bd. 2, 1421–1426. Wiedergegeben in *Symp.*, 148.
3 *Der Jude*, I, Nr 7, Oktober 1916, 457–464. Zitiert in *Symp.*, 148.

4 Die Stelle ist durchaus wie ein kleiner Kafkascher Text konstruiert: Sie beginnt mit einer Darstellung der Situation und der von beiden Seiten vorgebrachten Argumente; dann wird die Diskussion plötzlich auf die Ebene des Gleichnisses verlagert, wo sich herausstellt, daß sie gar nicht stattfinden kann, weil das Problem keine Lösung oder unendlich viele Lösungen hat. Man beachte auch das Zirkusthema, das Kafka gern als höhnischen und pathetischen Dekor für die Kunst im allgemeinen und im besonderen als Ort seiner eigenen Produktion verwendet.

5 Daß man Kafka gerade im Zusammenhang mit der *Verwandlung* als »urdeutsch« bezeichnet, ist tatsächlich bestürzend; anders wäre es, wenn Müller von Kafkas ersten Texten spräche, die er sicherlich kannte. In der ganzen Periode vor dem *Urteil* (1912) war Kafka stark von der ästhetischen Zeitschrift *Der Kunstwart* beeinflußt, die eine manierierte, archaisierende Literatur pries und praktizierte. Dieser Manierismus, der in den Fragmenten von *Beschreibung eines Kampfes* und vor allem in seinen Jugendbriefen zu spüren ist, verschwindet erst mit dem *Urteil*, zu einem Zeitpunkt, den die deutschen Germanisten deshalb den *Durchbruch* nennen.

6 Soweit man sich einzig nach Kafkas Briefen ein Bild von Felice machen kann – offenbar hat er die ihren nicht aufbewahrt –, darf man sie sich als eine weitgehend emanzipierte Frau vorstellen (seit 1912 arbeitet sie in einem großen Unternehmen, was vor dem Ersten Weltkrieg nicht gerade alltäglich war): An das freie Leben in Berlin gewöhnt, teilt sie offenbar die Neigungen, Vergnügungen und Vorurteile der deutschen Kleinbürger, die den Menschen ihrer Umgebung als Vorbild dienen (einer der ernstesten Streitpunkte zwischen ihr und Kafka ist die Wahl einer Wohnung und der Möblierung, der sie eine »persönliche Note« geben möchte). Wahrscheinlich auch um ihr den schlechten Geschmack auszutreiben, bemüht sich Kafka, sie mit den Ostjuden zusammenzubringen, die in seinen Augen die einzigen Wahrer eines authentischen und lebendigen Judentums sind.

7 »Nicht ein Hang [...], Felice, kein Hang, sondern durchaus ich selbst.« *F*, 24. August 1913, 451.

8 *Brief an den Vater*, *H*, 144.

9 Schon in einem Brief an Felice sagte er: »[...] es waren Vorstudien, welche die Hölle für die Gestaltung des spätern Bureaulebens machte.« *F*, 16. September 1916, 700.

10 *Brief an den Vater*, *H*, 144.

11 Ebd., 145. An dieser ganzen Stelle sieht man, wie früh schon Kafka Halbheiten und Kompromißlösungen ablehnt. Er schwankt auch nicht, was die Verantwortung seiner Erziehung für den Bruch mit der Religion betrifft. In einem Brief, in dem er Felice empfiehlt, welche Antwort sie den Kindern im Heim geben könnte, wenn sie ihr Fragen zu diesem Thema stellen sollten, schreibt er unter anderem: »Während ich den Kindern sagen müßte [...], daß ich infolge meiner Herkunft, Erziehung, Anlage, Umgebung nichts, was man aufzeigen könnte, mit ihrem Glauben gemeinsam habe (das Halten der Gebote ist nichts Äußeres, im Gegenteil der Kern des jüdischen Glaubens), während ich also das ihnen irgendwie eingestehen müßte (und ich würde das

offen tun, ohne Offenheit ist hier alles sinnlos), bist Du vielleicht nicht ganz ohne aufzuzeigende Verbindung mit dem Glauben.« *F*, 16. September 1916, 700. Ich werde auf diesen wichtigen Brief zurückkommen.

12 Vgl. *T*, 31. Dezember 1911, 162f. Das gleiche berichtet Hugo Bergmann: »Franz lebte damals in einer atheistischen oder pantheistischen Atmosphäre. Es war im Frühjahr; Kafka versuchte mit allen Mitteln, mir meinen Glauben zu nehmen und bedrängte mich mit vielen Diskussionen. Ich hatte richtige Angst, meinen Glauben zu verlieren – und dadurch die Schönheit des Oster-Vorabends, den ich sehr liebte. Ich dachte: hoffentlich halte ich wenigstens bis Pessach durch. Und es gelang mir. Diesmal siegte Franz nicht über mich.« Wenig später wurden die beiden jungen Leute wirklich durch ihre Ideen getrennt: »In den letzten Jahren nach dem Gymnasialstudium brach die neue Welt auch in unserer Lateinschule ein. Franz wurde Sozialist, ich wurde 1898 Zionist. Die Synthese Zionismus-Sozialismus war damals noch nicht gefunden. Im Jahre 1899, als die Prager Zionisten zu ihrer ersten öffentlichen Versammlung riefen, wurden sie von den Sozialisten (die alle Juden waren) zusammen mit den tschechischen Assimilanten gesprengt.« A.a.O., 742, 743f.

13 »Eine gewisse nachträgliche Bestätigung dieser Auffassung von Deinem Judentum bekam ich auch durch Dein Verhalten in den letzten Jahren, als es Dir schien, daß ich mich mit jüdischen Dingen mehr beschäftigte.« *Brief an den Vater*, *H*, 147.

14 Einer dieser psychischen Unfälle ist zweimal bezeugt, in einem Brief an Max Brod, in dem er als solcher erzählt wird und einige Tage zurückliegt, sowie in *Beschreibung eines Kampfes*, wo der Erzähler ihn in seine Kindheit verlegt. In dem Brief heißt es: »Als ich an einem anderen Tage nach einem kurzen Nachmittagsschlaf die Augen öffnete, meines Lebens noch nicht ganz sicher, hörte ich meine Mutter in natürlichem Ton vom Balkon hinunterfragen: ›Was machen Sie?‹ Eine Frau antwortete aus dem Garten: ›Ich jause im Grünen.‹ Da staunte ich über die Festigkeit, mit der die Menschen das Leben zu tragen wissen.« *Br*, 28. August 1904, 29. Die Stelle ist fast wörtlich in die Erzählung aufgenommen, *B* 33, 34. Vgl. unten, Kap. VI, »Die Flucht«.

15 Über die Beziehungen der Juden zu Franz-Joseph, ihrem gesetzlichen Beschützer im ganzen Gebiet der Doppelmonarchie, vgl. Joachim Remak, »The Healthy Invalid: How Doomend was the Habsburg Empire?«, in: *Journal of Modern History*, Juni 1969. Hermann Kafka bekundet seine Loyalität dadurch, daß er seinen Sohn Franz nennt, der sich wiederum nicht ohne Ironie in Helden verkörpert, die Josef (»Josefine«) heißen, was es ihm erlaubt, sich den Doppelnamen des Kaisers zuzulegen.

16 Stölzl, a.a.O., 23. Derselbe Autor gibt folgende Passage wieder: »So ein Jude, der das ganze Jahr mit seinen Kunden nur tschechisch spricht, glaubt, er sei mehr, wenn er den Schiller deutsch kann. Deutsch zu können, bedeutet so viel, wie zu irgendeinem Adelsstand zu gehören«, zitiert in E. Rychnovsky (Hrsg.), *Masaryk und das Judentum*, Prag 1931, 117. Diese Zweisprachigkeit verfälscht im übrigen die damaligen Statistiken – auf den Fragebögen gaben die Juden häufig das Tschechische als Umgangssprache an, während sie zu

Hause deutsch sprachen und ihre Kinder auf die deutsche Schule schickten. Vgl. Michael A. Riff, a.a.O., 17.

17 Hier ist auch ein gewisser Aberglaube im Spiel: Unter den »Mundarten« war zum Beispiel das Tschechische dem Erfolg keineswegs hinderlich. Das tschechische Bürgertum verdiente seinen Namen im übrigen weit eher als das jüdische, das, obzwar materiell wohlhabend und zuweilen sehr reich, dennoch nicht das gesellschaftliche Niveau eines echten Bürgertums erreichte. Vgl. Hannah Arendt, *Die verborgene Tradition. Acht Essays*, Frankfurt 1976, wo die jüdische Lage aus der Sicht dieser Diskrepanz zwischen dem Wohlstand der Juden und der Irrealität ihres gesellschaftlichen Lebens oder, wie die Autorin sagt, zwischen ihrem Pariadasein und ihrer Parvenuexistenz analysiert wird.

18 *Wiener Jahrbuch für Israeliten*, 1863–1864, 99, zitiert bei Stölzl, a.a.O., 24.

19 Sobald Kafka mit den Ostjuden zu verkehren beginnt, interessiert er sich auch mehr für die niederen Sprachen, das Tschechische und das Jiddische, die seine auf Ehrbarkeit bedachten Glaubensgenossen gleichermaßen mit Verachtung strafen. In seiner *Rede über die jiddische Sprache*, die er am 18. Februar 1912 im jüdischen Gemeindehaus hält (*H*, 306f.), verteidigt er das Jiddische in provozierendem Ton, der, von einem gebildeten Juden angeschlagen, seine Zuhörer in nicht geringen Schrecken versetzt, ja empört haben muß. Obwohl Kafka hätte ahnen müssen, daß eine solche öffentliche Äußerung seinen Vater tief irritieren würde, schreibt er traurig in sein Tagebuch: »Meine Eltern waren nicht dort.« *T*, 25. Februar 1912, 184. Vgl. zu dieser Rede unten, S. 59 ff. Kafkas Haltung gegenüber dem »Jargon« läßt sich mit seiner Rehabilitierung der »kleinen Literaturen« in einer Stelle seiner *Tagebücher* vergleichen, *T*, 25. Dezember 1911, 154. Anzumerken ist auch, daß Max Brod, ebenfalls eingedeutscht, dieser Solidaritätsbewegung für die verschrienen Sprachen den Weg geebnet hatte – sein Leben lang war er ein leidenschaftlicher Entdecker tschechischer Talente, sowohl in der Literatur wie in der plastischen Kunst und der Musik.

20 *Br*, Juni 1921, 337.

21 Vgl. zu diesem Brief an Max Brod unten, S. 151 ff.

22 Vgl. unten, S. 61.

23 Vgl. dazu den Brief über den »Oberst und den General«. Da er aus Erfahrung weiß, daß eine wirkliche Assimilierung *von oben* unmöglich ist, macht der Landvermesser aus dem *Schloß* (der Roman entstand zur gleichen Zeit wie der obige Brief) einen letzten Versuch, sich *von unten* zu assimilieren, indem er völlig in der einheimischen Dorfbevölkerung aufgehen will: »[...] diese Leute im Dorfe, die noch so mißtrauisch gegen ihn waren, würden zu sprechen anfangen, wenn er, wo nicht ihr Freund, so doch ihr Mitbürger geworden war, und war er einmal ununterscheidbar von Gerstäcker oder Lasemann – und sehr schnell mußte das geschehen, davon hing alles ab –, dann erschlossen sich ihm gewiß mit einem Schlag alle Wege, die ihm, wenn es nur auf die Herren oben und ihre Gnade angekommen wäre, für immer nicht nur versperrt, sondern unsichtbar geblieben wären.« (*S*, 28). Man weiß, wie die Versuche des Landvermessers enden, obwohl er dieselbe Spra-

che spricht wie die Leute, deren Mitbürger er werden möchte. Zu der mit dieser Sprachgemeinschaft verbundenen Illusion vgl. unten S. 210, Anm. 28.

24 »[...] in meiner Klasse waren wohl nur zwei Juden, die Mut hatten, und beide haben sich noch während des Gymnasiums oder kurz darauf erschossen ...«, *T*, 18. Januar 1922, 406. Und: »Jüdische Gymnasiasten bei uns sind leicht merkwürdig, man findet da das Unwahrscheinlichste, aber meine [...] Gleichgültigkeit [...] habe ich sonst nirgends wieder gefunden.« *Brief an den Vater*, *H*, 149.

25 Der zionistische Studentenverein Bar-Kochba wurde 1899 gegründet.

26 Brief an Oskar Pollak, *Br*, 24. August 1902, 13.

27 Brief an Max Brod, *Br*, Mitte August 1907, 37.

28 Brief an Hedwig W., *Br*, 8. Oktober 1907, 49.

29 Brief an Oskar Pollak, *Br*, 20. Dezember 1902, 14.

30 Daß die anonyme Stadt im *Prozeß* Prag ist, daran besteht kein Zweifel, so genau wird ihre Topographie beschrieben. Viele eifrige Leser haben übrigens Gefallen daran gefunden, den Weg nachzugehen, den Josef K. auf seinen Wanderungen zurückgelegt hat. Noch heute findet man vor der Stadt das von vielen Leuten bewohnte Mietshaus, in dem der Held aus eigenem Antrieb sein Gericht sucht; sogar sein »Kreuzweg« kann zurückverfolgt werden, und auch der kleine Steinbruch läßt sich lokalisieren, wo er »wie ein Hund« erstochen wird. Einige Jahre vor dem *Prozeß* – in den Fragmenten *Beschreibung eines Kampfes*, 1908 – wird Prag, obwohl bereits anonym, noch durch seine Stätten und Denkmäler dargestellt, doch der Autor bringt schon sein Ressentiment zum Ausdruck, indem er alle Gebäude der Altstadt durcheinanderwürfelt. Im *Prozeß* wird seine Vergeltung noch grausamer – außer dem Dom, der nicht beim Namen genannt wird, findet kein Platz der Stadt, keines ihrer Denkmäler und Paläste Erwähnung; kurz, da Kafka sie in seiner Jugend nicht angezündet hat, »verbrennt« er sie jetzt literarisch.

31 Vgl. unten, Kap. VI, »Die Flucht«.

32 Brief an Oskar Pollak, *Br*, 6. September [1903?], 18.

33 Ebd., 9. November 1903, 21.

34 »Gestern fiel mir ein, daß ich die Mutter nur deshalb nicht immer so geliebt habe, wie sie es verdiente und wie ich es könnte, weil mich die deutsche Sprache daran gehindert hat. Die jüdische Mutter ist keine ›Mutter‹, die Mutterbezeichnung macht sie ein wenig komisch (nicht sich selbst, weil wir in Deutschland sind), wir geben einer jüdischen Frau den Namen deutsche Mutter, vergessen aber den Widerspruch, der desto schwerer sich ins Gefühl einsenkt. ›Mutter‹ ist für den Juden besonders deutsch, es enthält unbewußt neben dem christlichen Glanz auch christliche Kälte, die mit Mutter benannte jüdische Frau wird daher nicht nur komisch, sondern fremd. Mama wäre ein besserer Name, wenn man nur hinter ihm nicht ›Mutter‹ sich vorstellte. Ich glaube, daß nur noch Erinnerungen an das Getto die jüdische Familie erhalten, denn auch das Wort Vater meint bei weitem den jüdischen Vater nicht.« *T*, 24. Oktober 1911, 86. Diese für das Verständnis von Kafkas Entwicklung gegenüber dem Deutschen entscheidende Stelle steht in einem

signifikanten Kontext, inmitten von Aufzeichnungen, die fast alle den Theateraufführungen von Löwy, seinen Geschichten und Erinnerungen gewidmet sind. Unter den Ausdrücken, die die Schauspieler verwenden, erwähnt Kafka besonders solche, die sich auf das Familienleben beziehen: *Tateleben, jüdische Kinderlach*, bei letzterem ging ihm, so schreibt er, »ein Zittern über die Wangen«. Vgl. unten, S. 50 f. Man darf also mit gutem Grund vermuten, daß seine Zweifel in bezug auf das Deutsche bei diesem ersten aufwühlenden Kontakt mit dem Jiddischen entstehen, einer Sprache, die so wahr ist, wie das Deutsche ihm falsch vorkommt, weil hier das Wort gänzlich mit seinem affektiven Inhalt übereinstimmt.

35 Kafka wußte, was die meisten seiner Interpreten nicht zur Kenntnis nehmen wollen, entweder weil sie in seiner Prosa vor allem die Gewalt des Masochismus am Werke sehen oder weil sie sein Denken systematisch versüßen. Er selbst täuscht sich nicht, er schreibt einmal, als er über den grundlegend zerstörerischen Charakter seiner Kunst nachdenkt: »Manchmal hat er in seinem Hochmut mehr Angst um die Welt als um sich.« *B*, ›Er‹, 216.

36 Brief an Oskar Pollak, *Br*, 6. September [1903?], 19.

37 Es handelt sich um die Zeitung *Zeit*; vgl. Chris Bezzel, a.a.O., 26.

38 Durch eine sehr bemerkenswerte Entwicklung werden alle Probleme, die Kafka in seiner Reifezeit mit der *Sprache* in Zusammenhang bringt, in seiner Jugend dem *Sprechen* zugeordnet. In *Beschreibung eines Kampfes* bleibt die Sprache völlig aus dem Spiel, während das gesprochene Wort anrüchig ist – der Held beschuldigt es, den Dingen eine trügerische Festigkeit zu verleihen und so Komplize der Welt zu sein, da es der Lüge Vorschub leistet. Vgl. *B*, 39. Sobald ihm das Sprechen nicht mehr die Sprache verschleiert, ändert sich Kafkas Technik vollständig; statt Sätze zu machen, um die Wörter als Handlanger des weltweiten Betrugs zu entlarven (»Gott sei Dank, Mond, du bist nicht mehr Mond, aber vielleicht ist es nachlässig von mir, daß ich dich Mondbenannten noch immer Mond nenne […]«), entlarvt er die Wörter von innen her, indem er sie beim Wort nimmt. Vgl. unten, Kap. VI, »Die Flucht«.

Kapitel III: Der Weg zurück

1 Vgl. oben, S. 17.

2 Vgl. Michael A. Riff, a.a.O.; für alles, was den tschechischen Antisemitismus betrifft, habe ich diese hervorragende Studie herangezogen sowie, in geringerem Umfang, den schon zitierten Essay von Christoph Stölzl. Die in diesen beiden Werken erwähnten Fakten sind um so interessanter, als auch die meisten Historiker sie vergessen zu haben scheinen – aus Gründen, die sich vielleicht aus der Geschichte zwischen den Weltkriegen erklären lassen.

3 Leo Herrmann, ein hoher Funktionär der zionistischen Organisation, schreibt am 14. November 1908 an Martin Buber, um ihn zu bewegen, vor den Studenten des jüdischen Vereins Bar-Kochba zu sprechen: »Leben wir doch in Prag unter ganz einzigartigen Verhältnissen. Eine große, alte Judengemeinde – die längste Zeit aufgehend in deutscher Kultur und vermeintlich deutscher Art. Unterdessen ist aber das ganze arische Deutschtum der Čechisierung unterlegen, die auch viele Juden anzugreifen beginnt. Nur die Juden glauben noch, das Deutschtum verteidigen zu müssen. Da sie aber ohne Berührung mit dem nationalen Deutschtum leben, ist ihr Charakter natürlich zum größten Teil jüdisch. Aber kein Prager merkt es. Und jeder fast wehrt sich gegen das bewußte Judentum.« Martin Buber, *Briefwechsel*, I, 1897–1918, Lambert Schneider, Heidelberg 1972, 269. Dieses bemerkenswerte Dokument trifft genau das Richtige, soweit es den jungen Kafka und die mißliche Lage angeht, der er sich stellen muß, als seine persönliche »jüdische Frage« geregelt zu werden verlangt. Außerdem ist darauf hinzuweisen, daß die Zionisten und die tschechischen Nationalisten nicht die einzigen waren, die die deutschen Juden aufgrund ihres verbohrten Deutschtums verurteilten – die tschechischen Juden standen ihnen nicht nach. Noch 1960 lieferte mir ein namhafter tschechischsprachiger Kommunist den Beweis dafür, daß sich jedenfalls in diesem Punkt nichts geändert hat. Als Rechtfertigung der Verbannung, deren Opfer Kafka in Prag immer gewesen war, erklärte er mir, daß das, was man dem Schriftsteller vorwarf, nichts mit der marxistischen Kritik zu tun habe, wie man naiverweise hätte meinen können; es liege einfach daran, daß er beschlossen hatte, sprachlich und kulturell Deutscher zu bleiben, und daher nichts geschrieben hatte, wofür die tschechische Nation sich interessierte. So blieb die Sprache ein Thema der Polemik: Jeder, der vor oder, noch schlimmer, nach 1919 deutsch schrieb, bewies gerade dadurch seine Gleichgültigkeit oder seine Feindseligkeit gegenüber der Tschechoslowakei. Als wäre für einen Künstler wie Kafka die Sprache etwas Äußerliches gewesen, deren er sich nach Belieben hätte entledigen können. Natürlich konnte er es nicht, ebensowenig wie er die Veranlagung seiner Nerven und Organe hätte ändern können. Doch aus seiner Auffassung einer organisch mit der Person verwachsenen Sprache ergab sich ein unendlicher Respekt vor der Sprache der anderen, besonders vor dem Tschechischen, und es betrübte ihn, daß er es nicht hinreichend beherrschte. Vgl. zu diesem Thema die *Briefe an Ottla*, in denen er häufig seine Furcht zum Ausdruck bringt, diese bewunderte Sprache zu beleidigen, sowie seinen bereits erwähnten Essay über die »kleinen Literaturen«, d. h. in seinem Fall: die tschechische und die jiddische Literatur.

4 *Brief an den Vater, H*, 145 f.

5 Ebd.

6 Es sei darauf hingewiesen, daß Hermann Kafkas Geschäft während der antisemitischen Unruhen verschont blieb. So wird berichtet, daß, als pogromistische Plünderer in das Geschäft eindringen wollten, Passanten sie mit der Bemerkung vertrieben: »Den Kafka laßt, das ist ein Tscheche« (*Wagenbach* 19). Dennoch war Hermann Kafkas »Tschechentum« wenig überzeugend;

obwohl ursprünglich tschechischsprachig, hat er nie seinen Namen geändert, der auf tschechisch »Kavka« (Dohle) hätte geschrieben werden müssen. Er hat allen seinen Kindern deutsche Namen gegeben und seinen Sohn, offenbar guten Gewissens, deutsch erzogen. Allerdings legte er großen Wert darauf, sich bei offiziellen Zählungen als Tscheche auszugeben, ganz zweifellos, um sich einen politischen Vorteil zu sichern. Bei der Volkszählung von 1910 wollte er Franz sogar zwingen, sich ebenfalls als Tscheche auszugeben, was zu einem erneuten Konflikt zwischen ihnen führte.

7 Dieses erste Trauma läßt sich mit anderen charakteristischen Zügen seiner Persönlichkeit in Zusammenhang bringen: seiner Vorliebe für die kleinen Leute und seiner Idealisierung der Handarbeit; seiner Verurteilung des Luxus sowie der Askese, die sein Leben beherrscht; schließlich seiner Ablehnung jeder Form von Macht für sich selbst, einschließlich jener Macht, die er gegen seinen Willen aufgrund seiner Liebenswürdigkeit, seiner Begabung und seiner geistigen Überlegenheit ausübte.
8 In Kap. VI werden wir sehen, welchen entscheidenden Einfluß diese Zustände später auf seinen Stil haben.
9 Th. Herzl, *Die entschwundenen Zeiten*, Wien 1897, zitiert in *Wagenbach*, 69.
10 *Brief an den Vater, H*, 132.
11 Ebd., 124.
12 Kleine jüdische Kinder.
13 *T*, 5. Oktober 1911, 61.
14 Ebd., 60 f.
15 Evelyn Torton Beck, »Kafkas Durchbruch. Der Einfluß des jiddischen Theaters auf sein Schaffen«, in: *Basis, I. Jahrbuch für deutsche Gegenwartsliteratur*, Athenäum, Frankfurt 1970.
16 Löwy selbst war sich dieses Niedergangs durchaus bewußt. Einmal liest er Kafka den Brief eines jungen Warschauer Juden vor, der über den Niedergang des jüdischen Theaters klagt und schreibt, »daß er lieber in die ›Nowosti‹, das polnische Operettentheater, gehe, als in das jüdische, denn diese elende Ausstattung, die Unanständigkeit, die ›verschimmelten‹ Couplets usw. seien unerträglich. Man denke nur an den Haupteffekt einer jüdischen Operette, der darin besteht, daß die Primadonna mit einem Zug kleiner jüdischer Kinder hinter sich durch das Publikum marschiert. Alle tragen kleine Thorarollen und singen: *toire is die beste schoire* – die Thora ist die beste Ware« (*T*, 8. Dezember 1911, 134). Zu den Gründen dieses Niedergangs gehört auch die Verachtung, die die dem Zionismus und dem Hebräischen huldigenden großen Dichter im allgemeinen gegenüber dem Jiddischen an den Tag legen; und vor allem das Tabu, das in den streng chassidischen Kreisen auf jedem Theater liegt, und sei es ein jüdisches. Löwy erzählt Kafka, welchen Skandal er in seiner Jugend zu Hause hervorgerufen habe, als er dieses Verbot übertrat: »Der Vater sitzt nicht mehr, immer nur geht er im Zimmer auf und ab; die Hand am kleinen schwarzen Bart spricht er, nicht zu mir, sondern nur zu Mutter: ›Du sollst wissen: er wird von Tag zu Tag schlimmer, gestern hat man ihn im jüdischen Theater gesehen.‹« *Vom jüdischen Theater*, von Kafka aufgeschriebene Erinnerungen Löwys, *H*, 117.

17 In seiner *Histoire de la littérature judéo-allemande*, Vorwort von Ch. Andler, Jouve et Cie, Paris 1911 [deutsch: *Geschichte der jüdischdeutschen Literatur*, nach dem französischen Original bearbeitet von Georg Hecht, Leipzig 1913], widmet M. Pinès dem jüdischen Theater und seinen hervorragenden Schauspielern ein ganzes Kapitel. Anläßlich der Mittelmäßigkeit der Stücke und ihrer Anbiederung beim Publikum zitiert er eine Bemerkung von Jakob Gordin, dem berühmtesten und offenbar seinem eigenen Schaffen gegenüber kritischen jüdischen Schriftsteller gegen Ende des Jahrhunderts: »Ich will öffentlich erklären, daß das jüdischdeutsche Theater sich niemals natürlich wird entwickeln können, solange die intellektuellen Juden ein Problem verkennen, das für die Masse des Volkes ebenso wichtig ist wie für die Entwicklung des literarischen und ernsthaften Theaters. Trotz der Hunderttausenden, die das Publikum bilden, kann die Zukunft des jüdischdeutschen Theaters einen machtvollen Dichter nicht erhoffen, solange die meisten Autoren Leute sein werden wie ich, die also nur durch Zufall Dramatiker geworden sind, die Stücke nur schrieben, weil die Bedingungen ihres Lebens sie dazu zwangen, die ferner wie ich abseits bleiben und um sich herum nur Unbildung, Neid, Feindschaft und Mißgunst sehen.« Vorwort zu einer Sammlung von Stücken mit dem Titel *Die jüdische Bühne*, New York 1897, M. Pinès, a.a.O., 506 [247 f.].
18 *T*, 20. Oktober 1911, 70.
19 An Frau Tschissik erinnert eine Novelle von Isaac Bashevis Singer, »Un ami de Kafka«, in *Le Blasphémateur*, Stock, Paris 1973, 253–272.
20 Der genaue Titel lautet *Volkstümliche Geschichte der Juden*, O. Leiner, Leipzig 1888–1889, 3 Bde.
21 *T*, 1. November 1911, 98.
22 *T*, 24. Januar 1912. 177. Kafka liest Pinès' Buch in der damals allein zugänglichen französischen Ausgabe. Unter deutsch-jüdischer Literatur ist die jiddische Literatur zu verstehen und nicht, wie sich inzwischen eingebürgert hat, diejenige, welche die deutschen Juden in ihrer Sprache schreiben.
23 Diese Auszüge finden sich nicht in der deutschen Ausgabe der *Tagebücher*, sondern nur in der englischen Übersetzung, die im übrigen noch weitere Auszüge aus Büchern sowie eine Notiz (über Werfel) enthält, die Brod aus dem Original entfernt hat. Aus Pinès' Buch hat Kafka verschiedene Stellen exzerpiert, manche davon übersetzt er, andere läßt er in Jiddisch, wieder andere zitiert er französisch. So findet man in diesen Passagen vier Verse aus zwei Soldatenliedern auf deutsch; zwei Verse auf jiddisch, eine Anmerkung über die Haskala (»ihre Anhänger nennen sich die Maskilim, sie sind dem volkstümlichen Jiddisch feind, wenden sich dem Hebräischen und den europäischen Wissenschaften zu. Vor den Pogromen von 1881 war die Bewegung nicht nationalistisch, dann wird sie streng zionistisch. Von Gordin formulierter Leitsatz: ›Sei ein Jude daheim und ein Mensch draußen.‹ Zur Verbreitung ihrer Ideen muß die Haskala das Jiddische benutzen und, so sehr sie es haßt, zur Grundlage ihrer Literatur machen«); eine Anmerkung über die Badchan (Bänkelsänger) und eine weitere über den Volksroman: »Wer sein Studium unterbricht und sagt: ›Wie schön ist dieser Baum‹, verdient den Tod«; die Zusammenfassung eines Gedichts »La Fille du Shammes«; einige Notizen

über die großen jiddischen Schriftsteller, eine Erwähnung des Baalschem und schließlich eine Passage über das jiddische Theater, die mit dem oben genannten Zitat von Jakob Gordin endet. *The Diaries of Franz Kafka, 1910–1923*, herausgegeben von Max Brod, Penguin Books, Harmondsworth 1972, 174 f.

24 *T*, 4. Februar 1912, 179.

25 *T*, 13. Februar 1912, 182.

26 *T*, 25. Februar 1912, 183 f.

27 *H*, 306–309.

28 *Rede über die jiddische Sprache*, *H*, 306. – Acht Jahre später greift Kafka dieses Thema der sprachlichen Illusion fast wörtlich wieder auf, in einem unvollendeten Text ohne Titel, der wahrscheinlich aus dem Jahre 1920 stammt. Ein großer Schwimmer kehrt, nachdem er den olympischen Rekord errungen hat, in seine Heimat zurück. Seine Landsleute bereiten ihm einen triumphalen Empfang, und während des ihm zu Ehren gegebenen Banketts hält ein dicker Mann eine Rede, die den Helden der Festlichkeit ratlos macht. Und so sagt er, als er selbst das Wort ergreift: »Zunächst muß ich feststellen, daß ich hier nicht in meinem Vaterland bin und trotz großer Anstrengung kein Wort von dem verstehe, was hier gesprochen wird. Das Naheliegendste wäre nun, an eine Verwechslung zu glauben, es liegt aber keine Verwechslung vor, ich habe den Rekord, bin in meine Heimat gefahren, heiße so wie Sie mich nennen, bis dahin stimmt alles, von da ab aber stimmt nichts mehr, ich bin nicht in meiner Heimat, ich kenne und verstehe Sie nicht. Nun aber noch etwas, was nicht genau, aber doch irgendwie der Möglichkeit einer Verwechslung widerspricht: es stört mich nicht sehr, daß ich Sie nicht verstehe.« *H*, Fragmente aus Heften und losen Blättern, 233.

29 *H*, 308 f.

30 Ebd.

31 Max Brod zufolge sprach er dem Westjuden sogar das Recht ab zu heiraten, vgl. *Brod*, 147.

32 Auf Rasse, Nationalität, Religion kommt es ihm hier nicht an, alle sind gleich viel wert, vorausgesetzt, der Mensch lebt sie mit allem, was er ist, mit seinem Blut, Fleisch und Denken. So schreibt er an seine Schwester Ottla über den christlichen Tschechen, mit dem sie verlobt ist: »[...] ihn freut sein Beruf, er lebt unter seinem Volk, ist fröhlich und gesund, im Wesentlichen (auf das Nebenbei kommt es nicht an) mit Recht mit sich zufrieden, mit seinem großen Kreis zufrieden, mit Recht (es ist nicht anders auszudrücken, so wie eben ein Baum auch mit Recht in seinem Boden steht) und in ganz bestimmten Richtungen mit den andern unzufrieden [...]« (*O*, 1. Mai 1920, 82). Davids Unzufriedenheit in »ganz bestimmten Richtungen« spielt zweifellos auf den Antisemitismus an, von dem er als fanatischer Nationalist sicher nicht frei war.

33 Vgl. oben, S. 38. Brod meint, Kafkas Brief über die deutsch-jüdische Literatur dürfe nicht wörtlich genommen werden. Ich dagegen glaube, daß er sehr wohl wörtlich zu nehmen ist, und zwar unabhängig von Kafkas Beurteilung dieses oder jenes Autors. Aus seiner Sicht kann der deutsch-jüdische Schrift-

steller Meisterwerke schreiben und dennoch ein Betrüger sein – er sagt sogar: ein Zigeuner, der das deutsche Kind aus der Wiege gestohlen hat –, einfach weil bei ihm die Einheit von Sprache und Sein zerbrochen ist. Ich werde auf diese Unnachgiebigkeit, die die Besonderheiten seines eigenen Stils bestimmt, sowie auf seine Haltung gegenüber den eigenen Büchern zurückkommen.

34 Zu diesem Thema schreibt er an Milena: »Wir kennen doch beide ausgiebig charakteristische Exemplare von Westjuden, ich bin, soviel ich weiß, der westjüdischste von ihnen, das bedeutet, übertrieben ausgedrückt, daß mir keine ruhige Sekunde geschenkt ist, nichts ist mir geschenkt, alles muß erworben werden, das ist vielleicht die schwerste Arbeit [...]« *M*, 294.

Kapitel IV: Der Dornbusch

1 *T*, 6. Januar 1912, 171. – Kafka notiert seine Enttäuschung über den *Vicekönig* von Feimann, aber nach dem Kontext zu schließen, hatten ihn schon die vorangegangenen Stücke enttäuscht.
2 Diese Wertschätzung des Glaubens, über den Inhalt der Lehre hinaus, rührt nicht von einem intellektuellen Synkretismus her; Kafka macht kein System daraus, bei ihm ist er eine Gefühlskonstante, die zum Teil erklärt, warum ihn die verschiedenartigsten Sekten so stark anziehen (vgl. unten Kap. V, »Vor dem Gesetz«).
3 *F*, 12. September 1916, 697.
4 *F*, 11. September 1917, 694.
5 Da Felice ihn wohl gefragt hat, was das Heim mit dem Zionismus zu tun habe, antwortet Kafka: »Mit dem Zionismus hängt es (dies gilt aber nur für mich, muß natürlich gar nicht für Dich gelten) nur in der Weise zusammen, daß die Arbeit im Heim von ihm eine junge kräftige Methode, überhaupt junge Kraft erhält, daß nationales Streben anfeuert, wo anderes vielleicht versagen würde, und daß die Berufung auf die alten ungeheuern Zeiten erhoben wird, allerdings mit den Einschränkungen, ohne die der Zionismus nicht leben könnte.« *F*, 12. September 1916, 697.
6 In dieser Hinsicht befand sich Dora etwa in der gleichen Lage wie Löwy: Da sie sehr früh – sie ist noch keine achtzehn Jahre alt, als Kafka ihr in Müritz begegnet – aus dem erstickenden Rigorismus ihrer Familie und ihres Milieus ausgebrochen war, war auch sie »mißraten«, und ihre Angehörigen hielten sie für verloren. Doch in London, wo ich sie nach dem Zweiten Weltkrieg kennenlernte, war sie so wenig »assimiliert« wie zu irgendeiner Zeit ihres bewegten Lebens. Obwohl sie ihren Glauben seit langem nicht mehr ausübte, war sie doch nur bei den polnischen Juden von Whitechapel wirklich zu Hause, und sie blieb die Tochter des *schtetel*, bescheiden, stolz und voller Humor, deren Liedern und Geschichten Kafka mit Entzücken lauschte. Im

übrigen ist zu erwähnen, daß die Ostjuden, mit denen Kafka sich anfreundet, im allgemeinen keine frommen Juden sind, sondern im Gegenteil Menschen, die den Mut haben, mit dem zu brechen, was sie in aller Wahrhaftigkeit nicht mehr sein und tun können, und dennoch nicht der Versuchung erliegen, sich der anderen Seite anzuschließen. Ob gläubig oder ungläubig, sie sind wahrhaftig, ohne Verlangen noch Neugier nach etwas, das sie verderben könnte, und genau darin hält Kafka sie für vorbildlich.

7 Beschneider.
8 *T*, 24. Dezember 1911, 150.
9 *T*, 14. Dezember 1915, 348 f.
10 Unabhängig von den religiösen Implikationen dieser Verbindung von körperlichem Schmutz und geistiger Reinheit kann Kafka ein sehr reales Bild davon bei seinem Vater finden, der ebenfalls eine »nicht unappetitliche« Art hat, sich bei Tisch in die Nase zu greifen. Im übrigen hat er – sicherlich in Verbindung mit den schlechten Manieren des Vaters – eine ausgesprochene Vorliebe für die kleinen unsauberen Gewohnheiten außergewöhnlicher Menschen, die nach allgemeinem Urteil, oder nur nach dem eigenen, starke Autorität besitzen. Vgl. *T*, 28. März 1911, 45, Bericht seines Besuchs bei Rudolf Steiner, der ebenfalls mit der Geschichte eines Fingers in der Nase endet.
11 Dieser treffende Vergleich wird in einer Rezension gezogen, die in der amerikanischen Zeitschrift *Present Tense*, Sommer 1977, veröffentlicht wurde und sich auf die Neuausgabe eines Werks von Jiri Langer bezieht. Die Sammlung mit dem Titel *Nine Gates to the Chassidic Mysteries*, Behrman House, New York 1976 [deutsch: *Neun Tore. Das Geheimnis der Chassidim*, aus dem Tschechischen übersetzt von Friedrich Thieberger, München 1959], besteht aus chassidischen Erzählungen, die Langer zusammengestellt hat. Das Vorwort dazu stammt von seinem älteren Bruder, Frantisek Langer, der Dichter ist und ebenfalls in Prag mit Kafka verkehrt hat. Jiri Langer blieb nicht lange in Galizien, 1914 folgte er dem Belzer Rabbi ins Exil. Nachdem er 1939 vor den Nazis geflohen war, lebte er bis zu seinem Tod (1943) in Palästina.
12 *T*, April 1916, 363. Anknüpfend an das Wort »bitter« – diesen Geschmack hat für die Anhänger des Rabbi dessen Tonfigur –, tritt Kafka plötzlich aus seiner Geschichte heraus und schreibt: »Bitter, bitter, das ist das hauptsächliche Wort. Wie will ich eine schwingende Geschichte aus Bruchstücken zusammenlöten?«
13 *Br*, Brief an Max Brod, Mitte Juli, 1916, 141–146. Bevor Kafka mit seiner Geschichte beginnt, schiebt er Langers Erklärung geflissentlich beiseite: »Was er erzählt hat, will ich jetzt nicht schreiben, nur das, was ich gesehen habe.«
14 Genauer die Gabaim, die Vertrauten und Angestellten des Rabbi.
15 Ebd. 143 f.
16 Ebd. 145. Freunden zufolge, die sich im Chassidismus gut auskennen, bringt dieser Brief, der wohlgemerkt im Jahre 1916 geschrieben wurde, besser als irgendein anderes Dokument zum Ausdruck, wie fremd Kafka der symbolischen Welt gegenübersteht, die der Rabbi damals vor seinen Augen durch-

wandert. Das stimmt in der Tat, und es scheint ihn nicht allzu sehr zu bekümmern. Jedenfalls überläßt er »den tiefern Sinn« den Spezialisten, um sich des »menschlichen« Sinns zu bemächtigen, der ihm, wie er hier sagt, genügt. In einem Brief an Felice (*F*, 18. Juli 1916, 666) stellt er den Rabbi vor als »den höchsten Kurgast von Marienbad, d. h. denjenigen, auf den das größte menschliche Vertrauen gerichtet ist«; von Gott oder der religiösen Mission des Rabbi ist überhaupt nicht die Rede, es interessiert ihn allein der Mensch als hehrer Vater, der seinem Volk ein »ruhiges glückliches Vertrauen« zu geben vermag (Brief an Max Brod), ein Vertrauen, das er »ahnen«, wenn auch leider nicht selbst empfinden kann. Weisen wir noch darauf hin, daß sich die Person des Rabbi und die seines Vaters in seinem Geist so sehr vermengen, daß er für sie ein und dasselbe Bild verwendet – in seinen glücklichen Momenten, zum Beispiel wenn er in Franzensbad zur Kur ist, sieht auch Hermann Kafka aus wie ein »König auf Reisen«. *Brief an den Vater*, *H*, 142.

17 *T*, 16. September 1915, 349.
18 Vgl. oben, S. 211, Anm. 34.
19 *M*, 257f. Da die Briefe an Milena meist kein Datum tragen, ist es nicht immer leicht, sie zu datieren; dieser hier wurde wahrscheinlich am 6. September 1920 geschrieben. Vgl. Chris Bezzel, a.a.O., 161. Das *»ein«* ist von Kafka unterstrichen.
20 Heinz Politzer, *Franz Kafka. Eine innere Biographie in Selbstzeugnissen*, Fischer Taschenbuch Verlag, Frankfurt 1983, 53.
21 *Die Selbstwehr*, 9. September 1910, zitiert von Stölz, a.a.O., 11f. Über Kafkas Verhältnis zu dem zionistischen Organ Böhmens, das sein Freund Felix Weltsch herausgab, vgl. Hartmut Binder, »Franz Kafka und die Wochenschrift ›Selbstwehr‹«, in: *Deutsche Vierteljahresschrift für Literaturwissenschaft und Geistesgeschichte*, 41, 1967, 2, 283–304.
22 Arthur Schnitzler, *Der Weg ins Freie*, S. Fischer, Berlin 1908, zitiert von Stölzl, a.a.O., 109, nach *Gesammelte Werke. Die erzählenden Schriften 1*, S. Fischer, Frankfurt 1961, 755.
23 *O*, 19. April 1917, 33.
24 Kafka kennt keine Grenzen bei der Erfindung solcher Gestalten, die zwischen zwei Reichen, zwei Zuständen, zwei Welten schweben und schon für sich allein seinen Ruf als phantastischer Autor begründen – sehr zu Unrecht übrigens, denn sie stellen nichts anderes dar als das Schema seiner eigenen Realität. In zwei Reichen lebend wie Gregor Samsa und der Affenmensch im *Bericht für eine Akademie*; im Diesseits und im Jenseits wie der Jäger Gracchus, den eine geheimnisvolle Schuld weder leben noch sterben läßt; in zwei Tierarten wie die Kreuzung zwischen Katze und Lamm, die nirgendwo ihresgleichen hat und der das Fleischermesser versagt ist, weil sie ein Erbstück ist; schließlich in zwei Kulturen und zwei Sprachen wie die Odradek genannte Spule, der gerade die Absurdität ihrer Existenz eine Art Ewigkeit verleiht, ist Kafkas Held immer in gewisser Weise ein Doppelwesen, ein Irrtum der Natur, eine Chimäre im Sinn der Biologie. In Kap. VII, »Fiktion und Wirklichkeit«, werden wir sehen, daß sein ganzes Werk um dieses Thema der

Heterogenität kreist, das für ihn die unmittelbare Ursache seines Fluchs ist.
25 *F*, 16. September 1916, 700.
26 *T*, 2. Juli 1913, 225. Er weint auch, als er *Ritualmord in Ungarn* von Stefan Zweig liest: »Bei einer Stelle mußte ich zu lesen aufhören und mich auf das Kanapee setzen und laut weinen. Ich habe schon seit Jahren nicht geweint.« *F*, 28. Oktober 1916, 736.
27 *Br*, Brief an Max Brod, 6. Februar 1919, 252.
28 Julie Wohryzek war die Tochter eines Schusters, der als Gemeindediener (»Schammes«) an der Synagoge im Prager Viertel Weinberge arbeitet, d. h. er stand in der damaligen Prager Hierarchie auf der untersten Stufe. Als Hermann Kafka von der Verlobung seines Sohnes mit einem Mädchen so niederen Standes erfährt, bekommt er einen Wutanfall (»Sie hat wahrscheinlich irgendeine ausgesuchte Bluse angezogen, wie das die Prager Jüdinnen verstehn, und daraufhin hast Du Dich natürlich entschlossen, sie zu heiraten«), was den Anstoß zu dem *Brief an den Vater* gab. Ganz allgemein verabscheute Hermann Kafka die übertriebene Bescheidenheit, die seinen Sohn veranlaßte, mit den niederen Klassen zu verkehren – Dienstmädchen, Ostjuden usw. –, er sah darin das Zeichen einer verachtenswerten Feigheit und wohl noch mehr eine Verurteilung der eigenen Ambitionen.
29 *O*, 24. Februar 1919, 70 f. Der wahre Grund seiner Klage ist ein anderer, und Ottla errät ihn sehr gut: Wenn sie heiratet, wird sie ihn verlassen.
30 *O*, 20. Februar 1919, 68 f.
31 *T*, 15. Oktober 1913, 235: »Der Aufenthalt in Riva hatte für mich eine große Wichtigkeit. Ich verstand zum ersten Male ein christliches Mädchen und lebte fast ganz in seinem Wirkungskreis.« Und *T*, 22. Oktober 1913, 238: »Zu spät. Die Süßigkeit der Trauer und der Liebe. Von ihr angelächelt werden im Boot. Das war das Allerschönste. Immer nur Verlangen, zu sterben und das Sich-noch-Halten, das allein ist Liebe.«
32 *T*, 6. Juli 1916, 368: »Ich war noch niemals, außer in Zuckmantel, mit einer Frau vertraut. Dann noch mit der Schweizerin in Riva. Die erste war eine Frau, ich unwissend, die zweite ein Kind, ich ganz und gar verwirrt.«
33 *T*, 22. Januar 1922, 492. Sein Bruch mit Milena ist unvermeidlich geworden und nimmt ihm jede Hoffnung, »doch vielleicht in Kanaan« zu bleiben. Und so sind alle seine Aufzeichnungen aus dem Jahre 1922 – erinnern wir daran, daß er 1924 starb – eine Meditation über seine lange »Wüstenwanderung« und die Ursachen seines geistigen Niedergangs, wie er es nennt. In diesem Zusammenhang fallen ihm sein *Unglück des Junggesellen* und der Onkel Rudolf wieder ein. Am Tag vorher hatte er übrigens geschrieben: »Ohne Vorfahren, ohne Ehe, ohne Nachkommen, mit wilder Vorfahrens-, Ehe- und Nachkommenslust. Alle reichen mir die Hand: Vorfahren, Ehe und Nachkommen, aber zu fern für mich.« *T*, 21. Januar 1922, 409.
34 *T*, 14. Juli 1912, 492.
35 *F*, 18. November 1912, 105.
36 *Br*, Brief an Max Brod und Felix Weltsch, Meran, 10. April 1920, 269. Es ist der Brief, in dem Kafka seinen Freunden den Vorfall mit dem Oberst und

dem General am Gästetisch erzählt. Zuvor beschreibt er die Gesellschaft der ersten Pension, in der er gewohnt hat: »Die Gäste waren einige vornehme Italiener, dann noch ein paar andere Eindringlinge, der große Rest Juden, zum Teil getauft (aber was für abscheuliche jüdische Kräfte können bis ans Bersten in einem getauften Juden leben, erst in den christlichen Kindern der christlichen Mutter glättet es sich).«

37 *T*, 11. März 1915, 339.
38 *T*, 17. Dezember 1913, 252.
39 Ebd.
40 *T*, 8. Januar 1914, 255.
41 *M*, 61. Kafka schreibt diesen schrecklichen Satz im Jahre 1920, und natürlich kann er nicht wissen, daß zwanzig Jahre später andere sich daranmachen werden, seinen Wunsch zu erfüllen. Einen halb provozierenden, halb spöttischen Wunsch, der nur in seinem unmittelbaren Zusammenhang verständlich ist: Milena protestiert unentwegt gegen die Bedeutung, die Kafka in ihrer Beziehung dem Judentum beimißt. Für sie zählen die Unterschiede der Rasse und Religion nicht, im übrigen hat sie einen Juden geheiratet, sie bewundert die Juden im allgemeinen sogar sehr, usw. Worauf Kafka antwortet, daß sie unrecht habe und daß er persönlich ihnen lieber den Tod wünsche, und sei es nur, damit sie sich nicht dauernd zwischen ihn und die geliebte Frau stellen.
42 *T*, 12. September 1912, 211.
43 Vgl. oben, S. 62.
44 *T*, 1. Juli 1913, 224.
45 *T*, 24. November 1914, 322f. Diese Bemerkung ist von einem gewissen Chaim Nagel inspiriert, der eine Kleidersammlung für die galizischen Flüchtlinge organisiert und dessen Vollkommenheit sich daran zeigt, wie verständig und gerecht er diese begrenzte Aufgabe bewältigt.
46 Dadurch, daß Kafka den Menschen höher bewertet als die Ideen, und den *Zustand*, in dem sie handeln, höher als die *Meinungen*, auf die sie sich angeblich berufen, stellt er sich unzweifelhaft auf die Seite der großen jüdischen Denker; er steht unbedingt in ihrer geistigen Tradition, auch wenn er ihnen in der Praxis kaum gefolgt ist.
47 *F*, 12. September 1916, 697.
48 Über Kafkas Verbindungen zu den Prager Anarchisten und besonders zu Michal Mareš vgl. *Wagenbach*, 162–164 und 230. Nach dem Bericht von Michal Mareš soll Kafka eine Kundgebung gegen die Hinrichtung des Begründers der »Freien Schule«, Francesco Ferrer, besucht haben (Oktober 1909), ebenso Vorträge über Malthus, die Freie Liebe usw. 1912 soll er an einer Protestversammlung gegen die Hinrichtung des Pariser Anarchisten Liabeuf teilgenommen haben. Vgl. auch *Janouch*.
49 *F*, 697.
50 *Br*, Briefe an Elli Hermann, Herbst 1921, 339–347. Kafka maß der Pädagogik große Bedeutung bei und interessierte sich leidenschaftlich für alles, was ihm in diesem Bereich neu erschien. 1921 will er seinen Neffen in die Schule von Dalcroze in Hellerau schicken, die er persönlich kennt, und jedes Mittel

ist ihm recht, seine Schwester von seinen Ansichten zu überzeugen. Zuerst beruft er sich auf Swift, dann führt er ein Schullesebuch-Gedicht an, das von einem Wanderer handelt, der nach vielen Jahren in das Heimatdorf zurückkommt und den niemand mehr kennt außer der Mutter. Aber daß, sagt Kafka, »wenn der Sohn zu Hause geblieben wäre, sie ihn niemals erkannt hätte, daß das tägliche Zusammensitzen mit dem Sohn ihr ihn völlig unkenntlich gemacht hätte [...]« Es war gewiß keine Mutter, »die habsüchtig die Verantwortung tragen wollte, habsüchtig die Freuden und, was vielleicht noch schlimmer ist, die Schmerzen teilen wollte (nichts soll er ganz haben! [...]« Bei ihr hätte der Sohn nicht allzuviel riskiert, denn, so fügt Kafka hinzu, »es war keine Prager Judenfrau, sondern irgendeine fromme Katholikin aus der Steiermark«. (347) Diese vier Briefe an seine älteste Schwester sind indirekt eine schreckliche Anklage gegen seine eigene jüdische Mutter und den »kleinen, schmutzigen, lauwarmen, blinzelnden Geist«, der ihn selbst unwiderruflich verstümmelt hat. Das ist um so bemerkenswerter, als die Figur der Mutter in seinem Werk eine scheinbar ganz untergeordnete Rolle spielt, jedenfalls im Vergleich zu der des allmächtigen Vaters.

51 *Theodor Herzls Tagebücher 1895–1904*, 3 Bde., Jüdischer Verlag, Berlin 1922–1923. Vgl. *Wagenbach*, 257. Für das Verzeichnis der Handbibliothek Kafkas siehe *Wagenbach*, 251–263.
52 *F*, 10. September 1913, 465. Kafka war in sehr schlechtem Gesundheitszustand nach Wien gereist, und der zionistische Kongreß war gewiß nicht die einzige Ursache seines Unbehagens, gleichwohl sind seine Notizen sehr bezeichnend.
53 *Br*, Brief an Max Brod, 16. September 1913, 120: »Die Tage in Wien möchte ich aus meinem Leben am liebsten ausreißen und zwar von der Wurzel aus, es war ein nutzloses Jagen und etwas Nutzloseres als ein solcher Kongreß läßt sich schwer ausdenken.«
54 *F*, 12. September 1916, 697 f.
55 Es handelt sich um Puah Ben-Torim, seine dritte Hebräisch-Lehrerin, der er eine Zeitlang eng verbunden war. Joram Bar-David hat mir freundlicherweise einen hebräisch geschriebenen Brief zur Kenntnis gebracht, den Kafka ihr geschrieben hat und der nicht in den Band seiner *Briefe* aufgenommen wurde: »Ich verstehe sehr gut die Angst, die einen packt, wenn man einen Brief erwartet, der immerfort herumirrt. Wie oft in meinem Leben wurde ich von einer solchen Angst verzehrt. Ein Wunder, daß der Schrecken, bevor er Wirklichkeit wird, den Wartenden nicht in Staub fallen läßt.«
56 *Br*, Brief an Max Brod, Anfang Februar 1921, 303.
57 Solche Interpretationen berufen sich vor allem auf eine Stelle der *Tagebücher*, wo Kafka schreibt: »Diese ganze Literatur ist Ansturm gegen die Grenze, und sie hätte sich, wenn nicht der Zionismus dazwischengekommen wäre, leicht zu einer neuen Geheimlehre, einer Kabbala, entwickeln können. Ansätze dazu bestehen.« (*T*, 16. Januar 1922, 405 f.) Es ist jedoch klar, daß Kafka das Wort »Kabbala« hier als Gattungsbegriff gebraucht, nicht als ausschließlich an die Tradition gebundenen Eigennamen. Er setzt »Kabbala« für ›Geheimsprache, die beim Leser eine gewisse Eingeweihtheit

voraussetzt«, was in keiner Weise bedeutet, daß er an die historische Kabbala anknüpfen will. Allein die Tatsache, daß er eine neue, nur für ihn selbst gültige Kabbala ohne Lehrer und Einweihung entwickeln will, könnte vielmehr darauf hinweisen, wie fremd ihm die Tradition blieb. Interessanter ist die Anspielung auf den Zionismus, der ihn seiner Meinung nach daran gehindert hat, die Schranken der Welt zu durchbrechen und in jenem unbestimmten Anderswo zu verharren, in dem der Held des *Schloß* zu Hause zu sein behauptet. Gleichwohl ist dieser Einfluß des Zionismus in seinem Werk nicht so deutlich, wie er zu glauben scheint; ab 1917 tauchen zwar mehr spezifisch jüdische Themen auf – *In unserer Synagoge, Chakale und Araber* –, doch ansonsten hat sich die Erzähltechnik nicht geändert.

58 *Br*, Brief an Robert Klopstock, 19. Dezember 1923, 470.
59 *M*, 319.
60 *Br*, Brief an Else Bergmann, Juli 1923, 437 f.
61 *T*, 23. Januar 1922, 411.

Kapitel V: Vor dem Gesetz

1 Beliebiges zu essen scheint er jedoch für weit besser zu halten für jemanden, der es gedankenlos und somit schuldlos tun kann, wenn er Not leidet wie die Flüchtlingskinder im jüdischen Rathaus von Prag oder, auf höherer Ebene, »diejenigen, welche in ihrem Gefühl gute Vegetarianer, aber auch Gesundheit, Gleichgültigkeit und Unterschätzung des Essens überhaupt, Fleisch und was es gerade gibt wie nebenbei mit der linken Hand aufessen [...]« (*F*, 24. November 1912, 119) Kafka rechnet es sich als Verdienst an, dort rechnen zu müssen, wo wirkliche Gesundheit ohne jede Berechnung auskommt; aus seiner Sicht ist es sogar eine Schwäche, die ihn auf einer von seinem Ideal weit entfernten Stufe festhält.
2 *Forschungen eines Hundes*, *B*, 206 ff.
3 Ebd. 208.
4 Das Erschütternde dieses an sich schon grausamen Endes wird noch dadurch verstärkt, daß Kafka im letzten Augenblick wirklich leben will und sich seines früheren »Irrseins« bewußt zu werden scheint. An Kehlkopftuberkulose erkrankt und außerstande zu trinken, zu essen und zu sprechen, deliriert er zuweilen fast vor Hunger und Durst. So schreibt er an Robert Klopstock auf einen jener Zettel, durch die er sich mit der Umwelt verständigt: »Wie leicht ging es damals im Bett, wenn Sie kamen, und dabei hatte ich nicht einmal Bier, allerdings Kompott, Obst, Fruchtsaft, Obst, Wasser, Fruchtsaft, Obst, Kompott, Wasser, Fruchtsaft, Obst, Kompott, Wasser, Limonaden, Apfelwein, Obst, Wasser.« (*Br*, Aus den Gesprächsblättern, 490 f.) In jener Zeit erhält er – eine wahrhaft überflüssige Scheußlichkeit – die Druckfahnen des *Hungerkünstler*, einer der drei Erzählungen seines letzten

Buches. Er kann nur noch das erste Blatt korrigieren, und der Text erscheint erst nach seinem Tod.
5 *B*, 209.
6 Ebd.
7 Ebd. 209f.
8 So sagt der Hund, als er im Sterben zu liegen glaubt: »Es war mir, als sei ich hier nicht durch einen kurzen Lauf von den Brüdern getrennt, sondern unendlich weit fort von allen, und als stürbe ich eigentlich gar nicht durch Hunger, sondern infolge meiner Verlassenheit. Es war doch ersichtlich, daß sich niemand um mich kümmerte. [...] Vielleicht war die Wahrheit nicht allzuweit, und ich also nicht so verlassen, wie ich dachte, nicht von den anderen verlassen, nur von mir, der ich versagte und starb.« (Ebd. 211) Und Kafka in seinen *Tagebüchern* am 29. Januar 1922: »[...] überdies nicht nur hier verlassen, sondern überhaupt, auch in Prag, meiner ›Heimat‹, und zwar nicht von den Menschen verlassen [...], sondern von mir in Beziehung auf die Menschen [...]« (*T*, 415) Kurz darauf spricht er von seiner »Hauptnahrung«, die »von andern Wurzeln in anderer Luft kommt« (ebd.).
9 »Monatelang mußte mein Vater während meines Nachtessens die Zeitung vors Gesicht halten, ehe er sich daran gewöhnte.« *F*, 7. November 1912, 79.
10 *T*, 24. November 1911, 128.
11 Eigentlich wird das Thema schon in den beiden frühesten Novellen erwähnt, die uns bewahrt geblieben sind, *Beschreibung eines Kampfes* und *Hochzeitsvorbereitungen auf dem Lande*, aber die Ehelosigkeit ist noch kein Fluch, der Held fürchtet sie dunkel und wischt sie einfach beiseite, indem er sich für *verlobt erklärt*.
12 *T*, 14. November 1911, 118, von Kafka in seinem ersten Buch *Betrachtung* veröffentlicht.
13 *T*, 3. Dezember 1911, 132 f.
14 »Als ich am 13. August zu Brod kam, saß sie bei Tische und kam mir doch wie ein Dienstmädchen vor. Ich war auch gar nicht neugierig darauf, wer sie war, sondern fand mich sofort mit ihr ab.« Und: »Während ich mich setzte, sah ich sie zum erstenmal genauer an, als ich saß, hatte ich schon ein unerschütterliches Urteil.« (*T*, 20. August 1912, 208) Diese Beschreibung erlaubt wahrhaftig nicht, von Liebe auf den ersten Blick zu sprechen, und doch ist Kafka bereits entschlossen, seine ersten Briefe lassen daran keinen Zweifel.
15 *T*, 3. Juli 1913, 225.
16 Dieser Midrasch aus einer Vorlesung von Emmanuel Lévinas wurde mir von Rachel Goitein-Galpérine übermittelt, der ich hier meinen Dank ausspreche.
17 *F*, 7. November 1912, 79.
18 *F*, 11. November 1912, 88.
19 *F*, 24. November 1912, 119. Kafka entnahm dieses Gedicht dem Band von Hans Heilmann *Chinesische Lyrik vom 12. Jahrhundert v. Chr. bis zur Gegenwart*, München 1905. Er liebte nicht nur dieses Buch, sondern alles, was er in

Übersetzungen von der chinesischen Literatur kannte. In seinen Heften aus dem Jahre 1920 findet man ohne Angabe der Quelle und des Autors ein weiteres Gedicht sowie zwei Auszüge aus einem Band mit chinesischen Legenden: »Gespensterbuch«. Das Gedicht endet mit dem Satz: »Mein Leben habe ich damit verbracht, mich gegen die Lust zu wehren, es zu beenden.« Vgl. *H*, 245 und *M*, 282. Kafkas innere Verwandtschaft mit der chinesischen Weisheit kommt natürlich auch in den Fragmenten zum Ausdruck, aus denen die Erzählung *Beim Bau der Chinesischen Mauer* besteht.

20 *F*, vom 14. zum 15. Januar 1913, 250.
21 Ebd. Der letzte Satz ist von Kafka unterstrichen.
22 *F*, 19. Januar 1913, 257.
23 *F*, vom 21. zum 22. Januar 1913, 262.
24 Ebd.
25 Ebd. 263.
26 *T*, 14. August 1913, 231.
27 *M*, 202f.
28 Ebd. Vgl. die Liebesszene zwischen Frieda und dem Landvermesser im Dritten Kapitel des *Schloß*. Während der Umarmung hat K. »immerfort das Gefühl [...], er verirre sich oder er sei so weit in der Fremde, wie vor ihm noch kein Mensch, ein Fremder, in der selbst die Luft keinen Bestandteil der Heimatluft habe, in der man vor Fremdheit ersticken müsse und in deren unsinnigen Verlockungen man doch nichts tun könne als weiter gehen, weiter sich verirren.« (*S*, 43f.) K. ist in einem so schmerzhaften Zustand, daß er fast aufatmet, als Klamm aus dem Nebenzimmer nach Frieda ruft, so daß an der »Urszene« wirklich nichts mehr fehlt.
29 *T*, 29. Januar 1922, 416.
30 Brief an eine Schwester von Julie Wohryzek (Wagenbach, in *Symp.* 45–53), der kurz nach ihrer Trennung geschrieben wurde. Es sei darauf hingewiesen, daß Julie damals 30 und Kafka 36 Jahre alt war und daß die junge Frau, wie er sagt, »die ursprüngliche Sehnsucht nach Kindern kaum mehr [hatte]«, was seinen Plänen wohl entgegenkam.
31 *T*, 21. Juli 1912, 228. Flaubert und Grillparzer waren neben Kierkegaard die großen Beispiele eheloser Schriftsteller, auf die Kafka sich häufig berief, um sein Zurückweichen vor der Ehe zu rechtfertigen. Doch in seinen Augen war Kleist der einzige, der die richtige Lösung gefunden hatte (der Selbstmord zu zweit hat ihn immerhin verlockt, zweimal schlägt er ihn Felice vor).
32 *F*, 1. April 1913, 351f.
33 *Br*, Brief an Max Brod, Mitte April 1921, 317.
34 Hierin unterscheidet sich Kafka nicht von den jungen Leuten in Prag, die nach ihren langen Sitzungen in den literarischen Cafés gern einen Abstecher ins Bordell machten. Die *Tagebücher* der ersten Jahre tragen die Spur seiner Besuche in solchen Häusern, von denen er übrigens häufig träumt. Später allerdings stellt er seine Besuche ein, aus Gründen, die ohne Zweifel mit der Krise, in die seine Heiratspläne ihn stürzen, sowie mit der asketischen Disziplin zusammenhängen, der er sein Leben mehr und mehr unterwirft. Doch der Platz, den er der Prostitution in seinen Romanen einräumt, ist um so

bezeichnender: Die immens dicke Brunelda, die im *Verschollenen [Amerika]* als Sängerin vorgestellt wird, beschließt ihre Karriere in einem geheimnisvollen Amt, das mit seinen geschlossenen Türen und seiner hohen Hausnummer nur ein Freudenhaus sein kann; und hält man sich an die offenkundigste Funktion sowie an die Rolle, die es bei der heimlichen Annäherung der Geschlechter spielt, so ist das Wirtshaus der Herren im *Schloß* nichts anderes als ein gewöhnliches Bordell. Neben der Prostituierten, und manchmal mit ihr verschmolzen, wird die Frau in Kafkas Romanen fast nur in Gestalt der kleinen Dienstmagd gezeigt – Elsa und Leni im *Prozeß*, Frieda und Pepi im *Schloß* –, deren Gunst dem Helden wie im Traum zufällt, sogar ohne daß er sie erbitten muß.

35 *M*, wahrscheinlich Ende November 1920, 292 f.: »Du sagst Milena daß Du es nicht verstehst. Such es zu verstehen, indem Du es Krankheit nennst. Es ist eine der vielen Krankheitserscheinungen, welche die Psychoanalyse aufgedeckt zu haben glaubt. Ich nenne es nicht Krankheit und sehe in dem therapeutischen Teil der Psychoanalyse einen hilflosen Irrtum. Alle diese angeblichen Krankheiten, so traurig sie auch aussehen, sind Glaubenstatsachen, Verankerungen des in Not befindlichen Menschen in irgendwelchem mütterlichen Boden. [...] Hier will man heilen?« Vgl. auch *H*, Fragmente aus Heften und losen Blättern, 243, wo diese Passage aus dem Brief an Milena fast wörtlich wiedergegeben ist.

36 *Br*, Brief an Max Brod, Mitte April 1921, 317: »Es ist auch an sich nichts Besonderes, eine Deiner frühesten Geschichten beschäftigt sich damit, allerdings freundlich, es ist eine Erkrankung des Instinkts, eine Blüte der Zeit [...]«

37 Ebd.

38 Zu der Zeit, da er sich um seine Zukunft zu sorgen beginnt, sagt es ihm seine Mutter mit dem in allen Familien hochgehaltenen gesunden Menschenverstand: »Lösungsmöglichkeiten gibt es tausende. Die wahrscheinlichste ist, daß ich mich plötzlich in ein Mädchen verliebe und von ihr nicht mehr werde ablassen wollen. [...] Wenn ich aber Junggeselle werde wie der Onkel in Madrid, wird es auch kein Unglück sein, weil ich in meiner Gescheitheit mich schon einzurichten wissen werde.« *T*, 19. Dezember 1911, 146. Aber Kafka merkt bei dieser Gelegenheit an, wie »unwahr und kindlich« die Vorstellung ist, die seine Mutter sich von ihm macht.

39 Allerdings tritt er in seinem Romanwerk in seltsamer Gestalt in Erscheinung, freilich durch eine Mittelsperson und unter der Maske einer lautmalerischen Anspielung, bei der Ernst und Ironie nicht leicht zu unterscheiden sind. Eine der wichtigen Personen aus dem *Schloß* heißt nämlich Barnabas, so wie der rastlose Sendbote, der in den paulinischen Briefen als Freund und nächster Mitarbeiter des Paulus erscheint. Und ein Sendbote ist auch dieser Barnabas, denn als angeblicher Abgesandter des Schlosses soll er K. die Botschaften der Herren überbringen; und rastlos ist er nur allzusehr, wie es sich im weiteren, traurigen Ablauf der Ereignisse herausstellt. Zunächst setzt K. die größten Hoffnungen in diesen Verbindungsmann, der, wie er glaubt, endlich einen Kontakt mit den hohen Sphären des Schlosses herstellen wird,

doch bald muß er sich ernüchtern, denn aus der Nähe besehen und ohne sein schimmerndes Seidenkleid entpuppt sich Barnabas als gemeiner Knecht, er hat weder eine Stellung noch ein »offizielles« Gewand, und noch niemals hatte er eine Botschaft zu überbringen. K. ist insbesondere durch sein übertriebenes Vertrauen in dieses trügerische und unbeständige Geschöpf verloren, dieses »Irrlicht«, das in Wirklichkeit ebenso ohnmächtig ist wie er selbst.

40 Es ist immerhin bemerkenswert, daß einer der Höhepunkte des *Prozeß* im Dom spielt und daß Josef K., der sich dort aufhält, um ihn einem italienischen Geschäftsfreund zu zeigen, vom Gefängniskaplan angesprochen wird, offenbar einem katholischen Geistlichen, der ihn ernsthafter und mit realerem Interesse über seinen Prozeß unterrichtet, als es bisher irgend jemand getan hat; freilich gehört die berühmte *Legende*, die der Geistliche ihm vorträgt, zu keiner bekannten Theologie, außerdem versteht er sie nicht, und sie kann nicht verhindern, daß ihn sein Schicksal ereilt. In einem der unvollendeten Kapitel des *Prozeß*, »Fahrt zur Mutter«, sagt er, daß die Mutter des Helden, die dieser seit drei Jahren nicht gesehen hat und die inzwischen fast blind und unmäßig fromm geworden ist, sich, obwohl sie kaum noch gehen kann, jeden Sonntag zur Kirche schleppt, was Josef K. »fast mit Widerwillen« erfüllt. Nach dieser Bemerkung zu schließen, stammt K. aus einer katholischen Familie, ohne selber fromm zu sein, da die Bigotterie seiner Mutter ihn abstößt. Da jedoch von K.s Religion nur in dieser einen Stelle eines unvollendeten Kapitels die Rede ist, wäre es unbedacht, daraus vorschnell Schlüsse zu ziehen. Was seinen Besuch im Dom und die Hilfe betrifft, die er von dem Geistlichen zu erwarten scheint, kann man allenfalls daran erinnern, daß Kafka knapp zwei Jahre, bevor er den *Prozeß* beginnt, zu seiner »einzigen Rettung« an den Apostel der »Christlichen Gemeinschaft« schreiben wollte. Vgl. oben, S. 79f.

41 Sobald er weiß, daß er krank ist, deutet Kafka seine Tuberkulose als Folge des psychischen Konflikts, der mit der langen Krise seiner Verlobung zusammenhängt: »Manchmal scheint es mir, Gehirn und Lunge hätten sich ohne mein Wissen verständigt. ›So geht es nicht weiter‹ hat das Gehirn gesagt und nach fünf Jahren hat sich die Lunge bereit erklärt, zu helfen.« *Br*, Brief an Max Brod, Mitte September 1917, 161.

42 Zu diesem Naturheilapostel sind ein paar Worte zu sagen, einem Fabrikanten aus Warnsdorf in Nordböhmen, den Kafka 1911 kennenlernt und der in seinem Leben eher eine unselige Rolle spielt. Da Schnitzer herausgefunden haben will, daß alle seine Leiden von Giften im Rückenmark herrühren, empfiehlt er eine äußerst strenge Lebensweise, die Kafka sofort übernimmt. Ohne allen Zweifel wird er unter seinem Einfluß Vegetarier und beginnt, sein »System« zu erarbeiten. Als er 1917 erkrankt, schreibt er Schnitzer und fragt, ob er sich nicht einer totalen Hungerkur unterziehen sollte (er hat Tuberkulose!); doch der Fabrikant, der wahrscheinlich erkennt, daß die Dinge schlecht stehen, hütet sich, ihm zu antworten. Zu dieser Person, die er selbst für töricht hält, obschon er ihre Ratschläge widerspruchslos befolgt, schreibt Kafka als Antwort auf die Skepsis seines Freundes Felix Weltsch: »Was Du

über Schnitzer sagts, ist sehr richtig, aber man unterschätzt doch solche Leute leicht. Er ist ganz kunstlos, daher großartig aufrichtig, daher dort, wo er nichts hat, als Redner, Schriftsteller, selbst als Denker nicht nur unkompliziert, wie Du sagst, sondern geradezu blödsinnig. Setze Dich ihm aber gegenüber, sieh ihn an, suche ihn zu überschauen, auch seine Wirksamkeit, versuche für ein Weilchen Dich seiner Blickrichtung zu nähern – er ist nicht so einfach abzutun.« *Br*, Mitte/Ende Oktober 1917, 187.
43 *T*, 26. und 28. März 1911, 40, 42f.
44 *Am ha harez*, »Mann der Erde«, ist etwa synonym mit ungebildet, da es jemanden bezeichnet, der den *Talmud* nicht studiert hat.

Kapitel VI: Die Flucht

1 *Brod*, 30.
2 Vgl. oben, S. 38, den Brief an Max Brod über Karl Kraus, und unten, S. 151 ff.
3 *Br*, 12. Februar 1907, 35: »Diesen Namen wird man vergessen müssen«, schreibt er anläßlich eines Artikels, in dem Brod ihn einen bedeutenden Schriftsteller genannt hatte, ein übertriebener Eifer, denn sein Freund hatte damals noch nichts veröffentlicht.
4 *T*, 11. Februar 1913, 217.
5 *T*, 23. September 1912, 214. »Nur so« ist im Text unterstrichen. Auffallend ist auch, daß Kafka entgegen seiner Gewohnheit das genaue Datum der Erzählung sowie alle äußeren Umstände festhält, die ihre Entstehung begleiten, so als wolle er die Erinnerung an das Ereignis für sich selbst verewigen.
6 Auch wenn der Brief des »Kellerbewohners« stark an ein Gedicht des Johannes erinnert, so dürfen wir daraus doch nicht auf ein Interesse Kafkas für die spanischen Mystiker schließen. Unsere Dokumente weisen keine Spur davon auf. Wahrscheinlich kannte er die deutschen Mystiker besser, zumindest Meister Eckart, den er kurz in einem Brief an Oskar Pollak erwähnt. Vgl. *Br*, 9. November 1903, 20.
7 Weiter unten werden wir sehen, warum und wie Kafka aus seinen Geschichten alles ausklammert, was auf den Zustand hindeuten könnte, in dem sie verfaßt wurden. Man findet bei ihm weder Träumer noch Erleuchtete, noch hellseherisch begabte Menschen, nichts, was sich auf übernatürliche Begebenheiten oder auf jene unaussprechlichen Erfahrungen bezieht, für welche die Romantiker und phantastischen Erzähler eine ausgeprägte Vorliebe haben. Der Grund dafür ist einfach: weil in ihm Mensch und Schriftsteller streng getrennt sind. Ersterer erleidet, was ihm in einer gegebenen Situation widerfährt; letzterer beobachtet es aus der Ferne und verzeichnet seine Reaktionen; jeder hat in seinem Bereich eine bestimmte Funktion, so daß der Beobachter niemals die Stelle des Beobachteten einnimmt und der Beobach-

tete – die Person in der Erzählung – keine Möglichkeit hat, an der Erleuchtung teilzunehmen, die der Schriftsteller vielleicht hatte, als er ihn schuf. So kommt es, in einer Art Humor, dessen Schwärze nicht betont zu werden braucht, daß der Autor des *Urteil* »in einem Gewässer vorwärtskommt«, während sein Held sich in den Fluß stürzt und ertrinkt.

8 Mit dieser Weigerung, seine Werke praktisch zu verwerten, was noch einmal unterstreicht, wie eng Literatur und Heiliges in seinem Geist verbunden sind, stellt sich Kafka eindeutig in den Kontext des traditionellen jüdischen Denkens: Der talmudische Weise muß einen handwerklichen Beruf ausüben, damit er aus seiner Unterweisung in der Thora keinen Nutzen schlagen kann. Ein wirklicher Beruf wie der der Rabbiner oder Spinozas hätte Kafka im übrigen überglücklich gemacht; er träumte davon, zumal er seinen Juristenberuf verabscheute, eine in seinen Augen künstliche und schmarotzerhafte Tätigkeit, in der die Lebenskräfte des Körpers und des Geistes sich nicht wirklich entfalten, sondern lediglich geschwächt werden konnten. Daher seine zeitweiligen Versuche in Gärtnerei und Tischlerei und später sein Plan, sich als Buchbinder in Palästina niederzulassen.

9 Anders als man glauben könnte, war Kafka keineswegs ein müßiger Büromensch, dafür bezahlt, seinen Träumen nachzuhängen und sich zu langweilen. Sein Posten bei der *Arbeiter-Unfall-Versicherungs-Anstalt für das Königtum Böhmen und Mähren* war mit hoher Verantwortung verbunden. Seine Vorgesetzten schätzten ihn als hervorragenden Mitarbeiter, und nach seinen technischen Aufsätzen zu schließen (veröffentlicht in *Wagenbach*, 279–337), besaß er neben juristischen Qualifikationen erstaunliche Kenntnisse in Mechanik (unabdingbar zur Beurteilung des Sicherheitsgrades bestimmter Maschinentypen). Er verabscheute seinen Posten also nicht aus schierer Langeweile, sondern weil er ihn zwang, der Literatur einen wesentlichen Teil seiner Zeit und seiner geistigen Energie vorzuenthalten.

10 *T*, 21. August 1913, 283 f.

11 *F*, 28. August 1913, 456 f. Die Version, die Kafka schließlich abgeschickt hat, ist stark geschönt: »Da ich nichts anderes bin als Literatur und nichts anderes sein kann und will«, ist ersetzt durch: »Mein ganzes Wesen ist auf Literatur gerichtet, die Richtung habe ich bis zu meinem 30[s]ten Jahr genau festgehalten; wenn ich sie einmal verlasse, lebe ich eben nicht mehr.«

12 *T*, 19. Februar 1911, 33.

13 *T*, 3. Oktober 1911, 58.

14 *H*, Fragmente aus Heften und losen Blättern, 252.

15 *F*, 2. September 1913, 460.

16 *F*, 22. August 1913, 450. Von Kafka unterstrichen.

17 *F*, 2. September 1913, 460.

18 *T*, 19. Januar 1911, 31 f.

19 *Ein Landarzt*, Er, 117. Im französischen Text (*Un medecin de campagne*, übers. von Alexandre Vialatte, *Oeuvres complètes*, *Récits*, I. 157), heißt es: »chevaux surnaturels« (übernatürliche Pferde), im Original sind sie *unirdisch*, d. h. »non terrestres«. Die Nuance ist wichtig, zum einen weil Wagen und Pferde einander genau entsprechen, zum anderen weil »surnaturels« die ganze Er-

zählung in die religiöse Sphäre rückt, während sie um eine *entgleiste* religiöse Idee kreist. Man beachte die vollkommene Übereinstimmung der Bilder untereinander, ob sie nun in einer Tagebucheintragung oder in einem Werk der Imagination erscheinen. Der kleine Junge, an den Kafka sich erinnert, kennt »den kalten Raum unserer Welt«, so wie der Landarzt sich »dem Froste dieses unglückseligsten Zeitalters ausgesetzt« fühlt. Er macht es sich zur Aufgabe, ein Feuer zu finden, das die Wirklichkeit zu wärmen vermag, und dieses »große Feuer« hat der Autor des *Urteil* gefunden. Übrigens verwendet Kafka das Feuer leider nicht nur als Metapher – er verbrennt wirklich diejenigen seiner Manuskripte, die er für nicht wert hält zu überleben, wie um sie mit dem Feuer dafür zu bestrafen, daß sie sich in den verzehrenden Flammen der wahren Inspiration nicht geläutert haben.

20 Die Geschichte der beiden Brüder ist offensichtlich ein erster Entwurf des *Verschollenen*, des Amerika-Romans, von dem Kafka sagt, er halte ihn »in schändlichen Niederungen des Schreibens« fest, und der aus diesem Grunde ebenfalls unvollendet blieb. Karl Roßmann hat keinen Bruder, aber er wurde von seinen Eltern nach Amerika geschickt wegen eines »Vergehens«, das an dasjenige erinnert, für das der »gute Bruder« im ersten Entwurf bestraft wird.
21 *B*, 23.
22 *B*, 24.
23 *B*, 36.
24 *B*, 33. Kafka transponiert in diese Theatralik des Beters den Hokuspokus, den er selbst in seiner Jugend trieb und in dem er sehr viel später den Beginn seines »geistigen Niedergangs« sieht: »Ich ließ zum Beispiel Gesichtsmuskeln künstlich zusammenzucken, ich ging mit hinter dem Kopf gekreuzten Armen über den Graben. Kindlich-widerliches, aber erfolgreiches Spiel. (Ähnlich war es mit der Entwicklung des Schreibens, nur daß diese Entwicklung leider später stockte).« *T*, 24. Januar 1922, 411 f.
25 Vgl. *Br*, Brief an Max Brod, 28. August 1904, 29, und oben, S. 34. Der Brief beschließt die Szene mit den Worten: »Da staunte ich über die Festigkeit, mit der die Menschen das Leben zu tragen wissen«, die in der Erzählung nicht vorkommen.
26 *B*, 33 f.
27 *B*, 34.
28 Ebd.
29 Ebd.
30 *B*, 39.
31 Ebd.
32 Der Einfluß von Hofmannsthal (*Brief des Lord Chandos*) auf Kafkas Novelle ist schon oft festgestellt worden. Nicht weniger spürbar ist der Einfluß des deutschen Expressionismus, er erscheint vor allem in dem eigenartigen Beseelungsverfahren, das, indem es das »Als ob« der Metapher unausgesprochen läßt, den Gegenständen die Fähigkeit verleiht, zu leben und sich zu bewegen. Lange nach der Abfassung von *Beschreibung eines Kampfes* (Januar 1911) beschrieb Jakob van Hoddis das *Weltende* noch wie folgt:

»Dem Bürger fliegt vom spitzen Kopf der Hut,
In allen Lüften hallt es wie Geschrei.
Dachdecker stürzen ab und gehn entzwei
Und an den Küsten – liest man – steigt die Flut.
[...]
Die Eisenbahnen fallen von den Brücken.«

(Zitiert in »La difficulté d'être allemand«, Claude Roy, *Le Nouvel Observateur*, Nr. 713, 10. Juli 1978.)

33 Vgl. das von Janouch wiedergegebene Gespräch über ein expressionistisches Gemälde von Kokoschka mit dem bezeichnenden Titel *Prag*: »›Das große – mit der grünen Kuppel der Niklaskirche im Mittelpunkt?‹ – ›Ja, das meine ich.‹ Kafka beugte den Kopf und sagte: ›Auf dem Bilde fliegen die Dächer weg. Die Kuppeln sind Regenschirme im Wind. Die ganze Stadt ist am Auf- und Davonfliegen. Prag steht aber – trotz aller inneren Zwiespälte. Das ist gerade das Wunderbare an ihm.‹« *Janouch*, 100.

34 So ist auch zu erklären, daß Bernhard Groethuysen den französischen Lesern den *Prozeß* vorstellen konnte, ohne das geringste biographische Element zu erwähnen. In einer langen Umschreibung der auffallendsten Themen der drei Romane und der großen Erzählungen, die damals übrigens zu großen Teilen noch nicht übersetzt waren, läßt der Verfasser des Vorworts den Roman buchstäblich vom Himmel fallen und drängt dem Leser eine metaphysische Deutung auf, die natürlich unmöglich zu kontrollieren ist. Von seiten des gebildeten und gewissenhaften Kritikers, denn um einen solchen handelt es sich in diesem Fall, zeugt dieses Verfahren weder von Nachlässigkeit noch von Unkenntnis der entscheidenden biographischen Fakten, es ist darin eher ein Zeichen des Respekts vor der Trennung zwischen Erzähltem und Erlebtem zu sehen, das Kafka in der Tat zur Regel erhoben hat.

35 Er tötet ihn auf alle Arten, das haben wir gesehen, als wir die so umstrittene Frage der Anonymität erörterten. Kafkas Held, der nur über eine rudimentäre Existenz verfügt, in ein Tier, einen Gegenstand, ein in der Unendlichkeit von Raum und Zeit umherirrendes Phantom verwandelt, bewahrt fast nichts mehr von seinem irdischen Leben, er ist allem abgestorben, was seine Individualität ausmacht, an Lebendigem bleibt ihm nur so viel, wie nötig ist, den Schrecken und das Lächerliche seiner Unmöglichkeit zu sein darzustellen. Das scheint ihn in die ausschließliche Abhängigkeit der Metaphysik zu bringen, während er in Wirklichkeit vor allem deshalb tot ist, weil er *geschrieben* ist, weil in der sehr besonderen Perspektive, in der Kafka seit der Revolution des *Urteil* steht, die Literatur ihre wahre Aufgabe nur dann erfüllt, wenn sie ihren Gegenstand buchstäblich tötet. Diese schlechthin donquijotesche Lehre könnte Kafka mit gutem Recht aus seinem eigenen Fall ziehen, was er übrigens tut, wie es aus einer Art Aphorismus hervorgeht, in dem er sich offen mit dem Ritter von der traurigen Gestalt identifiziert: »Eine der wichtigsten donquixotschen Taten, aufdringlicher als der Kampf der Windmühle, ist: der Selbstmord. Der tote Don Quixote will den toten Don Quixote töten; um zu töten, braucht er aber eine lebendige Stelle, diese sucht er nun mit

seinem Schwerte ebenso unaufhörlich wie vergeblich. Unter dieser Beschäftigung rollen die zwei Toten als unaufhörlicher und förmlich springlebendiger Purzelbaum durch die Zeiten.« *H*, Die acht Oktavhefte, 57.

36 »Zeitweilige Befriedigung kann ich von Arbeiten wie ›Landarzt‹ noch haben, vorausgesetzt, daß mir etwas Derartiges noch gelingt (sehr unwahrscheinlich). Glück aber nur, falls ich die Welt ins Reine, Wahre, Unveränderliche heben kann.« *T*, 25. September 1917, 389.

37 Vgl. zu seiner Abneigung gegen Pelze: *O*, ca. 21. Dezember 1920, 98, und *F*, Brief an Grete Bloch, 24. Mai 1914, 587. Der erotische Charakter des Bildes, den die Beschreibung bloß andeutet, wird deutlich hervorgehoben durch den Platz, den es in Gregors Zimmer einnimmt – es hängt genau gegenüber seinem Bett, und kaum ist er sich seiner Verwandlung innegeworden, fällt sein Blick darauf. Eine Kritikerin glaubte daraus schließen zu dürfen, daß *Die Verwandlung* eine Art Variation über *Die Venus im Pelz* von Sacher-Masoch sei (M. Jutrin in einer persönlichen Mitteilung). Damit holt man wirklich allzuviel aus einem Detail heraus, das nur ein einziges Mal erwähnt wird, ohne eigentlich in die Erzählung einzugehen. Außerdem hat der Masochismus von Samsa – sowie derjenige, den Kafka vermittels seiner auf Selbstzerstörung erpichten Helden ausdrückt – nichts mit der sexuellen Perversion zu tun, der Masoch seinen Namen gab. Er äußert sich nicht in bestimmten sexuellen Praktiken, sondern einzig auf moralischem Gebiet, wo seine Folgen sehr viel gravierender sind.

38 Die Hauptschwierigkeit bei Kafka besteht nicht in seiner angeblichen Symbolik, wie häufig behauptet wird, sondern darin, daß der Erzähler wirklich wissen will, wo sich in einer gegebenen fiktiven Gesellschaft das Oben und das Unten befindet, weil er sich nicht mit den vorgefaßten Ideen zufriedengeben kann, welche die Hierarchie des kollektiven Denkens bilden. Daher ist die innere Topographie von Kafkas Erzählung notwendigerweise absolut unbestimmt; genau darin liegt das Hindernis, das man im allgemeinen beiseite schiebt, indem man die Unbestimmtheit durch eine Verteilung der Orte entsprechend derjenigen ersetzt, welche die traditionellen Symbole festlegen – das Oben ist der Sitz der edlen und erhabenen Dinge, das Unten ist trivial und irdisch, was aus Kafkas Sicht gerade der gröbste Irrtum ist. Wir werden später sehen, daß *Das Schloß* keinen anderen Sinn, keine andere Botschaft zu vermitteln hat als die ständige Berichtigung der Konventionen, die über den Platz entscheiden, den das Oben und das Unten auf unserer Werteskala einnehmen. K. – wie jeder Leser und gebildete Mensch – identifiziert das Schloß natürlich mit einer höheren Instanz, während er das Dorf mit der prosaischen und trostlosen Seite der irdischen Dinge verbindet. Dafür wird er hart bestraft, denn das Oben und das Unten sind hier nur Illusionen infolge von Denkgewohnheiten, Gerüchten, denen niemand nachgeht und die der Erzähler ja gerade abzulehnen beauftragt ist. Allmählich begreift K. im übrigen, wie sehr er sich getäuscht hat und welch übermenschliche Anstrengung es ihn noch kosten wird, das Oben und das Unten in der Gesamtheit des Lebens an den richtigen Platz zu stellen. In diesem Sinne, der – das sei nochmals gesagt – nichts anderes ist als die »Botschaft« des

Romans, macht er trotz seines Mißerfolgs einen ungeheuren Schritt in Richtung auf die Wahrheit.
39 *T*, 8. Oktober 1917, 390.
40 *S*, 26.
41 *T*, 15. Dezember 1910, 22. Es handelt sich hier um die Oper in Paris, wo Kafka sich im Sommer kurz mit Max Brod aufgehalten hat.
42 *T*, Mai 1910, 11. Die Eintragung ist nicht genau datiert, aber die folgende trägt das Datum vom 17./18. Mai, das heißt, wie er sagt, der Kometennacht.
43 *T*, 27. Dezember 1910, 27.
44 *T*, 15. Dezember 1910, 22.
45 *T*, 24. Oktober 1911, 86.
46 *Br*, Brief an Max Brod, Juni 1912, 336.
47 *Br*, Brief an Max Brod, Anfang Oktober 1917, 178.
48 *Br*, Brief an Max Brod, Juni 1921, 337f.
49 Ebd. 336.
50 Ebd. 337.
51 Vgl. S. Freud, »Über den Gegensinn der Urworte«, *GW* VIII, 214–221. Hätte Kafka dieses wunderbare kleine Beispiel Freudscher Analyse zur Hand gehabt – wir wissen nicht, ob es so war –, dann hätte er seinen Schlußfolgerungen wahrscheinlich zugestimmt. Aber er brauchte es gar nicht, um die grundlegende Zweideutigkeit der elementaren Worte zu erkennen; als einer, der sich an der Sprache wundgerieben hat, wußte er besser als jeder andere, wie tückisch die alltäglichen Wörter sind, freilich auch, welchen Nutzen die Literatur aus ihrer starken Verdichtung ziehen kann. Er selbst bedient sich lediglich dieser bemerkenswerten Eigenschaft, wenn er in seinen eigenen Bildern das Höchstmaß an Bedeutungen verdichtet, die durch ein Band nicht der Logik, sondern der reinen Kontiguität verknüpft sind. Dem von Janouch wiedergegebenen Satz »Dichtung ist Verdichtung« nach zu schließen (*Janouch*, 62), ist er zumindest darin mit Freud einer Meinung, der in der Verdichtung einen Mechanismus der Traumarbeit und all dessen sieht, was sich im Bereich der schöpferischen Tätigkeit damit verbindet.
52 »Schloß« meint dasselbe wie das lateinische *castellanum*, aber »château« hat für uns Franzosen nicht mehr die ursprüngliche Bedeutung von abgeschlossenem Gebiet. Übrigens liegt darin paradoxerweise eine der Schwierigkeiten, Kafka ins Französische zu übersetzen – die einfachsten Wörter verraten sich hier besonders klar, weil ihre Äquivalente, die weder dasselbe Alter noch denselben Verdichtungsgrad aufweisen, auch nicht dieselbe Zweideutigkeit besitzen. Obwohl wir kein anderes Wort haben, um das Original wiederzugeben, kann unser auf die juristische Sphäre begrenztes Wort »procès« seine Rolle nicht voll ausfüllen. Auch unser »messieurs«, auf seine bürgerliche und moderne Bedeutung beschränkt, ist zu eng, um die Tyrannei des *Unzeitgemäßen* in der *Gegenwart* zu bezeichnen, die im Wort »Herren« noch deutlich zu spüren ist.
53 Vgl. S. 74. »[…] ich will keine Gnadengeschenke vom Schloß, sondern mein Recht«, sagt K. zum Dorfvorsteher; worauf dieser, von solcher Ungebühr-

54 Nach ihren Briefen zu urteilen, die mit den Briefen an Felice veröffentlicht wurden, schrieb Kafkas Mutter ein Deutsch, das einerseits stark vom Geschäftsjargon und andererseits vom Jiddischen beeinflußt war (Beispiel: das den Vornamen stets beigefügte Wort »lieb«). Was den Vater betrifft, der ursprünglich tschechisch sprach, so wissen wir, daß sein Deutsch sehr buntscheckig war. Kafka erwähnt es in einem Brief an Ottla, wobei er freilich, anläßlich eines Tschechismus, der ihm aufgefallen war, hinzufügt: »[...] allerdings soweit ich, ein Halbdeutscher, es beurteilen kann.« (*O*, 20. Februar 1919, 67) »Ein Halbdeutscher« – so definiert sich der Schöpfer des dichtesten und reinsten, für uns bereits klassischsten Deutsch sogar gegenüber seiner eigenen Schwester, sogar vor sich selbst.

lichkeit peinlich berührt, antwortet, indem er sich an seine Frau wendet: »Mizzi, das Bein fängt mich wieder sehr zu schmerzen an, wir werden den Umschlag erneuern müssen.«

55 Diese Fabrik, deren Mitbesitzer er ist, ist eine der Hauptursachen für Streitigkeiten zuerst zwischen Kafka und seinem Vater, dann zwischen ihm und seiner Verlobten, denn Felice verlangt, daß er am Gang des Unternehmens aktiv Anteil nehme, während ihm die Fabrik eine Qual ist und er nichts von ihr hören will, denn natürlich sieht er in der ganzen Sache nur eine weitere Bedrohung seiner literarischen Arbeit. Jedesmal, wenn er in die Fabrik geht, kommt er verzweifelt zurück, und zu der Zeit, da er seinen einberufenen Schwager vertreten muß, ist er so niedergeschlagen, daß er Brod seinen Selbstmord ankündigt. Vgl. *Br*, Brief an Max Brod, 8. Oktober 1912, 107–109.

56 Vgl. *T*, Reisetagebücher, 494. Als er in einer Naturheilanstalt in Thüringen – also in Deutschland – Ferien macht, schließt er Freundschaft mit einigen Mädchen, die er auf dem Dorffest kennenlernt: »Ich frage, ob sie schon genachtmahlt haben, vollständiges Unverständnis. Dr. Sch. fragt, ob sie schon Abendbrot gegessen haben, beginnende Ahnung [...], erst als der Friseur fragt, ob sie gefuttert haben, können sie antworten.« Das von ihm benutzte Wort »nachtmahlen« kannten die jungen Bäuerinnen nicht.

57 »Neben seiner Beweisführung geht eine Bezauberung mit«, schreibt Kafka in einem seiner Aphorismen, in dem er sich mit Abraham identifiziert. *H*, Die acht Oktavhefte, 92.

Kapitel VII: Fiktion und Wirklichkeit

1 Ohne Titel. Das etwa zwei Seiten lange Fragment ist auf ein loses Blatt geschrieben: *H*, 300 ff.

2 *H*, 266. Das Fragment selbst trägt keinen Titel, aber Kafka gibt ihm in einer Tagebucheintragung seinen Namen, 31. Dezember 1914, 330.

3 Vgl. Marthe Robert, *L'Ancien et le Nouveau*, Grasset, Paris 1963 [dtsch: *Das*

Alte im Neuen, München [1968]. In diesem Buch, das sich mit dem *Don Quijote* von Cervantes und mit dem *Schloß* befaßt, geht es genau um diese donquijoteske Nachahmung, die darauf abzielt, die konventionellen Beziehungen der Bücher zum Leben zu durchbrechen, indem sie sowohl ihre gemeinsamen Interessen wie die Lüge aufzeigt, der sie aufgrund ihrer Komplizenschaft Nahrung geben. In diesem Zusammenhang wird die persönliche Geschichte des Autors nur in groben Zügen erwähnt und nur in dem Maße, wie sie die Analyse unwiderlegbar bestätigen. Aus diesem Grunde kann Kafkas Judentum, obwohl es ständig auf die Gesamtheit der Fakten bezogen wird, die die Beschreibung erhärten, nicht die entscheidende Rolle spielen wie in dem vorliegenden Essay.

4 Vgl. *L'Ancien et le Nouveau*, a.a.O., 175 ff.

5 Kafka erwähnt sehr häufig diesen »gebildeten Mitteleuropäer«, für den er im Prinzip ein Beispiel ist. Um im Naturtheater von Oklahoma engagiert zu werden, erklärt Karl Roßmann, der weder Beruf noch Papiere hat, er habe eine »europäische Mittelschule« besucht. Der in einen Menschen verwandelte Affe aus *Ein Bericht für eine Akademie* erklärt seine Wandlung mit seinem Wunsch, sich die Durchschnittsbildung eines Mitteleuropäers anzueignen. Schließlich ist auch das Schloß europäisch, denn sein Besitzer, der Graf West-West, befindet sich schon aufgrund seines Namens am äußersten Punkt der westlichen Zivilisation, ein Detail, das im übrigen ausreicht, dem Roman die Bedeutung eines letzten Assimilationsversuchs zu geben.

6 Wagenbach hat den Lehrplan rekonstruiert, der im Prager Gymnasium üblich war, als Kafka es besuchte. Die Zeit, die den klassischen Sprachen vorbehalten war, und zwar über Jahre hinweg, steht in so krassem Mißverhältnis zu der der anderen Fächer, daß es nicht wundernimmt, wenn der Geist stark davon geprägt bleibt. Im übrigen las Kafka die Griechen im Original. Vgl. *Wagenbach*, 40 ff., und Marthe Robert, *D'Oedipe à Moïse. Freud et la conscience juive*, Calmann-Lévy, Paris 1975, 95.

7 *Prometheus*, in *H*, 74.

8 Kafka macht sich hier offensichtlich die Tatsache zunutze, daß es für die meisten wichtigen mythischen Begebenheiten verschiedene Versionen gibt, welche die besonderen Tendenzen der heiligen Stätten oder Städte widerspiegeln, die sie verbreitet haben. Doch solange der Mythos lebendig ist, will jede lokale Version die einzig authentische sein, und es ist undenkbar, ihr die anderen einzuverleiben. Die Aufgabe, sie zusammenzufassen, fällt erst dem späten Scholiasten zu, der Kafka natürlich ist, freilich mit dem Nachteil, daß er die Sage nicht mehr kennt, sondern nur noch ihre Varianten.

9 *H*, 74.

10 Der Vergleich ist oft nahegelegt worden, insbesondere mit der Stelle aus dem ersten Buch des *Kapital*, wo der Holztisch, der aus der Mühsal und dem Körper des Arbeiters selbst besteht, plötzlich lebendig wird und sich auf seine Füße stellt. Bei Kafka allerdings ist es nicht der Skandal der in Ware verwandelten menschlichen Arbeit, der diese Hexerei bewirkt, sondern der unerklärliche Skandal des Leidens.

11 Besonders in *Poseidon* und *Das Schweigen der Sirenen*. Kafkas Poseidon ist zwar

immer noch der Gott der Meere, doch hat er diese Meere kaum gesehen, er verbringt seine ganze Zeit in den Büros, um seine unendliche Buchführung zu erledigen. Was seinen Odysseus betrifft, so schützt er sich vor den verlokkenden Sirenen mit den Mitteln, die ihm die Tradition an die Hand gibt, aber an dem Tag, da er vorbeikommt, schweigen die Sirenen.

12 *Heidentum, Christentum, Judentum*, 1920.
13 *Br*, 7. August 1920, 279.
14 Im *Schloß* (1920 begonnen) wird dieser Olymp, an dem die Menschheit so wenig Beneidenswertes findet, durch zwei eindeutig satirische Personen dargestellt: Momus, der griechische Gott des Spottes, der ständig seine Gestalt und seine Eigenschaften wechselt; nach einem volkstümlichen Glauben soll dieser Momus-Proteus eins sein mit Klamm, dem allmächtigen »Herrn«, von dem K. sowohl in seinen Herzensangelegenheiten wie in seinen Bemühungen, eine »offizielle« Stellung zu erhalten, abhängig ist; und Bürgel – vom Verb »bürgen« –, dessen immerhin entscheidende Worte K. so langweilen, daß er dabei einschläft und ihn im Traum in Gestalt eines nackten griechischen Gottes sieht. (»Hier hast du ja deinen griechischen Gott! Reiß ihn doch aus den Federn.«) Bei dem verzweifelten Assimilationsversuch, den der Landvermesser im letzten Augenblick unternimmt, ruft er die griechische Kultur zu Hilfe, natürlich vergebens, denn Momus und Bürgel sind nur dazu da, ihn noch ein wenig mehr von seinem Ziel abzulenken.
15 *T*, 19. September 1917, 386.
16 *Ein Traum*, in *Er*, 137.
17 *P*, die unvollendeten Kapitel, 210.
18 *P*, die vom Autor gestrichenen Stellen, 217.
19 Wir wissen nicht genau, was Kafka vom Freudschen Werk gelesen hat, aber er spricht häufig genug davon, um vermuten zu lassen, daß es ihm wohlbekannt war. Wenigstens einmal – er notiert es anläßlich des *Urteil* am Tag nach der berühmten Nacht – zählen zu den Gefühlen während des Schreibens »Gedanken an Freud natürlich«, ein Beleg dafür, daß er sich hier der Übereinstimmung seiner Traumtechnik und der von Freud beschriebenen deutlich bewußt ist. Vgl. *T*, 23. September 1912, 215.
20 Ein schönes Beispiel für diese Fähigkeit zur Identifizierung findet sich in einem Brief an Max Brod, in dem Kafka seine Belustigung beim Anblick seines jungen Hundes beschreibt, der einen Maulwurf verfolgt: »Plötzlich aber als der Hund ihn wieder mit seiner gestreckten Pfote schlug, schrie er auf. Ks, kss so schrie er. Und da kam es mir vor – Nein es kam mir nichts vor. Es täuschte mich bloß so, weil mir an jenem Tag der Kopf so schwer herunterhing, daß ich am Abend mit Verwunderung bemerkte, daß mir das Kinn in meine Brust hineingewachsen war.« *Br*, 28. August 1904, 29. Der Maulwurf taucht in Kafkas Bildern mehrfach auf, besonders in einem Brief an Milena sowie in jener Art Mystifikation, die das Fragment mit dem Titel »Der Dorfschullehrer« darstellt. Das Subjekt der Erzählung – eines wissenschaftlichen Berichts – ist ein Riesenmaulwurf, den man nie zu Gesicht bekommt und von dem es zweifelhaft ist, ob ihn überhaupt jemand jemals gesehen hat.

21 Kafka wirft hier eine Frage auf, die durch die Entdeckung des Unbewußten entstanden ist und die ersten Psychoanalytiker einigermaßen verwirrt hat. Inwieweit ist der Träumer für seine unbewußten Wünsche verantwortlich, zum Beispiel für Mordgelüste, welche die Analyse in ihm aufdeckt? Ist man verantwortlich für gefährliche, aber unbekannte Wünsche, von denen man sich nur mit Hilfe einer speziellen Technik überzeugen kann? Heißt das, wie Kafka sagt, noch Verantwortung? Freud meint ja, Kafka versucht, sich vom Gegenteil zu überzeugen, doch das bewußte Schuldgefühl, ganz zu schweigen von dem anderen, an dem er sein Leben lang leidet, beweist zur Genüge, daß es ihm nicht gelungen ist. *H, Paralipomena* [Zu der Reihe ›Er‹], 303.

22 *P*, 10f. Max Brod erzählt, daß Kafka bei seinen Freunden unbändiges Gelächter hervorrief, als er ihnen das erste Kapitel des Romans vorlas, eine Reaktion, die uns unverständlich erscheint. Doch dort, wo der heutige Leser vor allem das Entsetzliche dieser willkürlichen Verhaftung empfindet, erfaßten Kafkas Freunde, denen der Wächter *Franz* nicht entgehen konnte, zuerst die komische Seite der Situation.

23 »Es handelt sich ja um Ihr Glück und das liegt mir wirklich am Herzen [...]«, und die Zimmervermieterin fügt, K.s Verhaftung betreffend, hinzu: »Es kommt mir wie etwas Gelehrtes vor, das ich zwar nicht verstehe, das man aber auch nicht verstehen muß.« *P*, 22.

24 *P*, 190f.

25 *Blumfeld, ein älterer Junggeselle*, in *B*, 110.

26 Ebd. 111.

27 Daß der Hund hier ein Ersatz für die Frau ist, mit der Blumfeld sich nicht belasten wollte, daran besteht kaum ein Zweifel. In diesem Fall wäre die »ernsthafte, widerliche und ansteckende« Krankheit, die er fürchtet, eine Anspielung auf die Geschlechtskrankheiten, vor denen Kafka, wie viele junge Leute seiner Generation, eine zum Teil berechtigte, zum Teil unbedachte Angst hatte.

28 *S*, 22.

29 *S*, 48. Es ist Frieda, die K. auf die beiden Gehilfen aufmerksam macht und zu ihm sagt: »Sieh aber, wie die zwei lachen.«

30 Für den Roman bedeutet das unbestreitbar eine Schwierigkeit, denn wenn die Gehilfen, die er ohne weiteres mit *Schlangen* vergleicht, für ihn die niedrigsten Versuchungen des Triebs verkörpern, so haben sie in den Augen des Dorfs nichts besonders Schlechtes an sich, es sind Kinder des Landes, brave Jungen, mit denen Frieda in ihrer Kindheit gespielt hat und zu denen jedermann freundlich ist. Einerseits also gehören sie zur psychischen Sphäre, in der K. seine Rechnungen zu begleichen sucht, andererseits zur gesellschaftlichen Sphäre, zu der Zugang zu erhalten er sich bemüht. Doch abgesehen von dieser Doppelrolle, die sie ihm doppelt fremd macht – als Elemente seiner inneren Diaspora und als Mitglieder einer Gemeinschaft, die sich als Ganzes gegen ihn stellt –, verweisen sie auch auf den Konflikt der beiden Kulturen, auf die ihre Namen anspielen: Artur, der an den legendären König der westlichen Zivilisation erinnert, und Jeremias, der jüdische Prophet, den der nach Assimilation strebende Landvermesser auszulöschen sich beeilt. Es

gelingt dem Roman nicht immer, diese drei Ebenen in vollständig kohärenten Bildern zur Deckung zu bringen, und man darf vermuten, daß Kafka ihn zum Teil deshalb nicht vollendete, weil er die Hoffnung aufgegeben hatte, diesen relativen Mangel an Zusammenhalt beheben zu können.

31 *S*, 149.

32 Es wurde schon oft darauf hingewiesen, mit welcher Genauigkeit Kafka zum Beispiel Gregor Samsas *Zustände* beschreibt: Wenn man von der Verwandlung als solcher absieht, was durchaus möglich ist, ohne die Logik der Ereignisse zu zerstören, bemerkt man in der Tat, daß die Geschichte die für einen schizophrenen Zustand charakteristische Entwicklung mit bemerkenswerter klinischer Präzision nachzeichnet. Gregor, der anfangs geistig noch sehr rege ist, zeigt nach und nach alle Symptome des Autismus, das heißt des inneren Todes, an dessen Ende sein wirklicher Tod steht.

33 *Eine Kreuzung*, in *B*, 82.

34 Von den zwölf Bänden der deutschen Gesamtausgabe von Kafkas Werken (Schocken Books, New York, und S. Fischer, Frankfurt) entfallen nur fünf auf die Werke der Phantasie – drei auf die Romane und zwei auf die Erzählungen –, in einem weiteren sind die persönlichen Hefte und literarischen Fragmente vereint. Der Rest enthält die *Tagebücher* und die verschiedenen Brief-Bände.

35 *Die Sorge des Hausvaters*, in *Er*, 129 f.

36 Wie man sich denken kann, hat dieses Wort immer wieder den Eifer der Forscher angestachelt, ohne daß ihre Ergebnisse besser begründet wären als diejenigen, die Kafka in seiner Erzählung erwähnt. Für Max Brod klingt beim Wort Odradek eine ganze Skala slawischer Wörter an, die »Abtrünniger« bedeuten, abtrünnig vom Geschlecht, *rod*, vom Rat, vom göttlichen Schöpfungsbeschluß, *rada*. Wilhelm Emrich sieht als Anknüpfungspunkt das tschechische Verb *odraditi*, wonach durch Anhängen des Diminutivsuffixes *-ek* ein »Abrätchen« entstünde oder, nach Heinz Politzer, »Bleib mir vom Leibe! Rühr mich nicht an! Folg mir nicht! Forsch mir nicht nach!« Nach G. Bakkenköhler zerfällt das Wort in *rad* (Ordnung, Reglement), ein Präfix *od-* (von ... weg, ab) und ein Diminitivum *-ek*, so daß es sich mit »kleines Wesen außerhalb der Ordnung« übersetzen ließe. Die Etymologie erlaubt also nicht, die Frage zu entscheiden, Odradek wahrt sein Geheimnis, wie Kafka vorausgesehen hatte. Siehe Hartmut Binder, *Kommentare zu sämtlichen Erzählungen*, a.a.O., 232.

37 *Die Sorge des Hausvaters* entstand Ende April 1917, und Kafka hatte seinen ersten Blutsturz im August desselben Jahres.

38 Der Brief über Karl Kraus stammt aus dem Jahre 1912, doch die Ideen, die darin ausgedrückt werden, sind offensichtlich nicht improvisiert, Kafka hegt sie schon seit langem; das beweist unter anderen Texten dieser Odradek, der in zwei Sprachen zu Hause ist, von denen ihm jedoch keine zu einer vollständigen Rede und einer wahren Existenz verhilft.

39 *Betrachtung* (1913); *Der Heizer*, das erste Kapitel aus *Der Verschollene* (1913); *Die Verwandlung* (1916) und *Das Urteil* (1916). Im ganzen etwa 249 Seiten in der deutschen Ausgabe.

40 *Elf Söhne*, in *Er*, 130 ff.
41 Vgl. hierzu Malcolm Pasley, *Drei literarische Mystifikationen*, in *Symp.* 26 f., und *Die Sorge des Hausvaters*, in *Akzente*, 13 (1966), 303 f. Auch Pasley sieht deutlich, daß die Geschichte von Odradek einen literarischen Inhalt hat, doch für ihn spielt er nicht auf die Besonderheiten von Kafkas Werk im allgemeinen an, sondern lediglich auf eine andere Erzählung – *Der Jäger Gracchus* –, an der er zur gleichen Zeit arbeitet und die wie so viele andere unvollendet bleiben wird. In der Tat bestehen zwischen der Spule und dem Jäger auffallende Ähnlichkeiten: in einer Variante hält sich der Jäger hauptsächlich auf einer Treppe auf; er ist unbeständig – er fliegt »wie ein Schmetterling«; er kommt und geht ohne Grund; schließlich hat er wie Odradek jene Art Unsterblichkeit, wie sie Dingen eignet, die niemals verwendet wurden und sich daher nicht abnutzen konnten. Mir scheint jedoch, daß *Gracchus* zwar Kafkas »Sorge« erklärt, ihn nicht beenden zu können, aber nicht alle von der Spule nahegelegten Implikationen erschöpft; er ist unvollendet, doch seine Varianten sind weder so zahlreich noch so kompliziert, daß sie an ein unentwirrbares Fadenknäuel erinnern. Die Tatsache, daß Gracchus im Schwarzwald geboren wurde und einen lateinischen Namen trägt, reicht ebenfalls nicht aus, das in Odradek aufgeworfene große Sprachproblem wiederzugeben; und er evoziert nicht den Stern, der meines Erachtens entscheidend ist.
42 *Die Sorge des Hausvaters*, a.a.O., 130.

Bibliographie und Siglen

1. Werke von Kafka

B   *Beschreibung eines Kampfes. Novellen, Skizzen, Aphorismen aus dem Nachlaß*, Fischer Taschenbuch Verlag, Frankfurt 1983.

Br   *Briefe 1902–1924*, Fischer Taschenbuch Verlag, 1575, Frankfurt 1983.

Er   *Erzählungen*, Fischer Taschenbuch Verlag, Frankfurt 1983.

F   *Briefe an Felice*, Fischer Taschenbuch Verlag, 1697, Frankfurt 1976.

H   *Hochzeitsvorbereitungen auf dem Lande und andere Prosa aus dem Nachlaß*, Fischer Taschenbuch Verlag, Frankfurt 1983.

M   *Briefe an Milena*, erweiterte Neuausgabe. S. Fischer Verlag, Frankfurt 1983.

O   *Briefe an Ottla und die Familie*, Fischer Taschenbuch Verlag, Frankfurt 1981.

P   *Der Prozeß*, Fischer Taschenbuch Verlag, Frankfurt 1983.

S   *Das Schloß*, Fischer Taschenbuch Verlag, Frankfurt 1983.

T   *Tagebücher 1910–1923*, Fischer Taschenbuch Verlag, Frankfurt 1983.

2. Werke über Kafka

Brod Max Brod, *Über Franz Kafka*, Fischer Taschenbuch Verlag, Frankfurt 1974.

Janouch Gustav Janouch, *Gespräche mit Kafka, Aufzeichnungen und Erinnerungen*, Fischer Taschenbuch Verlag, erweiterte Neuausgabe, Frankfurt 1981.

Symp. J. Born, L. Dietz, M. Pasley, P. Raabe, K. Wagenbach, *Kafka Symposion*, Verlag Klaus Wagenbach, Berlin 1965.

Wagenbach Klaus Wagenbach, *Franz Kafka. Eine Biographie seiner Jugend*, Francke Verlag, Bern 1958.

Literaturwissenschaft
Eine Auswahl

Jan Berg
Sozialgeschichte der deutschen Literatur
von 1918 bis zur Gegenwart
Band 6475

Hansjürgen Blinn
Informationshandbuch »Deutsche Literaturwissenschaft«
Band 7318

Wolfgang Leppmann
Goethe und die Deutschen
Band 5653

Edgar Lohner
Passion und Intellekt
Die Lyrik Gottfried Benns
Mit einem Anhang: Auszüge aus dem Briefwechsel
zwischen Gottfried Benn, F.W. Oelze und Edgar Lohner
Überarbeitete und erweiterte Ausgabe
Band 6495

Wolfgang Promies
Der Bürger und der Narr oder
das Risiko der Phantasie
Sechs Kapitel über das Irrationale in
der Literatur des Rationalismus
Band 6872

Gisela von Wysocki
Weiblichkeit und Modernität
Über Virginia Woolf
Band 6459

Fischer Taschenbuch Verlag

Franz Kafka.
Kritik und Rezeption
zu seinen Lebzeiten.
1912–1924

*Herausgegeben von Jürgen Born
unter Mitwirkung von Herbert Mühlfeit und
Friedemann Spicker
216 Seiten mit 12 Faksimiles. Broschur*

Franz Kafka.
Kritik und Rezeption 1924–1938

*Herausgegeben von Jürgen Born
unter Mitwirkung von Elke Koch, Herbert Mühlfeit und
Mercedes Treckmann
508 Seiten mit einer Zeichnung und 11 Faksimiles. Ppbd.*

»Der Kritiker von damals war, wenn er gut war, der Stellvertreter des Lesers, seiner Neugier und seiner Erschütterbarkeit.« (Albert von Schirnding) Die Namen sind zahlreich und gewichtig: neben den Freunden Max Brod, Oskar Baum, Felix Weltsch und Otto Pick werden Manfred Sturmann, Johannes Urzidil, Heinrich Eduard Jacob, Hermann Hesse, Ernst Weiß, Kurt Tucholsky und Siegfried Kracauer genannt. Mit »ersten Versuchen zu einem Gesamtbild von Autor und Werk« wird der Überblick vervollständigt: Ludwig Marcuse, Benno von Wiese, Walter Muschg, Hugo Friedrich und Egon Vietta tragen dazu bei. Die Kraft von Franz Kafkas Prosa fordert Resonanz – wie stark und echt, aber auch perspektivisch unterschiedlich sie gefunden wurde, zeigt dieser Band.

S. Fischer Verlag

Reiner Stach
Kafkas erotischer Mythos
Eine ästhetische Konstruktion
des Weiblichen

Fischer Taschenbuch Band 7370

Über wenige andere Werke der modernen Literatur ist ähnlich exzessiv spekuliert und geschrieben worden wie über diejenigen Kafkas – ein endloser Konvoi von Interpretationen folgt den Büchern dieses Autors. Aber nicht eben viele dieser Interpretationen sprechen *mit* Kafkas Texten statt bloß *über* sie. Zu den eher seltenen Beispielen einer Deutung, die ihren Gegenstand nicht auf ihre eigenen Antworten einzuschwören sucht, sondern dessen Fragen wachhält, zählt die Arbeit von Reiner Stach. Stachs Interesse gilt den Frauenfiguren Kafkas – den sozialen Erfahrungen, die in ihnen ausgefiltert sind, und den kulturellen Imaginationen des Erotischen, auf die Kafkas Entwurf der Weiblichkeit sich bezieht. Dieser Entwurf steht, wie Stach in ausführlichen Textanalysen nachweist, in einem Ergänzungs- *und* Spannungsverhältnis zu der Vorstellung (und Wahrnehmung) von Macht und »Gesetz«, die in Kafkas literarischer Instanzen- und Bilderwelt ästhetisch inszeniert ist. Die Frage nach dem Status des Weiblichen wird zur Machtfrage.

Fischer Taschenbuch Verlag